Springer-Lehrbuch

Springer
Berlin
Heidelberg
New York
Barcelona
Budapest
Hongkong
London
Mailand
Paris
Santa Clara
Singapur
Tokio

Peter Mertens · Freimut Bodendorf
Wolfgang König · Arnold Picot
Matthias Schumann

Grundzüge der Wirtschaftsinformatik

Vierte, verbesserte Auflage

Mit 75 Abbildungen

Springer

Professor Dr. Peter Mertens
Friedrich-Alexander-Universität Erlangen-Nürnberg
Bereich Wirtschaftsinformatik I
Lange Gasse 20, D-90403 Nürnberg

Professor Dr. Freimut Bodendorf
Friedrich-Alexander-Universität Erlangen-Nürnberg
Lehrstuhl Wirtschaftsinformatik II
Lange Gasse 20, D-90403 Nürnberg

Professor Dr. Wolfgang König
Johann Wolfgang Goethe-Universität Frankfurt
Lehrstuhl für Betriebswirtschaftslehre, insbes. Wirtschaftsinformatik
u. Informationsmanagement
Mertonstraße 17, D-60054 Frankfurt am Main

Professor Dr. Arnold Picot
Ludwig-Maximilians-Universität München
Institut für Organisation
Ludwigstraße 28, D-80539 München

Professor Dr. Matthias Schumann
Georg-August-Universität Göttingen
Institut für Wirtschaftsinformatik II
Abteilung Wirtschaftsinformatik II
Platz der Göttinger Sieben 5, D-37073 Göttingen

Die Deutsche Bibliothek - CIP-Einheitsaufnahme

Grundzüge der Wirtschaftsinformatik / Peter Mertens ... - 4.,
verb. Aufl. - Berlin ; Heidelberg ; New York ; Barcelona ;
Budapest ; Hong Kong ; London ; Mailand ; Paris ; Santa Clara
; Singapur ; Tokio : Springer, 1996
(Springer-Lehrbuch)
ISBN 3-540-61247-5
NE: Mertens, Peter

ISBN 3-540-61247-5 Springer-Verlag Berlin Heidelberg New York Tokyo
ISBN 3-450-58873-6 3. Auflage Springer-Verlag Berlin Heidelberg New York Tokyo

SPIN 10538631   42/2202-5 4 3 2 1 0 - Gedruckt auf säurefreiem Papier

Vorwort zur vierten Auflage

Wegen der Bedeutung der Wirtschaftsinformatik nicht nur für Damen und Herren, die die Informationsverarbeitung im Unternehmen konzipieren, entwickeln, einführen und pflegen, sondern auch für die Nutzer, also fast alle Mitarbeiterinnen und Mitarbeiter eines Betriebes, werden in wachsendem Umfang Lehrveranstaltungen zur Wirtschaftsinformatik in Ausbildungsgänge auf unterschiedlichen Ebenen des Bildungssystems aufgenommen. Dieses Buch soll solche Lehrveranstaltungen unterstützen.

Im Gegensatz zu den meisten anderen Einführungswerken ist die Darstellung *konsequent an integrierten Anwendungssystemen orientiert*. Lehrgegenstände wie die Technik der elektronischen Rechenanlagen, die Programmierung und die Speicherung der Daten treten in ihrer relativen Bedeutung etwas zurück, zumal sich die Verfasser ein strenges Seitenlimit gesetzt haben.

Die Autoren legen diesem Buch einen Lehrplan zugrunde, bei dem die Lernenden bereits zu Beginn des Studiums in Mikrocomputerlabors oder auch zu Hause mit einem PC in Berührung kommen. Es wird daher zunächst das hierzu benötigte Basiswissen, und zwar zu Hardware und Software, vermittelt. Vom PC ausgehend werden die Besonderheiten der Workstations und Großrechner herausgearbeitet. Sobald in anderen Lehrveranstaltungen die betriebswirtschaftliche Wissensgrundlage geschaffen wurde, wendet man sich in der Wirtschaftsinformatik der Unterstützung von Vorgängen im Unternehmen mit der Informationsverarbeitung zu und gelangt schließlich zu modernen Anwendungssystemen. Die integrierte Sicht auf diese Anwendungen fördert auch das Denken in betrieblichen Prozessen und ähnlichen Zusammenhängen. Beispielsweise kann so gegen Ende eines betriebswirtschaftlichen Grundstudiums dazu beigetragen werden, daß die Studierenden Bezüge zwischen dem Stoff aus verschiedenen Funktionallehren (Absatz, Produktion, Rechnungswesen usw.) herstellen.

Neben zahlreichen Detailverbesserungen wurde beim Übergang von der dritten zur vierten Auflage v. a. das Kapitel "Ziele, Formen und Hilfsmittel der integrierten Informationsverarbeitung" mit Blick auf aktuelle Trends bei Workgroup-Computing, Workflow-Management- und Dokumenten-Management-Systemen überarbeitet. Einige neuere Entwicklungen, wie z. B. Data Warehouses oder Data Mining, fanden Berücksichtigung. Der rasante Bedeutungszuwachs des Internet spiegelt sich nun an verschiedenen Stellen des Buches wider. Im Kapitel über die Planung und Realisierung von Anwendungssystemen wurde der Einführung von Standardsoftware etwas mehr Raum gegeben. Relativ stark überarbeitet haben wir auch den Abschnitt über die Zusammenarbeit der IV-Abteilung mit den Fachbereichen.

Die folgenden Damen und Herren haben wertvolle Hilfe bei der Ausarbeitung der vierten Auflage geleistet: Dr. Peter Buxmann (Kapitel 2), Dipl.-Inf. Thorsten Wewers (Kapitel 1 und 3 sowie Abschnitt 5.1), Dr. Wolf-Guido Lutz (Kapitel 4), Dipl.-Kfm. Susanne Robra-Bissantz (Abschnitte 3.3 und 5.2) sowie Dipl.-Kff. Ulrike Schumann-Giesler (Kapitel 6 und 7). Die Texte zu Abschnitt 5.2 bzw. Kapitel 6 und 7 wurden von den Sekretärinnen Frau Heidelinde Bögl, Frau Gertraud Gruß und Frau Anja Wrobel erstellt. Herr Dipl.-Inf. Thorsten Wewers koordinierte diese Arbeiten mit großem Engagement. Wegen der angestrebten kleinen Seitenzahl saß auch hier der Teufel im Detail. Unser besonderer Dank gilt Frau Waltraud Rück. Sie hat die Text- und Bilddateien der einzelnen Verfasser mit einem Desktop-Publishing-Programm reproduktionsfähig zusammengeführt.

Anglizismen treten gerade in der Wirtschaftsinformatik häufig auf und werden in der Fachliteratur sehr unterschiedlich und auch unsystematisch geschrieben. Hier haben wir uns um eine rigorose Vereinheitlichung bemüht, auch wenn wir dadurch zuweilen von der üblichen Schreibweise abweichen. Des weiteren haben wir versucht, immer dann, wenn Begriffe wie Benutzer, Kunde, Anwender u. a. vorkommen, die entsprechende weibliche Form hinzuzufügen. Als Folge davon wären aber viele Passagen so schwerfällig geworden, daß wir uns nun doch unter Zurückstellung eigener Bedenken meist auf die kürzere männliche Form beschränken. Es kommt in unserem Buch aber auch eine *Chefin* vor. Insgesamt bitten wir unsere Leserinnen um Verständnis.

Die Autoren

Inhaltsverzeichnis

1 Gegenstand der Wirtschaftsinformatik

Die Wirtschaftsinformatik (WI) befaßt sich mit der Konzeption, Entwicklung, Einführung, Wartung und Nutzung von Systemen der computergestützten Informationsverarbeitung (IV) im Betrieb. Man spricht auch von betrieblichen *Anwendungssystemen* (AS) und bringt damit gleichzeitig zum Ausdruck, daß sie dem Anwender im Unternehmen bei der Bewältigung seiner Aufgaben helfen. Die WI versteht sich als interdisziplinäres Fach zwischen Betriebswirtschaftslehre (BWL) und Informatik und enthält auch informations- bzw. allgemein-technische Lehr- und Forschungsgegenstände. Sie bietet mehr als die Schnittmenge zwischen diesen Disziplinen, beispielsweise besondere Methoden zur Abstimmung von Unternehmensstrategie und Informationsverarbeitung (Abb. 1/1).

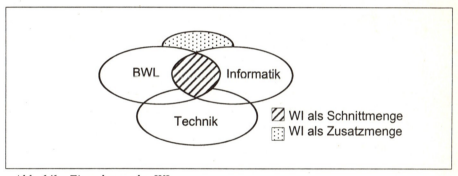

Abb. 1/1   Einordnung der WI

Die folgenden Beispiele sollen einen ersten Eindruck von der Vielfalt der vorkommenden AS geben:

1. Der Verkäufer eines Lkw-Herstellers besucht einen Spediteur und führt einen tragbaren Personal-Computer (Laptop) mit sich. In diesen gibt er eine Beschreibung des Betriebes und speziell des Transportvolumens ein. Die Maschine ermittelt einen geeigneten Lkw mit allem Zubehör, kalkuliert den Preis, schätzt die Kosten beim Betrieb des Fahrzeuges in der Spedition ab und stellt eine passende Finanzierung des Kaufes zusammen. Nachdem sich der Kunde aufgrund des sorgfältig ausgearbeiteten Angebotes zum Kauf entschieden hat, übermittelt das Gerät die Bestellung zu einem Rechner in der Zentralverwaltung des Lkw-Produzenten.

2. Ein AS im Werk hilft, die Produktion der bestellten Lkws in den einzelnen Kalenderwochen zu disponieren, und sorgt für die Bestellung der Teile, die von Fremdlieferanten bezogen werden, etwa der Reifen oder der Sitze.

3. In der Fertigung des Lkw-Produzenten steuert ein AS die Bohrautomaten, Drehbänke und andere Werkzeugmaschinen, die Schweißroboter sowie die Geräte, die die Qualität kontrollieren, und koordiniert den Antransport der Werkstücke ebenso wie die Einlagerung der produzierten Teile.

4. Ein rechnergestütztes Planungssystem wirkt bei der Prognose des Lkw-Absatzes in den nächsten Jahren und des Bedarfs an Fertigungskapazitäten sowie des für deren Aufbau notwendigen Kapitals mit.

5. In einem Unternehmen der pharmazeutischen Industrie steuert ein AS die Zuführung der Rohstoffe zu den chemischen Reaktoren, reguliert Stellgrößen (Parameter), wie z. B. Druck und Temperatur, führt die entstandene Substanz einem Automaten zu, der daraus Pillen preßt, und stellt sicher, daß die zueinander passenden Pillen, Blister, Beipackzettel und Kartons zum richtigen Zeitpunkt an der Verpackungsmaschine eintreffen.

6. An der Kasse eines Supermarktes erfaßt ein AS mit Hilfe des auf der Verpackung angebrachten Balkencodeetiketts die gekauften Artikel. Es sucht aus dem Speicher der Rechenanlage die zugehörigen Bezeichnungen und Preise, druckt einen Kundenbon und bucht die verkaufte Ware vom Vorrat ab.

7. In einem Speditionsbetrieb ermittelt ein Tourendispositionsprogramm eine günstige Zuteilung der zu versendenden Ware zu Rundreise-Routen und Fahrzeugen, druckt Verladeanweisungen für das Versandpersonal sowie Fahr- und Abladeaufträge für die Fahrer aus.

8. In einer Bank führt ein AS die Konten der Kunden. Es bucht Einzahlungen und erhaltene Überweisungen zu, Auszahlungen und ausgehende Überweisungen ab, berechnet Zinsen und erstellt Kontoauszüge.

9. Ein Versicherungsunternehmen benutzt ein AS zur Einschätzung des Risikos aus den abgeschlossenen Versicherungsverträgen und informiert die Unternehmensleitung in knapper Form.

10. In einer städtischen Baubehörde leitet ein AS einen Bauantrag mit Elektronischer Post auf die Bildschirme der beteiligten Referenten, holt deren Stellungnahmen ein und mahnt überfällige Entscheidungen an.

11. Ein Reisebüro benutzt den Computer, um freie Plätze auf einem bestimmten Flug anzuzeigen, einen Sitz und gleichzeitig auch ein Hotel sowie einen Mietwagen am Zielort zu reservieren. Anschließend erstellt die Maschine

die Reiserechnung und bucht sie. Darüber hinaus macht das Reisebüro interessante Last-Minute-Angebote im Internet bekannt.

12. In der Hochschule erfaßt ein AS die Daten der Studienanfänger, druckt den Studentenausweis und Berechtigungsscheine für die Bibliothek sowie zur verbilligten Benutzung von öffentlichen Verkehrsmitteln. Ferner stellt es die Studentenstatistik für den Rektor zusammen.

Unsere Beispiele stehen nicht nur für diverse Wirtschaftszweige, sondern auch für ganz unterschiedliche Aufgabentypen von AS. Im Fall der Kontoführung in der Bank (Beispiel 8) wird mit Hilfe der IV ein Verwaltungsvorgang nachvollzogen und rationalisiert. Wir bezeichnen solche Systeme als *Administrationssysteme*. Im Beispiel 7 (Spedition) steht die teilautomatische oder automatische Disposition im Vordergrund - wir sprechen von einem *Dispositionssystem*. Das AS in Fall 4 unterstützt die Planung der Produktionskapazitäten in Automobilunternehmen, es enthält also ein *Planungssystem*. Mit Hilfe des in Beispiel 9 erwähnten AS überwacht der Vorstand der Versicherung die Risikosituation seines Unternehmens, wir haben es folglich mit einem *Kontrollsystem* zu tun.

Mit *Administrationssystemen* will man vorhandene Abläufe *rationalisieren*, um z. B. in der Bank mit weniger Buchhaltern auszukommen (Fall 8). *Dispositionssysteme* zielen auf verbesserte Entscheidungen. Beispielsweise sollen im Fall 7 Rundreisen gefunden werden, bei denen das Produkt "Tonnen x Kilometer" geringer ist als bei rein personeller "Logelei". Gleichzeitig stärkt die Spedition so ihre Position im Wettbewerb, weil sie günstigere Preise anbieten kann. *Planungssysteme* gewährleisten, daß für den Planungsprozeß zuverlässigere Daten zur Verfügung stehen und mehr Alternativen durchdacht und durchgerechnet werden. *Kontrollsysteme* lenken die Aufmerksamkeit der Fach- und Führungskräfte auf beachtenswerte Datenkonstellationen und zeigen auf, wo spezielle Analysen und Abhilfemaßnahmen einzuleiten sind. Im Fall 9 wird z. B. der Vorstand der Versicherung zusätzliche Rückversicherungen abschließen, wenn das IV-System eine "Schieflage", d. h. ein unverhältnismäßiges Risiko, ausweist. Planungs- und Kontrollsysteme sind oft eng verbunden. Man spricht dann auch kurz von *PuK-Systemen*. Administrations- und Dispositionssysteme unterstützen tendenziell eher Mitarbeiter auf den unteren und mittleren, Planungs- und Kontrollsysteme mehr solche auf mittleren und höheren Ebenen der Organisationshierarchie (Abb. 1/2).

Die Anwendungssysteme stehen nicht isoliert nebeneinander. Beispielsweise bezieht das AS im Fall 2 die Daten über die verkauften Lkws von dem AS des Falles 1. Das dritte AS sorgt dafür, daß die vom zweiten disponierten Teile auch hergestellt werden. Auch das AS im vierten Beispiel benutzt die Informationen über den Lkw-Verkauf (Beispiel 1) für seine Planung. Im Idealfall koordiniert die IV alle Vorgänge im Prozeß "Kundenauftragsabwicklung" des Fahrzeugherstellers. Die AS müssen also sorgfältig aufeinander abgestimmt sein und auf

Abb. 1/2   Ebenen der Organisationshierarchie

gemeinsame Datenbestände zurückgreifen. Zugrunde liegt das Konzept einer *integrierten Informationsverarbeitung*. In unserem Fall handelt es sich um eine *innerbetrieblich integrierte Informationsverarbeitung* des Lkw-Herstellers.

In vielen Supermärkten (Beispiel 6) muß der Kunde nicht unbedingt Bargeld oder Euroschecks mit sich führen. An den Kassen stehen Geräte, die die Scheck- oder Kreditkarte des Kunden lesen. Der Rechnungsbetrag wird per Datenfernübertragung zum Computer der Bank des Käufers übertragen und dort unmittelbar vom Konto abgebucht. Es müssen die IV-Systeme mehrerer Unternehmen zusammenarbeiten. Man bezeichnet eine solche Lösung als *zwischenbetrieblich integrierte Informationsverarbeitung*.

Die integrierte IV ist ein Charakteristikum der Wirtschaftsinformatik. An der Konzeption, Entwicklung, Einführung und Wartung wirken nicht nur IV-Spezialisten, sondern auch die Nutzer entscheidend mit. Da die IV schon in viele Teilbereiche des Unternehmens Einzug gehalten hat und sie immer mehr durchdringt, müssen fast alle Mitarbeiterinnen und Mitarbeiter über ein Basiswissen der Wirtschaftsinformatik verfügen. Um AS entwickeln zu können, braucht man neben gutem betriebswirtschaftlichen Wissen ganz unterschiedliche Kenntnisse:

❑ Das technische Werkzeug ist der Computer. Er begegnet uns im täglichen Leben und in der Ausbildung meist in der Erscheinungsform des PCs und der zugehörigen Netze. In Kapitel 2 erhalten Sie eine erste Einführung in den Aufbau des Gerätes *(Hardware)*, seine *Programmierung* sowie die hierfür benötigte *Systemsoftware*. Die folgenden Abschnitte sind den Grundlagen der *Anwendungssoftware* sowie *vernetzten Computern* und der *Datenfernübertragung* zwischen ihnen gewidmet. Schließlich lernen Sie die Unterschiede zwischen einzelnen *Rechnerklassen* kennen.

❑ AS können verschiedene *Funktionen* und Prozesse unterstützen, die zu integrieren sind, und gemeinsame *Daten* verarbeiten. In Kapitel 3 zeigen wir die Methoden zur Integration und schaffen uns ein begriffliches Handwerkszeug zur Abbildung der *Anwendungsarchitekturen* in *Integrations-* bzw. *Unternehmensmodellen*, die in Kapitel 6 behandelt werden.

❏ In Kapitel 4 beschäftigen wir uns dann mit der Darstellung, Speicherung und Integration der *Daten*. Als Beispiel eines PC-gestützten *Datenbankverwaltungssystems* wird das weitverbreitete *MS-Access* herangezogen.

❏ Im fünften Teil skizzieren wir den *Inhalt* wichtiger AS und ihre Integration. Die Auswahl ist so getroffen, daß zum einen die wichtigsten betrieblichen AS vorkommen und zum anderen an den Beispielen die bedeutsamsten Techniken, wie z. B. Dialoge oder Elektronische Post (*Electronic-Mail*), beschrieben werden können. Da die Methoden vom Gegenstand abhängen, unterscheiden wir Unternehmen, die *physische Güter* produzieren (Industrie, vgl. Abschnitt 5.1), von solchen, die *Dienstleistungen* erbringen (Handel, Speditionen und Transportwesen, Banken, Touristik, Gastronomie und Hotellerie, Personenverkehr, Medizin, öffentliche Verwaltung, Beratungsunternehmen, vgl. Abschnitt 5.2).

❏ Im Kapitel 6 erfährt man, in welchen Phasen und mit welchen Hilfsmitteln ein AS *geplant und realisiert* wird. Dabei ist insbesondere die Rolle des Menschen als Entwickler, Nutzer oder sonstwie vom AS Betroffener zu beachten.

❏ Die IV beeinflußt heute den Erfolg des Unternehmens entscheidend. Daher müssen die IV- und die Unternehmensstrategie gut aufeinander abgestimmt werden. Der Informatikbereich im Unternehmen ist effizient zu organisieren. Diese Aufgaben bezeichnet man als *Informationsmanagement*. Es ist Gegenstand des siebten Kapitels.

Insgesamt ergibt sich die Gliederung des Lehrbuches gemäß Abbildung 1/3.

```
1  Gegenstand der Wirtschaftsinformatik

2  Rechenanlagen und ihre technische Integration

3  Ziele, Formen und Hilfsmittel der integrierten
   Informationsverarbeitung

4  Daten und ihre Integration

5  Integrierte Anwendungssysteme
   5.1 Anwendungssysteme in der Industrie
   5.2 Anwendungssysteme im Dienstleistungsbereich

6  Planung und Realisierung von Anwendungssystemen

7  Management der Informationsverarbeitung
```

Abb. 1/3   Gliederung "Grundzüge der Wirtschaftsinformatik"

2 Rechenanlagen und ihre technische Integration

Im folgenden Kapitel werden die Grundzüge von Rechenanlagen, die in der betrieblichen Praxis vorkommen, skizziert. Dabei liegt der Schwerpunkt auf Aufbau und Einsatz des *Personal Computers* (PC) oder auch Mikrocomputers, da seine Anwendung in Unternehmen, aber auch im privaten Bereich, ständig zunimmt. Darüber hinaus schreitet die Vernetzung von zentralen Großrechnern und PCs in den Fachabteilungen fort, so daß der Anwender den PC zunehmend als (intelligente) Arbeitsstation zu zentralen Großrechnern betrachtet. Die technische Integration verschiedener Rechner erfolgt im Rahmen von Netzen, die in Abschnitt 2.3 beschrieben werden. Abschließend werden ein Überblick über die für die betriebliche IV relevanten Rechnerklassen gegeben und deren Verknüpfung zu einer Rechnerinfrastruktur an einem Beispiel aus der Praxis erläutert.

2.1 Grundlagen von Hardware und Systemsoftware

In diesem Abschnitt werden die Grundlagen der Hardware sowie der zugehörigen Systemsoftware beschrieben. Unter *Hardware* versteht man - einfach ausgedrückt - alle Geräte, die der Benutzer "anfassen" kann, die also materielle Eigenschaften besitzen.

Ein typischer PC-Arbeitsplatz besteht aus den folgenden Hardware-Komponenten:

– Zentraleinheit, die sich aus Prozessor und Hauptspeicher zusammensetzt
– externen Speichern (z. B. Magnetplatten, Disketten)
– Dateneingabegeräten (z. B. Tastatur, Maus, Scanner)
– Datenausgabegeräten (z. B. Bildschirm, Drucker)

Darüber hinaus kann ein solcher Arbeitsplatz um eine Datenübertragungseinheit (z. B. Netzkarte, Modem) ergänzt werden, wodurch ein Anschluß an ein Kommunikationsnetz ermöglicht wird (siehe Abschnitt 2.3).

Neben diesen stationären Arbeitsplätzen gewinnen auch tragbare PCs an Bedeutung. Verbreitet sind vor allem *Laptops* (da sie sich auf dem Schoß, im Englischen "lap", plazieren lassen) und die noch kleineren *Notebooks* im DIN-A4-Format.

Man kann sich die Arbeitsweise eines Rechners so vorstellen, daß man zunächst Daten *eingibt*, z. B. über Tastatur, optische Lesegeräte oder externe

Speicher. Diese Daten werden dann *verarbeitet* und anschließend *ausgegeben*, z. B. auf dem Bildschirm, dem Drucker oder wiederum auf den externen Speichern. Diese Arbeitsweise wird als *Eingabe-Verarbeitung-Ausgabe-Prinzip* (EVA-Prinzip) bezeichnet.

Unter einer *Zentraleinheit* oder *Central Processing Unit* (CPU) versteht man in der Grundform die Zusammenfassung aus *einem* Prozessor, der sich wiederum aus *einem* Rechenwerk und *einem* Steuerwerk zusammensetzt, und *einem* Hauptspeicher (gelegentlich wird der Begriff CPU auch für den Prozessor alleine verwendet). Abbildung 2.1/1 verdeutlicht diese Architektur. In der Zentraleinheit stellt sich die Behandlung einer vom Benutzer gestellten Aufgabe als Kette von Hauptspeicher-Zustandsänderungen dar. Dieser Gedanke ist an dem einfachen Beispiel in Abbildung 2.1/2 nachvollziehbar.

Der Prozessor in diesem Beispiel kann nur Laufbefehle interpretieren und ausführen. Ein Laufbefehl in der Programmiersprache SUPERSCHRITT beschreibt die Richtung (Nord, West, Süd, Ost) sowie die Schrittweite (1 Schritt, 2 Schritte) entsprechend den Codiervorschriften. Die Darstellung erfolgt in Bit-Schreibweise, wobei ein Bit ein einstelliges Zeichen ist, das entweder den Wert 0 oder 1 annehmen kann. Ein Befehl setzt sich aus <Bit 1, Bit 2, Bit 3> zusammen, wobei Bit 1 und Bit 2 die Richtung des Laufens spezifizieren und Bit 3 die Schrittlänge. Mit diesen Mitteln sind Sie in der Lage, ein Programm in der Programmiersprache SUPERSCHRITT zu schreiben, das die in Abbildung 2.1/2 gestellte Aufgabe erfüllt. Bitte schreiben Sie die Befehlsfolge in die linke Spalte der Tabelle in der Abbildung, und tragen Sie jeweils rechts davon den neuen Standort *nach* Durchführung des Befehls ein.

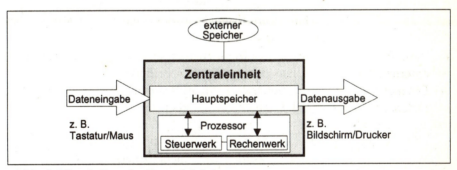

Abb. 2.1/1 Aufbau der Zentraleinheit

Zur Verdeutlichung der Programmabarbeitung als Kette von Hauptspeicher-Zustandsänderungen stellen wir uns vor, das gesamte Programm sei im Hauptspeicher geladen. Das *Steuerwerk* holt sich den ersten Befehl, interpretiert ihn und veranlaßt das *Rechenwerk*, den Befehl auszuführen. Die Figur wird bewegt, indem das Rechenwerk den Standort aus dem Hauptspeicher liest und laut Vorschrift verändert. Das Ergebnis der Abarbeitung des ersten Befehls schreibt

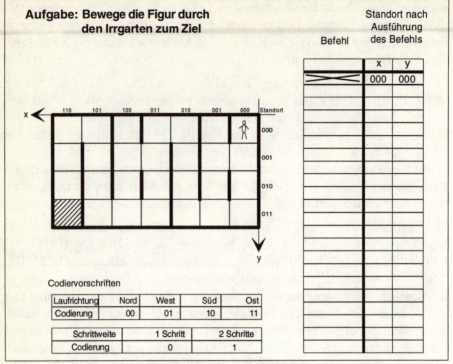

der Prozessor wiederum in den Hauptspeicher (z. B. durch Überschreiben der "alten" Position mit der "neuen" Position) und nimmt dann den nächstfolgenden Befehl, um wie oben beschrieben zu verfahren. Er interpretiert die Operationsart, holt die Operanden (hier: Koordinaten) aus dem Hauptspeicher und führt die Operation aus, indem er den Inhalt des Hauptspeichers (genauer: die Koordinaten) verändert. Nach dem Mathematiker und Kybernetiker John von Neumann, der diese Prinzipien der sogenannten speicherprogrammierten Rechner Mitte der 40er Jahre formulierte, werden Computer, deren Zentraleinheit entsprechend Abbildung 2.1/1 aufgebaut ist und die den vorgenannten Ablaufzyklus der Befehlsverarbeitung realisieren, als *von-Neumann-Rechner* bezeichnet. Alternative Rechnerarchitekturen, die z. B. in einem System mehrere Prozessoren parallel anbieten, werden hier nicht behandelt (zu derartigen Systemen siehe z. B. [Regenspurg 87]).

Da die Hardware "nur" den allgemeinen Ablaufmechanismus für die Befehlsabarbeitung zur Verfügung stellt und damit sozusagen ein Mehrfunktionsautomat ist, sind darüber hinaus für den gezielten Betrieb eines jeden DV-Systems Programme (Software), aber auch Daten erforderlich. Dabei unterscheidet man nach dem Kriterium der Nähe zur Hardware bzw. der Nähe zum Anwender zwischen *Systemsoftware* (siehe Abschnitte 2.1.5 bis 2.1.8) einerseits und *Anwendungssoftware* (siehe Abschnitt 2.2) andererseits. Die Systemsoftware hat mehrere grundsätzliche Aufgaben. Eine zentrale Anforderung besteht darin, die Hardware einfacher nutzbar zu machen (unabhängig davon, welche Anwendung dann konkret zum Einsatz kommt). Beispielsweise wäre es unwirtschaftlich, in jedem Anwendungsprogramm jeweils eine eigene Druckersteuerung vorzusehen, die z. B. Vorkehrungen für den Fall trifft, daß kein Papier mehr verfügbar ist. Darüber hinaus sind vielfältige weitere Verwaltungs- und Überwachungsleistungen zu erbringen, die im Rahmen der Systemsoftware unter dem Begriff Betriebssystem zusammengefaßt werden.

Das *Betriebssystem* hat die Aufgabe, die zunächst einmal unabhängigen Komponenten (z. B. Zentraleinheit, Drucker, Tastatur etc.) in ihrem Ablauf zur Bewältigung eines Benutzerauftrags zu koordinieren. Ohne ein Betriebssystem ist Computer-Hardware faktisch für den Anwender nicht einsetzbar, so daß es die Schnittstelle zwischen einem Benutzer bzw. Anwendungsprogramm einerseits und der Hardware andererseits bildet. Betriebssysteme haben folgende Anforderungen zu erfüllen:

– Bereitstellung eines Systems zur Dateiverwaltung (siehe auch Kapitel 4)
– Verwaltung der Hardware-Betriebsmittel (Prozessor, Hauptspeicher, externe Speicher, Ein- und Ausgabegeräte)
– Verwaltung der Benutzeraufträge und Überwachung der Programmabläufe
– Bereitstellung einer Schnittstelle (textuelle oder grafische), die es dem Benutzer erlaubt, mit dem System zu kommunizieren

Neben dem Betriebssystem werden im Rahmen der Systemsoftware noch Übersetzungsprogramme (für verschiedene Programmiersprachen) sowie Dienstprogramme (erfahrungsgemäß häufig gebrauchte Programme, z. B. zum Sortieren von Daten) angeboten.

Die Anwendungssoftware gliedert sich wiederum nach dem Grad der Standardisierung bzw. Individualität der Lösung. Man unterscheidet *allgemeine (funktionsübergreifende) Standardsoftware* (z. B. Textverarbeitung), *funktionsbezogene Standardsoftware* (z. B. Buchhaltung) und *Individualsoftware* (die genau auf die speziellen Einsatzbedürfnisse eines Auftraggebers ausgerichtet ist). Einen Überblick über diese Einteilung gibt Abbildung 2.1/3.

2.1.1 Zentraleinheit

2.1.1.1 Prozessor

Eine geeignete Kennziffer zur Bewertung der Leistungsfähigkeit von Prozessoren ist die Maßzahl MIPS (Million Instructions Per Second). Sie beschreibt, wie viele Befehle eines gegebenen Anweisungsmixes pro Sekunde vom Prozessor verarbeitet werden können. Demgegenüber drücken Hersteller die Lei-

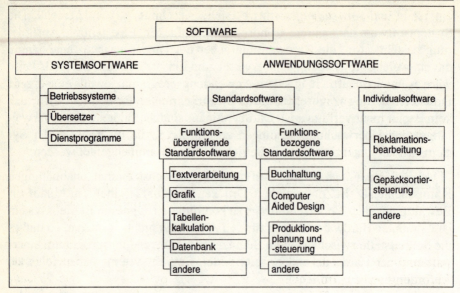

Abb. 2.1/3   Klassifizierung von Software

stungsfähigkeit ihrer Prozessoren in der Regel durch die Maßzahl Megahertz (MHz) aus, die die Taktfrequenz des Prozessors angibt. Sie erlaubt jedoch keinen direkten Rückschluß auf die Verarbeitungsgeschwindigkeit eines Prozessors.

Diese innere Verarbeitungsgeschwindigkeit eines Prozessors ist abhängig davon, wie schnell z. B. die einzelnen Einheiten Rechenwerk, Steuerwerk und Hauptspeicher operieren. Darüber hinaus kommt es darauf an, wie rasch zwischen Rechenwerk und Steuerwerk, den beiden Komponenten des Prozessors, sowie zwischen Prozessor und Hauptspeicher kommuniziert werden kann. Diese Einheiten sind mit sogenannten *Bussen*, die man sich als mehradrige Kabel vorstellen mag, verbunden. Man unterscheidet zwischen dem Adreßbus, der den Hauptspeicher mit dem Steuerwerk verbindet, und dem Datenbus, der Hauptspeicher und Rechenwerk verknüpft (siehe Abb. 2.1/1), wobei sich die Bitangabe (als weiteres Leistungsmerkmal eines Prozessors) i. a. auf die Breite des Datenbusses bezieht (siehe Abschnitt 2.1.3). So verfügen z. B. der Prozessor Intel 80486 oder Motorola 68040 über 32-Bit-Busse. Der Prozessor Intel Pentium besitzt einen 64 Bit breiten Bus.

Der Vorteil eines Rechners mit einem 32-Bit-Prozessor, im Gegensatz z. B. zu einem 16-Bit-Prozessor, besteht aus Anwendersicht in einer höheren Verarbeitungsgeschwindigkeit, da gleichzeitig mehr Daten übertragen werden können.

2.1.1.2 Hauptspeicher

Der *Hauptspeicher* eines DV-Systems besteht aus dem Arbeitsspeicher und einem Festwertspeicher.

Der *Arbeitsspeicher* (RAM = Random Access Memory) setzt sich aus direkt adressierbaren Speicherzellen zusammen, die als Speicherworte bezeichnet werden. Bei einem PC besteht ein Wort in der Regel aus zwei oder vier Bytes (1 Byte = 8 Bits plus einem für den Anwender transparenten Sicherungsbit), bei Großrechnern setzt sich normalerweise ein Wort aus 4 Bytes zusammen. Hauptspeicherkapazitäten werden in Kilo-Bytes (1 KB = 2^{10} Bytes, also ca. 1000 Bytes) oder Mega-Bytes (1 MB = 2^{20} Bytes = ca. 1 Mio. Bytes) angegeben. Arbeitsspeicher für PCs besitzen heute im allgemeinen eine Kapazität von 4 MB bis 32 MB.

Alle Programme müssen zum Zeitpunkt ihrer Ausführung vollständig oder partiell (nämlich mit dem aktuell auszuführenden Teil) im Arbeitsspeicher zur Verfügung stehen. Im letzteren Fall bietet das Betriebssystem die *virtuelle Speichertechnik* an. Dabei lagert es Programmteile, die nicht mehr in den Arbeitsspeicher geladen werden können (da z. B. andere Programme ebenfalls zur schnellen Abarbeitung im Hauptspeicher abgelegt sein müssen), auf Magnetplatte aus und bringt sie nur bei Bedarf in den Arbeitsspeicher, wodurch sich der Arbeitsspeicher logisch, jedoch nicht physisch vergrößert. Das Ein- und Auslagern auf Magnetplatte bezeichnet man auch als *Paging*, da Programme und Hauptspeicher aus mehreren gleich großen Seiten (Pages) bestehen. Das Auslagern und Nachladen der Pages erfolgt automatisch durch das Betriebssystem.

Der schnelle Arbeitsspeicher ist ein Halbleiterspeicher. Dies hat zur Folge, daß beim Stoppen der Stromzufuhr (z. B. beim Ausschalten des Rechners) die Daten, die sich gerade im Arbeitsspeicher befinden, verlorengehen - im Gegensatz zu Magnetspeichern, die die Daten auch nach Abschalten des Rechners halten.

Ein *Festwertspeicher* kann nur gelesen, nicht jedoch verändert werden. Festwertspeicher sind vom Hersteller beschrieben. Eine alternative Vorgehensweise besteht darin, den Speicher außerhalb des normalen DV-Betriebs erstmalig und dauerhaft zu beschreiben (Programmable ROM, PROM). Schließlich gibt es Speicher, bei denen man den Inhalt löschen und durch einen neuen ersetzen kann (Erasable PROM, EPROM), dies jedoch im Unterschied zum RAM wiederum mit einigem Sonderaufwand und außerhalb der Nutzung im Tagesgeschäft. Der Festwertspeicher dient u. a. der Aufbewahrung wichtiger grundlegender Daten des Betriebssystems, auf die beim Einschalten des Rechners automatisch zugegriffen wird. Die Funktion des Festwertspeichers bleibt dem Anwender in aller Regel verborgen und wird daher hier nicht näher behandelt.

2.1.2 Externe Speicher

Ein externer Speicher ist speziell dazu geeignet, größere Datenmengen langfristig aufzubewahren bzw. transportabel zu machen. Die wichtigsten externen Speichermedien sind:

– Magnetplatte
– Diskette
– Magnetband bzw. Streamer
– optischer Speicher

Eine *Magnetplatte* (auch als Festplatte oder Hard-Disk bezeichnet) ist ein Massenspeicher, der sich zur Aufnahme großer Datenmengen eignet. Es handelt sich um eine Kunststoff- oder Aluminiumscheibe, die mit einer magnetisierbaren Schicht überzogen ist. Daten werden in Form von Bitketten in konzentrischen Spuren durch Magnetisierung dargestellt. Eine Spur besteht ihrerseits aus mehreren Sektoren. In einem Magnetplattenspeicher sind in der Regel mehrere übereinander liegende Platten angeordnet - man spricht auch von einem Plattenstapel (siehe Abb. 2.1.2/1). Die Platten drehen sich mit konstanter Geschwindigkeit. Auf die Daten greifen Schreib-Lese-Köpfe (der Zugriffskamm) zu, die radial auf die gewünschte Spur positioniert werden und dann warten, bis der Sektor mit den zu verarbeitenden Daten "vorbeikommt". Diese Zugriffsform wird wegen der Umdrehungswartezeit auch als halbdirekter Zugriff bezeichnet (siehe Abschnitt 4.2.4).

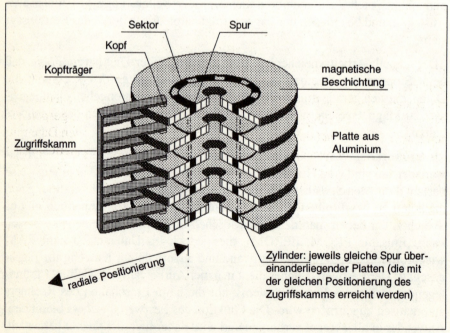

Abb. 2.1.2/1   Magnetplattenturm

Magnetplatten für PCs besitzen heute im allgemeinen eine Speicherkapazität von ca. einem Giga-Byte (GB) (1GB = 2^{30} Bytes = ca. 1000 MB). In Großrechnersystemen (siehe Abschnitt 2.4.1) werden Kapazitäten von mehreren Giga-Bytes erreicht. Magnetplatten bieten folgende Vorteile:

- hohe Speicherkapazität
- halbdirekter, d. h. relativ schneller Zugriff
- Wiederverwendbarkeit, da Daten überschrieben werden können
- relativ hohe Datensicherheit

Die *Diskette* ist das wohl am häufigsten benutzte Speichermedium für Mikrocomputer und darüber hinaus leicht zu transportieren. Es handelt sich dabei um eine runde flexible magnetisierbare Scheibe, die sich in einer Plastikumhüllung befindet. Sie funktioniert ähnlich wie die zuvor beschriebene Magnetplatte (halbdirekter Zugriff), besitzt jedoch weniger Speicherkapazität und eine längere Zugriffszeit. Dafür ist sie aber auch wesentlich billiger.

Disketten gibt es in den Standardformaten 5,25 und 3,5 Zoll. Erstere bieten unter dem Standard-PC-Betriebssystem DOS (vgl. Abschnitt 2.1.5) eine Speicherkapazität von 360 KB, wenn es sich um sogenannte Double-Density-Disketten (abgekürzt DD) handelt. High-Density-Disketten (HD) können aufgrund einer speziellen Beschichtung bis zu 1,2 MB aufnehmen. In den letzten Jahren haben sich die kleineren und wegen der Hartplastik-Umhüllung robusteren 3,5-Zoll-Disketten immer stärker durchsetzen können. Sie haben unter DOS eine Speicherkapazität von 720 KB (DD) bzw. 1,44 MB (HD).

Ein *Magnetband* besteht aus einer Kunststoffolie mit einer aufgedampften magnetisierbaren Schicht, auf der Daten gespeichert werden. Für Mikrocomputer existieren Magnetbandspeicher in Kassettenform, die als *Streamer* bezeichnet werden. Diese Kassetten haben eine sehr hohe Speicherkapazität von bis zu mehreren Giga-Bytes. Magnetbänder bzw. Kassetten besitzen jedoch den Nachteil, daß in der Regel lediglich ein sequentieller Zugriff auf die gespeicherten Daten möglich ist (siehe Abschnitt 4.2.4). Um einen bestimmten Datensatz zu lesen, ist es notwendig, zunächst auf alle vor ihm gespeicherten Daten sequentiell zuzugreifen, wodurch lange Zugriffszeiten entstehen. Daher wird dieses Speichermedium hauptsächlich zur Datensicherung verwendet, z. B. für Backup-Datenbestände im Falle einer ungewollten Datenvernichtung (vgl. Abschnitt 7.3).

Bei *optischen Speichern* werden die Daten mit einem Laserstrahl auf der unterhalb der transparenten Schutzschicht liegenden Speicherschicht aufgezeichnet, wobei deren Oberfläche verändert wird. Diese Strukturen können wiederum mittels Laserstrahl gelesen werden. Optische Speicher arbeiten ähnlich wie die Compact Discs (CD). Da das Laserlicht eine kurze Wellenlänge aufweist und sehr genau positioniert werden kann, besitzen optische Speicher eine sehr hohe Kapazität. Man kann heute drei Techniken unterscheiden:

1. CD-ROM werden vom Hersteller beschrieben und vom Anwender gelesen (ROM = Read Only Memory). Sowohl die Lesegeräte als auch die Medien sind mittlerweile so preisgünstig, daß Standardsoftware zunehmend auch über diese Medien vertrieben wird. Ein weiteres fruchtbares Anwendungsgebiet für diese Speichermedien liegt in der Verwaltung großer und weitgehend unveränderlicher Datenmengen, z. B. von Patenten, Büchern. Dabei gewinnt die Integration von Text, Video und Audio zunehmend an Gewicht.
2. WORM steht als Abkürzung für Write Once Read Many. Durch ein kombiniertes magnetisch-optisches Verfahren können diese Medien einmal vom Anwender beschrieben und dann mehrfach gelesen werden.
3. MO ist die Abkürzung für Magneto Optical Discs. Diese lassen sich beliebig oft beschreiben und lesen.

2.1.3 Datenwege

Man unterscheidet zwischen den internen und den externen Datenwegen. Der *interne* Datenweg dient dem Transport innerhalb der CPU, z. B. zwischen Prozessor und Hauptspeicher. Auf einem *externen* Datenweg werden Daten zwischen den peripheren Geräten, z. B. externen Speichern, und dem Arbeitsspeicher übertragen. Als interne und externe Datenwege in Mikrorechnern verwendet man vorwiegend Busse (siehe Abschnitt 2.1.1.1). Da die Abwicklung des Datentransports für Anwender wenig relevant ist, wollen wir auf diese Thematik im Rahmen unserer Einführung nicht näher eingehen.

Großrechner bedienen sich stärker des sogenannten *Kanalkonzepts* zur internen und externen Kommunikation. Man kann sich einen Kanal als einen auf den Datentransport spezialisierten Prozessor vorstellen, der parallel zum Zentralprozessor läuft. Auch der Kanal benötigt ein Programm (das Kanalprogramm), das ebenfalls im Hauptspeicher liegt, d. h., Zentralprozessor und Kanalprozessor(en) arbeiten auf einem gemeinsamen Hauptspeicher.

2.1.4 Datenein- und -ausgabegeräte

Das für die betriebliche IV wichtigste Kommunikationsmedium ist der *Bildschirm*. Er dient sowohl der Datenausgabe (z. B. in Form von Tabellen und Grafiken) als auch der Eingabe, da auf dem Bildschirm z. B. auch Masken zur Datenerfassung und Symbole für die Mausbedienung dargestellt werden. Es existieren Geräte in verschiedenen Größen, mit verschiedenen Farbdarstellungsmöglichkeiten und unterschiedlich hoher Auflösung. Die Auflösung gibt an, mit wieviel Bildschirmpunkten (Picture-Element = Pixel) Grafiken am Bildschirm darstellbar sind. Bezüglich der Größe sind Bildschirme mit einer Diagonalen von 14, 15 oder 17 Zoll üblich. Jeder PC-Bildschirm benötigt eine

Grafikkarte. Am häufigsten wird die sog. *VGA-Karte* (Video Graphics Array) verwendet. Die Grafikkarte bestimmt - neben den technischen Eigenschaften des verwendeten Bildschirms - die Höhe der Auflösung sowie die Anzahl der darstellbaren Farben. Die Auflösung und die Anzahl der Farben sind wichtige Kriterien zur Bewertung und zur Auswahl von Bildschirmen im Lichte der *Hardware-Ergonomie*.

Das wichtigste Gerät zur Dateneingabe ist nach wie vor die *Tastatur*. Standardtastaturen besitzen 10 oder 12 Funktionstasten, einen speziellen Block mit sogenannten Cursortasten zur Steuerung der Eingabemarke auf dem Bildschirm, eine DIN-Schreibmaschinentastatur und an der rechten Seite einen Ziffernblock.

Bei der *Maus* handelt es sich um ein etwa faustgroßes Eingabegerät, das auf dem Tisch mit der Hand bewegbar ist. Dabei setzt eine Rollkugel die Veränderung in Impulse zur Bewegung eines Positionierpfeils auf dem Bildschirm um. Außerdem besitzt sie mehrere Tasten, mit denen Funktionen ausgelöst werden können. Funktionen müssen nur noch "angeklickt" werden, d. h., nachdem der Pfeil mit Hilfe der Maus auf das die Funktion repräsentierende Symbol plaziert wurde, erfolgt die Auswahl durch Betätigung z. B. der linken Maustaste. Die Maus ist beim Umgang mit grafischen Benutzungsoberflächen, wie z. B. MS-Windows (siehe Abschnitt 2.1.5), und bei der Anwendung von Grafikprogrammen zu einem unverzichtbaren Eingabehilfsmittel geworden.

Mobile Datenerfassungsgeräte (MDE) kann man sich als stark verkleinerte Ein- und Ausgabeeinheiten vorstellen, die beispielsweise von Reisenden im Gepäck oder im Führerhaus eines Lkws mitgeführt werden.

Ein weiteres bedeutendes Eingabemedium ist der *optische Belegleser*. Er erfaßt optisch genormte Daten, z. B. Balkenschrift und OCR-Schrift (OCR = *Optical Character Recognition*), indem etwa mit einem Lesestift die einzugebende Vorlage abgetastet wird und Hell-Dunkel-Unterschiede erkannt werden. Optische Eingabegeräte benutzt man z. B. an Kassen in Supermärkten oder in Kreditinstituten zum Einlesen von Formularen.

Eine Variante optischer Belegleser sind sogenannte *Scanner*, die die Vorlage in Bildpunkte (Pixel) zerlegen und diese als Graubild, also entsprechend der unterschiedlich starken Einschwärzung der Bildpunkte, oder auch in Farbe erfassen. Dadurch sind beispielsweise Fotos auf dem Bildschirm darstellbar.

Das neben dem Bildschirm wichtigste Ausgabegerät ist der *Drucker*, der es erlaubt, die Arbeitsergebnisse auf Papier zu bringen. Abbildung 2.1.4/1 stellt die gängigsten Druckertypen kurz vor. Typenraddrucker und Nadeldrucker werden heute nur noch selten genutzt (z. B. für Durchschläge).

Druckertyp	Vorteile	Nachteile
Typenraddrucker: Funktionsweise ähnlich der von Schreibmaschinen. Jedes Zeichen ist als Ganzes auf einem Typenrad vorhanden und wird per Anschlag auf das Papier gebracht.	- sehr gute Textdruckqualität - niedrige Anschaffungskosten - Nutzung von bereits vorhandenen Speicherschreibmaschinen u. U. möglich	- kein Grafikdruck möglich - langsamer Textdruck - laute Betriebsgeräusche
Nadeldrucker: Arbeitet mit einem Druckkopf mit in der Regel 9 oder 24 Nadeln, deren durch ein Farbband erzeugte Punktabdrücke die zu druckenden Zeichen darstellen.	- Text und Grafik können gedruckt werden - Betriebskosten relativ gering - gute Textdruckqualität ab 24 Nadeln	- nur ausreichende Grafikdruckqualität - laute Betriebsgeräusche - Anschaffungskosten steigen mit höherer Auflösung
Tintenstrahldrucker: Ähnliches Arbeitsprinzip wie bei Nadeldruckern, nur daß hier schnell trocknende Tinte auf das Papier gespritzt wird.	- Text und Grafik können gedruckt werden - leises Arbeitsgeräusch - niedrige Anschaffungskosten	- höhere Betriebskosten als bei Nadeldruckern - Grafikdruck mit Tinte oft problematisch
Laserdrucker: Arbeitsweise wie bei Fotokopiergeräten. Die Seite wird als Ganzes im Drucker aufgebaut und mittels Toner auf das Papier übertragen.	- sehr hohe Grafik- und Textdruckqualität - leises Arbeitsgeräusch - hohe Arbeitsgeschwindigkeit	- hohe Anschaffungs- und Betriebskosten - Abgabe von Ozon an die Umwelt

Abb. 2.1.4/1   Druckertypen

Als weiteres Ausgabegerät ist *Computer Output on Microfilm* (COM) zu erwähnen, das z. B. (platzsparende) Mikrofilme archivpflichtiger Dokumente erzeugt.

2.1.5   Betriebssysteme für Mikrocomputer

Das zur Zeit am häufigsten verwendete Betriebssystem für Mikrocomputer ist *MS-DOS* der Firma Microsoft. Heute allerdings kommt MS-DOS fast ausschließlich gemeinsam mit den Betriebssystemerweiterungen MS-Windows oder MS-Windows 95 zum Einsatz. Dabei wird die kommandozeilenorientierte (textuelle) Benutzungsschnittstelle von MS-DOS durch eine grafische verdeckt. MS-DOS besitzt folgende charakteristische Eigenschaften:

- hierarchische Dateiverwaltung
- Batchverarbeitung
- Dialogverarbeitung
- Singletasking
- Singleusing
- maximal direkt verfügbarer Hauptspeicher 1 MB (davon i. d. R. 640 KB für den Anwender nutzbar)

– Vielzahl von Anwendungsprogrammen am Markt erhältlich

Der Begriff der *hierarchischen Dateiverwaltung* ist aus der klassischen Papierorganisation in Büros bekannt, wo z. B. in einem Aktenschrank alle Belege gesammelt werden und der Schrank verschiedene Regalböden (z. B. für Rechnungen, für Zahlungsbelege etc.) enthält. Auf jedem Regalboden stehen nun einzelne Hefter, in welchen die einzelnen Belege sortiert eingeordnet sind.

In der IV sammelt und speichert man nicht nur derartige Daten, sondern auch Methoden, nach welchen diese zu bearbeiten sind (Programme). Dabei werden Dateien (hier als Zusammenfassung logisch zusammengehörender Daten definiert, siehe Abschnitt 4.2.2) vom Betriebssystem auf externen Speichermedien, beim Mikrocomputer Disketten oder Magnetplatten, verwaltet. Der Anwender kann Verzeichnisse und Unterverzeichnisse anlegen. In Abbildung 2.1.5/1 hat er beispielsweise auf der Festplatte ein Hauptverzeichnis aller Verzeichnisse (hier Texte, Grafik, Dbank und System) eingerichtet. Das Verzeichnis Dbank ist wiederum in die Unterverzeichnisse DBASE und ORACLE unterteilt. Man erhält die formale Struktur eines Baums mit einer Wurzel (hier links eingezeichnet) und verschiedenen Blättern (rechts dargestellt). Die jeweiligen Programme und Daten stehen im Rahmen der Blätter, d. h. der diesbezüglichen Verzeichnisse, zur Verfügung. MS-DOS bietet dementsprechend einige Befehle zum Aufbau und zur Abfrage derartiger Hierarchien an.

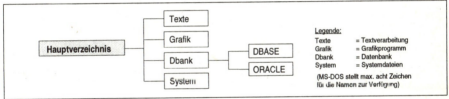

Abb. 2.1.5/1   Hierarchische Anordnung von Verzeichnissen

Weiterhin stellt MS-DOS das Konzept der *Batchverarbeitung* bereit. Eine Batchdatei besteht aus einer längeren Sequenz von Befehlen, die hintereinander ohne Eingriff des Benutzers ausgeführt werden. Diese Befehlsfolge ist somit vollständig zu spezifizieren, bevor die Batchverarbeitung durchgeführt wird. Ein Beispiel hierzu ist die Erstellung eines Monatsabschlusses.

Das Gegenstück der Batchverarbeitung ist die *Dialogverarbeitung*, wo der Benutzer der Zentraleinheit lediglich Teilaufträge erteilt und mit ihr ständig im Dialog steht (z. B. erwartet das System die Eingabe eines Befehls, der dann sofort ausgeführt wird). Man bezeichnet eine solche Arbeitsweise auch als interaktiv. Ein Beispiel ist die Erfassung eines Kundenauftrags in einer Bildschirmmaske.

MS-DOS erlaubt lediglich *Singletasking*, d. h., es kann zu einem Zeitpunkt nur eine Batch- oder Dialogaufgabe ausgeführt werden. Da beispielsweise der

Benutzer des Mikrorechners wesentlich langsamer Daten per Tastatur eintippt, als der Computer intern zu verarbeiten in der Lage ist, entstehen nicht genutzte Betriebszeiten, was jedoch wegen der niedrigen Kosten wenig ins Gewicht fällt.

Das Gegenstück zu Singletasking ist das sogenannte *Multitasking*, bei dem der Rechner zu einem Zeitpunkt mehrere Programme quasi-gleichzeitig bearbeitet. Beispielsweise ist es möglich, einen Text zu editieren, während die Maschine dann, wenn sie auf die nächste Eingabe wartet, im Hintergrund eine Berechnung im Rahmen einer anderen Aufgabe durchführt. Darüber hinaus spricht man von *Multithreading*, wenn ein Betriebssystem zuläßt, daß ein Programm selbst aus mehreren Prozessen besteht (z. B. einem Druckprozeß und einem Rechenprozeß) und im Zuge der Abarbeitung ein Rechner diese quasi-parallel ausführt.

MS-DOS gestattet lediglich den *Singleusing*-Betrieb, d. h., nur der eine Nutzer, der vor dem Gerät sitzt, wird zugelassen. Demgegenüber spricht man von *Multiusing*-Betrieb, wenn von einem zentralen Rechner mehrere Terminals und damit mehrere Anwender quasi-parallel bedient werden.

MS-DOS hat sich gemeinsam mit MS-Windows respektive MS-Windows 95 zu einer Art inoffiziellem Industriestandard mit dem Vorteil eines großen Angebots an Anwendungssoftware entwickelt. Windows NT stellt demgegenüber ein eigenständiges Betriebssystem dar, d. h., MS-DOS wird nicht mehr benötigt. Windows NT erlaubt sowohl Multitasking als auch die gemeinsame Nutzung von Ressourcen im Netz (siehe Abschnitt 2.3).

Mit *OS/2* strebt IBM ein Nachfolgebetriebssystem für MS-DOS an. Neben den Möglichkeiten von MS-DOS besitzt OS/2 die Fähigkeit zum Multitasking-Betrieb von MS-DOS-, MS-Windows- und OS/2-Anwendungen und bietet darüber hinaus noch folgende Vorteile:

– direkt adressierbarer Hauptspeicher bis 32 MB
– virtueller Speicher bis zu 64 GB
– Multithreading

Unix erlaubt neben den Eigenschaften von OS/2 den Multiusing-Betrieb, jedoch kein Multithreading. Zudem stellt Unix eine umfangreiche Entwicklungsumgebung zur Produktion von Anwendungssoftware zur Verfügung. Insbesondere sind Editoren (siehe Abschnitt 2.1.8) sowie Übersetzer für höhere Programmiersprachen (siehe Abschnitt 2.1.6) zu nennen. Außerdem wird der Zugang zu den zentral verwalteten Ressourcen abgesichert. So benötigt beispielsweise ein Benutzer zum Arbeiten mit Unix eine Identifikation (User-Id) und ein Paßwort, wodurch ein verbesserter Datenschutz erreicht werden kann.

Der Terminus Unix suggeriert eine Einheitlichkeit, die so am Markt nicht auffindbar ist. Es existieren viele Versionen und herstellerspezifische Derivate

(z. B. AIX von IBM, Ultrix von DEC, Sinix von Siemens, HP-UX von HP, SCO Unix für PCs). Weiterhin ist das Betriebssystem für Apple Macintosh-Maschinen zu erwähnen, das sich auf der Basis einer durchgängigen grafischen Oberfläche durch leichte Erlern- und Benutzbarkeit auszeichnet.

2.1.6 Programmierung

Ein Rechner einschließlich Betriebssystem wird installiert, um den Anwender bei seiner Fachaufgabe (z. B. Buchhaltung, Planung) zu unterstützen. Daher muß nun, aufbauend auf der Betriebssystem-Schnittstelle, ein Anwendungssystem konstruiert werden, das diese Unterstützung leistet. Der Aufbau derartiger Anwendungssysteme erfolgt mittels Programmiersprachen. Unter einer Programmiersprache versteht man eine formale Sprache, mit der eine auf einer Hardware ablauffähige Software entwickelt wird.

Folgende *Generationen* von Programmiersprachen lassen sich unterscheiden:

1. Generation:

Bei der Programmierung in *Maschinensprache* werden die Programme in der Regel binär codiert (z. B. heißt 01011001 "addiere"), d. h. in einer Form, die die Hardware unmittelbar "versteht" (siehe Abb. 2.1/2). Solche Programme sind nur auf der vorgegebenen Hardware ablauffähig, schlecht lesbar, fehleranfällig und somit auch schwer zu warten, so daß Maschinensprachen bei betriebswirtschaftlichen Anwendungen nicht mehr verwendet werden.

2. Generation:

Auch *Assembler-Sprachen* sind maschinenorientiert. Allerdings werden zur besseren Verständlichkeit Befehle durch mnemotechnische Abkürzungen beschrieben, beispielsweise der Operationsteil eines Additionsbefehls durch "ADD" abgekürzt. Dies hat zur Folge, daß die Programme erst übersetzt werden müssen, bevor die Hardware sie "versteht". Ein Programm, das in der Lage ist, Assembler-Sprachen zu übersetzen, heißt ebenfalls Assembler (der Begriff ist also doppelt verwendet). Da Assembler-Programme optimal hinsichtlich Geschwindigkeit und Speicherplatzausnutzung programmiert werden können, setzt man Assemblersprachen noch heute zur Entwicklung von (im täglichen Betrieb häufig benutzter) Systemsoftware ein oder auch als Unterprogramme in Programmen, die zum größten Teil in einer problemorientierten Programmiersprache codiert sind. Auf der anderen Seite sind sie nicht portierbar, schwer lesbar und fehleranfällig. Der Adressat des vorliegenden Lehrbuches wird wohl nicht in die Verlegenheit kommen, in Assembler zu programmieren. Dies wird durch spezielle Systemprogrammierer geschehen.

3. Generation:

Heute häufig verwendete Sprachen gehören zur Klasse der sogenannten *prozeduralen problemorientierten Programmiersprachen*. Diese erlauben die Codierung von Programmen in einer an die Fachsprache des jeweiligen Problembereichs angelehnten und damit weitgehend maschinenunabhängigen Form. Von Vorteil ist, daß Anwendungsfachleute viele Konstrukte des Programms verstehen können. Weiterhin ist ein Programm, das auf einem bestimmten Rechnertyp funktioniert, (evtl. mit kleinen Änderungen) auch auf einem anderen Rechnertyp lauffähig. Die verbreitetsten problemorientierten Programmiersprachen (mit einer kurzen Charakterisierung) sind:

❏ BASIC: leicht erlernbar, für Ausbildungszwecke entworfen, für professionelle umfangreiche Programmentwicklung weniger geeignet

❏ C: kurze Laufzeit, universell einsetzbar, schwer lesbar

❏ COBOL: für betriebswirtschaftliche Anwendungen am verbreitetsten, für technische oder mathematische Problemstellungen weniger geeignet

❏ FORTRAN: auf technische oder mathematische Problemstellungen ausgerichtet, für betriebswirtschaftliche Probleme weniger geeignet

❏ PASCAL: für Ausbildungszwecke weit verbreitet, zur professionellen Anwendungsentwicklung wenig verwendet

Diese Programmiersprachen benutzen eine an die englische Sprache angelehnte Syntax. So lautet beispielsweise ein Befehl zum Ausdrucken des Wortes "Hallo" in der Programmiersprache PASCAL:

WRITE ('Hallo');

Natürlich ist die Hardware nicht unmittelbar in der Lage, diese Anweisung zu "verstehen". Sie muß zunächst mit Hilfe eines Übersetzungsprogramms (siehe Abschnitt 2.1.7) in Maschinensprache übersetzt werden. Wichtig ist, daß der Programmierer Schritt für Schritt die Prozedur der Aufgabenbearbeitung vorschreibt, was von ihm spezielle Programmierkenntnisse verlangt.

4. Generation:

Zur vierten Generation sind die *deskriptiven Programmiersprachen* zu zählen. Darunter werden meist Abfragesprachen für Datenbanksysteme verstanden (siehe Abschnitt 4.2.5). Sie sind benutzerfreundlich und leicht erlernbar. Eine wichtige Eigenschaft dieser Sprachen besteht darin, daß der Benutzer nicht mehr formulieren muß, WIE ein bestimmtes Problem zu lösen ist, sondern lediglich angibt, WAS gelöst werden soll. Der Übersetzer (vgl. Abschnitt 2.1.7) muß dann die Prozedur, d. h. die konkrete Ablauffolge zur Lösung der WAS-Aufgabe, hinzufügen. Beispiele für Programmiersprachen der vierten Generation sind SQL - der Quasi-Standard für relationale Datenbanken (vgl. Abschnitt 4.2.5) -, NATURAL als Sprache für das Datenbanksystem Adabas oder die Programmiersprache ACCESS BASIC für das Datenbanksystem MS-Access (vgl. Abschnitt 4.3).

5. Generation:

Sprachen dieser Generation bezeichnet man auch als *wissensbasierte Sprachen*. Sie werden häufig im Zusammenhang mit dem Themengebiet der Künstlichen Intelligenz (KI) genannt. Allerdings ist eine exakte und allgemein anerkannte definitorische Abgrenzung von anderen Programmiersprachengenerationen bisher nicht verfügbar. Ein in der Literatur häufig genanntes Merkmal von Programmiersprachen der fünften Generation ist, daß die Anwendungen in Form von Regeln beschrieben werden (vgl. auch Abschnitt 3.3.2.2 Expertensysteme). Eine Regel stellt dabei eine Kausalbeziehung zwischen einer (komplexen) Bedingung und einer Konklusion dar (z. B.: *Wenn* der Auftraggeber bekannt und seine Bonität gesichert ist, *dann* liefere Ware gegen Rechnung). Ein Beispiel für eine Programmiersprache zur Unterstützung der regelorientierten Programmierung ist PROLOG. Darüber hinaus wird auch die Programmiersprache LISP, die insbesondere spezielle Operatoren zur Manipulation einer Datenstruktur "Liste" bereitstellt (z. B. Selektiere den ersten Eintrag einer Liste zur weiteren Verarbeitung!), häufig der fünften Generation zugerechnet.

Die hier vorgestellte Klassifizierung von Programmiersprachen nach Generationen ist in der Literatur zum Teil kritisiert worden, da verschiedene *Programmierparadigmen* (spezielle Arten der Problembeschreibung) existieren und die Generationen häufig nicht einfach abgrenzbar sind. Die vorgenannten Ausführungen basieren auf der klassischen Trennung von Daten und Befehlen (zur Manipulation von Daten). Derartige Programmiersprachen bieten dementsprechend Anweisungen zur Definition und Spezifikation von Daten (z. B. als numerische oder alphanumerische Daten) sowie zur Manipulation derselben (z. B. Multiplikation zweier numerischer Daten). Hinzu kommen weitere Befehle, die den linearen Kontrollfluß der sequentiellen Programmabarbeitung (siehe Abb. 2.1/2) verändern (z. B. Sprungbefehle).

Darüber hinaus hat ebenfalls in den 80er Jahren das Programmierparadigma der *Objektorientierung* an Bedeutung gewonnen. Objekte als zentraler Bestandteil objektorientierter Programme werden durch Daten und die auf diese anwendbaren Methoden beschrieben, d. h., die Trennung von Daten und Methoden wird aufgehoben. Ein Beispiel eines betriebswirtschaftlichen Objekts ist eine Rechnung, die (in der Nomenklatur klassischer Systeme) eine Datenstruktur besitzt (z. B. Rechnungskopf mit dem Empfänger der Ware und Rechnungspositionen mit Warenidentifikation und Auslieferungsmenge). Gleichzeitig verbindet der Anwender z. B. mit dem Begriff Rechnungsposition die Verfahren, die zugelassen sind, um eine solche zu erzeugen bzw. zu verändern (z. B.

Fakturierung von Teillieferungen). Objektorientierte Sprachen werden häufig der dritten Generation zugerechnet. Andererseits gibt es Autoren, die z. B. SMALLTALK und C++ (die objektorientierte Erweiterung von C) als Sprachen der sechsten Generation bezeichnen.

2.1.7 Übersetzungsprogramme

Der Quellcode, den der Programmierer oder Endbenutzer zur Aufgabenunterstützung mit den im vorhergehenden Abschnitt behandelten Programmiersprachen schreibt (Maschinensprache ausgenommen), muß vor der Ausführung des Programms von einem Übersetzungsprogramm in Maschinensprache übertragen werden. Wichtige Typen von Übersetzern sind Compiler und Interpreter.

Compiler übersetzen das Quellprogramm als Ganzes ("in einem Stück") und erzeugen einen sogenannten ausführbaren Code (Objektcode). Sie prüfen vor der Übertragung das vorliegende Programm (Batch). Ist das Programm syntaktisch fehlerfrei (logische Fehler können vom Compiler i. d. R. nicht erkannt werden), so wird es im ersten Schritt in ein Objektprogramm übersetzt (compiliert). Dieses ist jedoch noch nicht lauffähig. Es muß erst durch den *Linker* (Binder) um Hilfsprogramme (z. B. zur Ein- und Ausgabesteuerung), die in Bibliotheken abgelegt sind, erweitert werden. Ein Vorteil der Compilierung ist, daß aufgrund der Gesamtschau der Objektcode optimiert wird und daß das ablauffähige Programm gespeichert werden kann (z. B. auf der Magnetplatte), um es bei Bedarf sofort in den Hauptspeicher zu laden und auszuführen.

Interpreter dagegen erzeugen keinen archivierbaren Objektcode. Vielmehr wird jeder Befehl einzeln abgearbeitet, d. h. immer wieder neu übersetzt und sofort ausgeführt.

Ein weiterer Vorteil von Compilern liegt darin, daß compilierte Programme schneller ablaufen als interpretierte. Zudem ist eine getrennte Compilierung von in sich geschlossenen Teilprogrammen (Modulen) eines gesamten Programmpakets möglich, wodurch der Test desselben u. U. erheblich vereinfacht werden kann. Die getrennt compilierten Module können zu einem lauffähigen Programm "zusammengelinkt" werden. Ein Nachteil bei der Verwendung von Compilern besteht darin, daß bei Fehlerkorrekturen oder Programmänderungen das Teilprogramm neu compiliert werden muß. Interpreter bieten Vorteile bei der interaktiven Programmentwicklung. So kann man etwa einzelne Anweisungen unmittelbar nach der Eingabe ausführen lassen.

2.1.8 Dienstprogramme

Dienstprogramme sind Hilfsprogramme zur Abwicklung systemorientierter, häufig wiederkehrender anwendungsneutraler Aufgaben. Dazu zählen insbesondere:

- Editoren
- Sortierprogramme
- weitere Hilfsprogramme

Unter einem *Editor* versteht man ein Programm, das zum Lesen, Ändern und Schreiben von Dateien mit formatierten Daten, Texten, Grafiken u. a. geeignet ist. *Sortierprogramme* dienen - wie der Name bereits andeutet - dem Sortieren von Daten nach vom Benutzer zu spezifizierenden Kriterien. Weitere *Hilfsprogramme* erfüllen Funktionen wie benutzerfreundliches Kopieren von Dateien, Datensicherung, Optimierung der Speicherorganisation u. a. Eine bekannte Sammlung von Dienstprogrammen für PCs sind die Norton Utilities.

2.2 Anwendungssoftware

Man kann zwei grundsätzliche Klassen von Anwendungssoftware unterscheiden (siehe Abb. 2.1/3): Die *Individualsoftware* wird speziell auf die Wünsche eines Benutzers hin entwickelt und kann häufig ohne Anpassungen nicht für andere Anwender (andere Abteilungen oder Unternehmen) eingesetzt werden. Aufgabe ist hier die technische und finanzielle Beherrschung der Entwicklung von Anwendungssoftware als Einzelfertigung (siehe Abschnitt 6.1).

Demgegenüber bezeichnet man Programme, die nicht für einen einzelnen Anwender, sondern für eine Vielzahl von Kunden produziert werden, als Standardsoftware. Daher ist auch die Paßgenauigkeit von *Standardsoftware* im Vergleich zu Individualsoftware für den Einzelfall in der Regel geringer. Standardsoftware wird häufig für verschiedene Hardware- und Systemsoftwareplattformen entwickelt. So ist beispielsweise das System SAP R/3 auf unterschiedlichen UNIX-Derivaten oder auf Windows NT lauffähig (siehe Abschnitt 2.1.5). Eine wichtige Aufgabe des Informationsmanagements (siehe Kapitel 7) besteht in der Auswahl der "richtigen" Standardsoftware sowie in der Entscheidung, in welchem Ausmaß das Unternehmen an die Standardsoftware respektive die Standardsoftware an organisatorische Vorgaben angepaßt wird.

Im Bereich der Mikrorechner überwiegt der Einsatz von Standardsoftware, während bei Großrechnern Individualsoftware noch große Bedeutung besitzt.

Die Grenze zwischen Standardsoftware und Systemsoftware ist fließend. Beispielsweise werden Datenbanksysteme (siehe Abschnitt 4.2.5) bei Mikrocomputern als Standardanwendungssoftware und bei Großrechnern als Teil der Systemsoftware angesehen.

2.2.1 Standardsoftware

Neben der schon in Abbildung 2.1/3 eingeführten Unterscheidung zwischen funktionsbezogener Standardsoftware und funktionsübergreifender (allgemeiner) Standardsoftware sind noch sogenannte Branchenlösungen zu nennen. Sie bieten für eine Branche (z. B. Heizungsbau) über verschiedene Funktionen hinweg integrierte Unterstützung an.

2.2.1.1 Funktionsübergreifende PC-Standardsoftware

Ein Grund für die Verbreitung von Mikrocomputern ist die Vielfalt an verfügbaren Anwendungen, z. B. auf der Basis des Betriebssystems MS-DOS. Gewisse aus betriebswirtschaftlicher Sicht relevante Schwerpunkte haben sich funktionsübergreifend auf folgenden Gebieten herauskristallisiert:

– Textverarbeitung
– Grafik
– Tabellenkalkulation
– Datenbankverwaltung (siehe Kapitel 4)

Ziele und Anwendungsmöglichkeiten dieser "allgemeinen" PC-Standardsoftware sollen im folgenden für Textverarbeitung, Tabellenkalkulation und Grafik ohne Anspruch auf Vollständigkeit skizziert werden.

Graf schrieb 1990: "Textverarbeitungsprogramme sind der geglückte Versuch, einem nichtsahnenden Menschen 1500 Mark für das Versprechen abzuknöpfen, er könne mit rund 300 leicht zu merkenden Befehlen Schreibmaschine und Tippex ersetzen und hätte trotz des Programms noch die Zeit, sich auf das zu konzentrieren, was er eigentlich schreiben will." [Graf 90]

Im Ernst: *Textverarbeitungsprogramme* verfolgen das Ziel, das Schreiben von Texten, z. B. Briefen, Referaten, Diplomarbeiten etc., zu erleichtern. Texte werden häufig mehrfach überarbeitet, bevor die endgültige Version erstellt ist. Der Vorteil IV-gestützter Textverarbeitung im Gegensatz zur Schreibmaschine liegt vorwiegend darin, daß Korrekturen am Bildschirm besonders problemlos und schnell durchgeführt werden können. So ist es mit Hilfe von Textverarbeitungsprogrammen einfach möglich, Zeichen oder ganze Absätze zu löschen, einzufügen oder umzuformatieren (z. B. Änderung der Schriftart).

Darüber hinaus unterstützen fast alle Textverarbeitungsprogramme weitere wünschenswerte Funktionen, wie z. B.:

– automatische Seitennumerierung
– Fußnotenverwaltung
– automatische Silbentrennung
– Rechtschreibhilfe
– Thesaurus (Synonym-Verwaltung)
– Serienbriefe

Zudem wird die Layoutgestaltung für die erstellten Dokumente durch verschiedene Schriftarten und -größen, variablen Zeilenabstand, zentrierte Textdarstellung, Blocksatz etc. erleichtert. Die meisten Textverarbeitungsprogramme erlauben auch, Grafiken zu integrieren, d. h., eine Abbildung kann mit einem Grafikprogramm gezeichnet und dann in den Text eingebunden werden. Zwar steigt natürlich mit dem Funktionsumfang die Anzahl notwendiger und auch verfügbarer Befehle, jedoch ist in modernen Softwarepaketen durch eine hierarchische Staffelung von Instruktionen in sogenannten Pull-down-Menüs die Handhabung einfach. Dies wird auch dadurch deutlich, daß heutzutage in nahezu jedem Büro ein derartiges Textverarbeitungssystem zu finden ist. Bekannte Produkte sind MS-Word und WordPerfect.

Viele Sachverhalte lassen sich grafisch anschaulicher darstellen als mit verbalen Beschreibungen oder endlosen Zahlenkolonnen, z. B. die Umsatzentwicklung eines Unternehmens. *Grafikprogramme* bieten für die Umwandlung von textuellem (ziffernorientiertem) Zahlenmaterial in Grafiken eine Vielzahl von Darstellungsarten an (Präsentationsgrafik).

Zum Beispiel können die monatlichen Erlöse und Kosten eines Unternehmens mit Hilfe von Balkendiagrammen grafisch veranschaulicht werden (vgl. Abb. 2.2.1.1/1). Diese Art von Grafikprogrammen wird insbesondere im betriebswirtschaftlichen Bereich verwendet. Ein bekanntes Produkt ist Harvard Graphics.

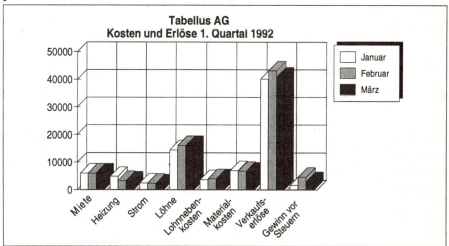

Abb. 2.2.1.1/1 Präsentationsgrafik

Ein anderer häufig verwendeter Typ grafischer Darstellung ist die Strukturgitter- oder Oberflächendarstellung von Körpern im Bereich der Technik (z. B. Computer Aided Design (CAD), siehe Abschnitt 5.1.1.1).

Programme, die eine Integration von Grafiken mit Texten ermöglichen, werden als *Desktop-Publishing-Programme* (*DTP*) bezeichnet. Diese verarbeiten auf der einen Seite Präsentationsgrafiken, Grafiken aus CAD-Programmen oder

Bilder, die mit Scannern eingelesen wurden. Auf der anderen Seite kann man Texte in den unterschiedlichsten Formen und Schriftarten darstellen. Die meisten Veröffentlichungen wie Zeitschriften, technische Handbücher etc. werden mit Hilfe von DTP-Programmen erzeugt (wie auch das vorliegende Buch). Ein Beispiel ist das Programm Pagemaker.

Eine weitere PC-Standardanwendung ist die Tabellenkalkulation. Ein *Tabellenkalkulationsprogramm* stellt Informationen auf dem Bildschirm in tabellarischer Form, d. h. zeilen- und spaltenweise orientiert, dar. Die Größe dieser Tabelle beträgt in der Regel 256 Spalten und 16.384 Zeilen, wobei die Zeilen durchnumeriert sind und die Spalten durch Buchstabenkombinationen angesprochen werden. Eine solche Tabelle wird als Arbeitsblatt (engl. Spreadsheet) bezeichnet (vgl. Abb. 2.2.1.1/2).

Abb. 2.2.1.1/2   Arbeitsblatt eines Tabellenkalkulationsprogramms

Die sich aus Zeilen und Spalten ergebenden Schnittpunkte nennt man Zellen. Diese werden eindeutig - wie die Felder eines Schachbretts - durch die zugehörige Zeilen-Spalten-Kombination angesprochen. Beispielsweise hat die Zelle oben links die Zelladresse A1. Von den über vier Millionen Zellen wird auf dem Bildschirm immer nur ein Ausschnitt angezeigt.

Typische Einsatzgebiete für Tabellenkalkulationsprogramme sind nicht nur Routineberechnungen aller Art, sondern insbesondere auch betriebswirtschaftliche Anwendungen, wie z. B. Budgetplanung, Finanzplanung, Personalplanung etc. Im folgenden Beispiel werden die Möglichkeiten eines Tabellenkalkulationsprogramms anhand einer fiktiven Erlös- und Kostenplanung der Tabellus AG erläutert. Zunächst gibt man - neben den alphanumerischen Zeilen- und Spaltenbezeichnungen - die numerischen Werte für Kosten und Erlöse über die Tastatur ein. Um Berechnungen flexibel durchzuführen, ist es mit den gängigen Tabellenkalkulationsprogrammen auch möglich, Zellen Formeln zuzuordnen. Das hat zur Folge, daß nicht konstante Werte, sondern Zellinhalte miteinander verknüpft werden. Beispielsweise ist der Gewinn als Differenz zwischen den Verkaufserlösen und der Summe der Kostenarten definiert, in unserem Beispiel also nach der Formel: C14=C13-SUMME(C7:C12). Analog läßt sich die Umsatzrentabilität als Quotient aus Gewinn und Verkaufserlösen ermitteln. Die Nutzung von Formeln eröffnet den Vorteil, daß bei sich verändernden Plandaten nur diese neuen Werte einzugeben sind und die Neuberechnung der Ergebnisse automatisch erfolgt. Diese unmittelbare Anpassung von Zwischenergebnissen und Ergebnissen an Datenänderungen dürfte der Vorteil der Tabellenkalkulationssysteme sein, der ihren Erfolg am stärksten erklärt.

Zu fast allen Tabellenkalkulationsprogrammen gehört heute ein Programmteil für die grafische Darstellung der Daten des Arbeitsblattes. Dieses Modul ist in der Lage (ähnlich wie die zuvor diskutierten (Business-) Grafikprogramme), aus den numerischen Werten Balkendiagramme, Kreisdiagramme etc. zu erzeugen. Bekannte PC-Tabellenkalkulationsprogramme sind z. B. Lotus 1-2-3 und MS-Excel.

Darüber hinaus sind am Markt *integrierte PC-Standardpakete* verfügbar, die für eine Anwendung im Büro Textverarbeitung, Tabellenkalkulation, Grafik und auch eine Datenbank unter einer einheitlichen Benutzungsoberfläche anbieten (z. B. MS-Office).

Allgemein existiert im Bereich der PC-Standardsoftware eine Fülle von Literatur zum schrittweisen Erlernen der Konzepte und der wichtigsten Befehle [König/Borkowsky 91].

2.2.1.2 Funktionsbezogene und integrierte Standardsoftware

Standardsoftware wird u. a. für die betriebswirtschaftlichen Funktionen Vertrieb, Materialwirtschaft, Produktion und Finanzwesen angeboten. Dabei kann man Standardsoftware sowohl für einzelne Teilaufgaben (z. B. Auftragserfassung) als auch für ganze Prozesse (z. B. Auftragsabwicklung von der Erfassung bis zur Fakturierung) einkaufen.

Mehrere Merkmale kennzeichnen attraktive Standardsoftwareangebote: Zum einen sollen die Systeme auf einer einheitlichen Datenbank basieren (vgl. Abschnitt 4.2.3), um die Integration der Lösung verschiedener Aufgaben bzw. Funktionen zu erleichtern.

Andere wichtige Merkmale sind der modulare Aufbau sowie die Einbindung in sogenannte Software-Familien. Damit ist für den Kunden der Vorteil verbunden, daß er Software nur für die von ihm benötigten Funktionen erhält. Er kann also beispielsweise Module für die Durchlaufterminierung und den Kapazitätsausgleich im Rahmen der Produktionsplanung und -steuerung erwerben, ohne das Modul Werkstattsteuerung anschaffen zu müssen (vgl. Abschnitt 5.1.5.7). Wenn der Anwender allerdings bereits Software für bestimmte Teilfunktionen selbst entwickelt oder fremdbezogen hat, wird eine Einbindung dieser Programme in die Software-Familie erschwert. Darüber hinaus erwartet der Käufer, daß die Endbenutzungsschnittstelle derartiger Systeme (z. B. das Druckbild von Werkstattaufträgen) leicht an seine Anforderungen anpaßbar ist.

Ein weiteres Charakteristikum von moderner Standardsoftware ist ihre Hardwareunabhängigkeit und somit auch Lauffähigkeit unter möglichst vielen verschiedenen Betriebssystemen.

Generell soll Standardsoftware so konzipiert sein, daß sie sich einerseits relativ gut in die gegebene betriebliche Aufbau- und Ablauforganisation einfügen kann. Andererseits werden mit dem Einsatz von Standardsoftware häufig eine Vereinheitlichung und damit eine Änderung der Organisationsstrukturen angestrebt. Insofern kauft man im Grenzfall bei funktionsbezogener Standardsoftware nicht nur eine organisierte Ansammlung von Befehlen in Programmen, sondern ein ganzes Organisationskonzept für eine Unternehmung oder eine Abteilung.

Bekannte betriebswirtschaftliche Standardsoftware-Produkte sind die Softwarefamilien R/2 und R/3 von SAP, TRITON von Baan oder MAS von IBM (siehe hierzu auch Abschnitt 2.4). Auch für den PC sind viele funktionsbezogene Standardprogramme, beispielsweise zur Finanzbuchhaltung und Kostenrechnung, verfügbar. Jedoch haben sich einheitliche Lösungen (noch) nicht in dem Maße, wie sie auf Großrechnern oder z. T. auf mittleren Systemen zu beobachten sind, durchsetzen können.

2.2.1.3 Branchensoftware

Vorwiegend für kleinere und mittlere Betriebe (und damit eher auf einem PC basierend) wird sogenannte integrierte Branchensoftware angeboten, z. B. für einen Heizungsbauer bestehend aus:

- Angebotserstellung
- Auftragsverwaltung
- Lagerverwaltung
- Fakturierung
- Lohnabrechnung
- Buchhaltung

2.2.2 Individualsoftware

Unter Individualsoftware versteht man Anwendungssoftware, die auf eine spezielle betriebliche Anforderung mit der zugehörigen Hard- und Softwareumgebung zugeschnitten ist. Dabei wird die Individualsoftware entweder selbst entwickelt oder fremdbezogen (zu Kriterien für diese Entscheidung vgl. Abschnitt 7.1.6). Die Eigenentwicklung kann sowohl von der IV-Abteilung als auch von den entsprechenden Fachabteilungen, dort in der Regel mit Sprachen der vierten Generation, durchgeführt werden.

Wegen der hohen Kosten der Entwicklung von Individualsoftware ist heute in größeren Unternehmen zunehmend zu beobachten, daß man Standardsoftwareteile einkauft und dann betriebsspezifisch anpaßt (vgl. Abschnitt 6.6). Damit ist eine Kombination der jeweiligen Vorteile der Standardsoftware (z. B. kostengünstiger und schneller verfügbar) und der Individualsoftware (u. a. präzise Anpassung an differenzierte Vorgaben) möglich.

Für den Einsatz von Individualsoftware kann es verschiedene Gründe geben:

– Es existiert keine Standardsoftware zu einem Problem (z. B. Gepäckverteilanlagensteuerung).
– Die Rahmenbedingungen schließen einen Einsatz verfügbarer Standardsoftware aus (z. B. Vorgabe einer Rechenanlage, auf welcher keine Standardsoftware läuft).

2.3 Netze und Netzarchitekturen

Stand bisher *ein* Rechner im Mittelpunkt der Ausführungen, so wird im folgenden die Vernetzung von Rechnern behandelt. Sie stellt die Grundvoraussetzung dezentraler Anwendungskonzepte dar. Auf der mehr technischen Seite werden mit dem Einsatz von Rechnernetzen verschiedene *Ziele* verfolgt:

– Lastverbund/Leistungsverbund
– Datenverbund
– Programmverbund
– Kommunikationsverbund
– Geräteverbund/Sicherheitsverbund

Ein *Lastverbund* führt zu einer besseren Ausnutzung der Kapazitäten von Computern im Netz. Das bedeutet, daß der am wenigsten ausgelastete Rechner eine neue Aufgabe durchführt. Darüber hinaus zielt ein *Leistungsverbund* darauf ab, eine umfangreiche Aufgabe, die durch einen einzelnen Rechner nicht mehr vernünftig bearbeitet werden kann, zu parallelisieren und im Netz von mehreren Maschinen gleichzeitig bearbeiten zu lassen.

Ein *Datenverbund* erlaubt die gemeinsame Nutzung von im Netz verfügbaren Daten durch mehrere Rechner respektive Anwender.

Der *Programmverbund* gestattet die gemeinsame Nutzung eines Programms durch alle im Netz eingebundenen Rechner. Damit geht der Vorteil einher, daß eine mehrfache Beschaffung und Pflege der zu nutzenden Software vermieden wird. Das Programm muß jedoch, von Ausnahmen abgesehen, netzfähig sein, und man benötigt Netzlizenzen.

Ein *Kommunikationsverbund* ermöglicht eine Kommunikation der Rechner im Netzwerk. Beispielsweise übermitteln sich die Benutzer der verschiedenen Rechner Nachrichten, die in einem "Elektronischen Briefkasten" gespeichert werden (Electronic-Mail).

Durch einen *Geräteverbund* können alle Rechner auf im Netz enthaltene Ressourcen zugreifen. Unter Kostengesichtspunkten ist insbesondere die gemeinsame Benutzung teurer und damit nicht häufig verfügbarer peripherer Geräte, z. B. Qualitäts-Laserdrucker in einem PC-Netz, bedeutungsvoll. Ein *Sicherheitsverbund* zielt darüber hinaus beispielsweise darauf ab, auf kritische Daten über mehrere Wege zuzugreifen (z. B. parallele Speicherung von gleichen Daten auf zwei verschiedenen Rechnern), um bei technischen Problemen auf den jeweils anderen Zugriffspfad umschalten zu können.

Für den *Anwender* besteht das Ziel des Einsatzes vernetzter Rechner darin, mehrere Entscheidungsträger (Menschen oder Maschinen) in gemeinsame, verteilte Dispositions- oder Planungsprozesse einzubinden.

PRAKTISCHES BEISPIEL

Ein Beispiel für einen verteilten Dispositionsprozeß ist das Fracht-Revenue-Management-System der Lufthansa Cargo AG, wo die Entscheidung über Annahme oder Ablehnung einer zum Transport angebotenen Fracht wegen der hohen Anforderungen an die Entscheidungsgeschwindigkeit (ohne untragbare Abstriche an der Entscheidungsgüte hinnehmen zu müssen) in einer Drei-Ebenen-Hierarchie erfolgt. Alle Angebote laufen in der ersten Stufe in eine Datenbankabfrage, in der geprüft wird, ob einfache und wichtige Entscheidungsregeln schnell zu einer Annahmeentscheidung führen. Falls auf dieser Ebene die Annahme noch nicht bestätigt werden kann (was in etwa 20 - 30 Prozent aller Angebote erwartet wird), so werden diese Angebote in einer zweiten Ebene im Rahmen eines automatisch abgearbeiteten Regelwerks "feiner" geprüft. Falls auch dann noch keine Annahme bestätigt werden kann (in etwa 10 - 15 Prozent aller Fälle), schlägt das System dem menschlichen Disponenten alternative Aktionen (z. B. Eintrag in eine Warteliste, andere Routen) vor. Aus technischen Gründen erfolgen die Datenbankabfrage auf einem UNISYS-Großrechner und die Abarbeitung des Regelwerks auf einem IBM-Host. Beide sind durch ein Hochgeschwindigkeitsnetz verbunden. Die Aufbereitung der Vorschläge für die Disponenten geschieht auf lokalen PCs. Diese sind untereinander vernetzt und greifen über das Hochgeschwindigkeitsnetz auf den IBM-Host zu.

Andere Beispiele sind verschiedene Formen der zwischenbetrieblichen Integration (z. B. können Automobilhersteller automatisch die Produktionsprogrammplanung der Zulieferer von Polstersitzen beeinflussen) oder der Zugriff auf externe Datenbanken (z. B. bei der Patent-Recherche, vgl. Abschnitt 4.2.9).

2.3.1 Grundlagen und Komponenten von Rechnernetzen

Werden an sich unabhängig arbeitsfähige Rechner dergestalt miteinander verbunden, daß sie Daten und Methoden austauschen können, so entsteht ein *Rechnernetz*. Die wichtigsten Komponenten eines Rechnernetzes sind:

- die Rechner selbst, einschließlich der physischen Netzwerkanbindung (Netzwerkkarte oder Modem) sowie der jeweiligen Betriebs-, Netz- und Anwendungssoftware
- die Datenübertragungswege
- Protokolle

Die Rechner müssen, damit sie Daten austauschen können, entweder über ein netzwerkfähiges Betriebssystem, wie z. B. Unix, oder über spezielle *Netzwerksoftware* verfügen. Bekannte Produkte im Bereich PC-Netzwerksoftware sind z. B. NetWare von Novell sowie der Lan-Manager von Microsoft. Im Großrechnerbetrieb ist beispielsweise das Konzept System Network Architecture (SNA) von IBM zu nennen.

Die Übertragung der Daten erfolgt über *Datenübertragungswege* (Leitungen), die die Rechner miteinander verbinden. Die gängigsten Kabeltypen sind:

- verdrillte Kupferkabel
- Koaxialkabel
- Glasfaserkabel

Verdrillte Kupferkabel sind ein weit verbreitetes Übertragungsmedium. Sie sind einfach zu verlegen, jedoch nicht abhörsicher und empfindlich bei elektrischen Störungen. Verdrillte Kupferkabel gelten als das billigste Übertragungsmedium.

Koaxialkabel werden z. B. auch für den Antennenanschluß von Fernsehgeräten verwendet. Sie sind abgeschirmt und damit weniger störempfindlich sowie leistungsstärker als verdrillte Kupferkabel. Allerdings ist das Material teurer, und die Verlegung ist schwieriger.

Glasfaserkabel (Lichtwellenleiterkabel) erlauben sehr hohe Übertragungsgeschwindigkeiten und werden zunehmend im Rahmen von Hochgeschwindigkeitsnetzen eingesetzt. Sie sind zudem unanfällig gegen Störungen, abhörsicher und, bezogen auf die Leistungsfähigkeit, relativ billig.

Daneben werden Daten zunehmend auch über Satelliten bzw. optische Richtfunksysteme übertragen. Bei letzteren dienen Infrarot-Licht oder Laserstrahlen als Träger und überbrücken Entfernungen bis zu fünf Kilometern.

Weiterhin bilden sogenannte *Protokolle* einen wichtigen Bestandteil von Rechnernetzen. Ein Protokoll definiert von den Kommunikationspartnern einzuhaltende Vereinbarungen über den Datenaustausch zwischen den Rechnern, beispielsweise über Aufbau, Betrieb und Abbau der Verbindungen, die Datenformate usw. Weitere Ausführungen folgen im nächsten Abschnitt.

2.3.2 Standardisierung: OSI-Referenzmodell und TCP/IP

Das *OSI-Referenzmodell* (Open System Interconnection) der *International Standardization Organization (ISO)* zerlegt die zum Teil sehr komplexen Probleme der Datenkommunikation zwischen oft inkompatiblen Rechnern in Teilprobleme, die in sieben hierarchisch angeordnete Schichten untergliedert sind. Aufgrund der hierarchischen Anordnung kann jede Schicht (außer der untersten) die Leistung der darunterliegenden Schicht nutzen, ohne auf deren Realisierung Rücksicht nehmen zu müssen.

Abbildung 2.3.2/1 veranschaulicht den Aufbau und die Funktionsweise des OSI-Modells. Benutzer A möge in diesem Beispiel eine Datei an den Benutzer B senden. Die Anwendung des Benutzers A setzt auf der obersten Ebene auf, die die Schnittstelle der Anwendung zu den unteren OSI-Schichten herstellt. Die Anwendungsschicht übergibt die Daten an die Darstellungsschicht, diese an die Sitzungsschicht usw. Die Daten werden also schrittweise an die jeweils darunter liegende Schicht gereicht, bis sie schließlich auf dem physikalischen Medium an den Rechner des Benutzers B gelangen. Auf diesem Rechner werden die Daten nun an die jeweils benachbarte höhere Schicht übergeben, bis die Anwendungsebene die Daten schließlich dem Benutzer zur Verfügung stellt. Die geschilderte Vorgehensweise stellt den physischen Weg der Datenübertragung dar. Aus logischer Sicht dagegen kommuniziert jede Schicht des

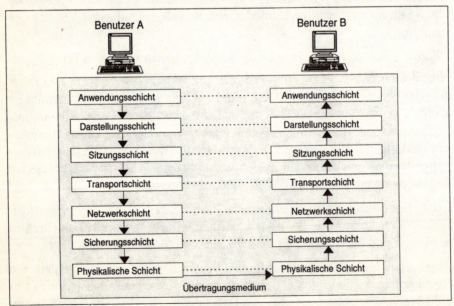

Abb. 2.3.2/1   Konzept und Aufbau des OSI-Modells

Rechners von Benutzer A mit der Schicht gleicher Ebene des B-Systems. Diese virtuelle Kommunikation ist durch eine gepunktete Linie gekennzeichnet.

Die Aufgabe der physikalischen Schicht besteht in der Übertragung der Bits über das physikalische Medium. Dabei werden z. B. der Kabeltyp sowie physikalische Größen festgelegt.

Die wesentliche Aufgabe der Sicherungsschicht besteht in der Erkennung und Korrektur von evtl. auftretenden Übertragungsfehlern auf der physikalischen Ebene.

Die Netzwerkschicht steuert die Datenübertragung zwischen nicht direkt miteinander verbundenen Rechnern. Dazu gehört, die Übertragungswege der Daten innerhalb des Netzwerks, häufig über Zwischenstationen, festzulegen (Routing).

Die Transportschicht regelt die direkte Kommunikation zwischen Benutzer-prozessen über das Netz. Die Gesamtheit der bisher behandelten vier unteren Ebenen des Referenzmodells wird auch als *Transportsystem* bezeichnet.

Die Sitzungsschicht hat die Steuerung des Benutzerdialogs zur Aufgabe. Dazu gehört auch die Standardisierung des Aufbaus, Betriebs und Abbaus von Verbindungen.

Die Darstellungsschicht umfaßt Funktionen, die die interne Zeichendarstellung betreffen. Verwenden z. B. zwei in einem Netz verbundene Rechner verschiedene Datendarstellungsformate, so müssen die übertragenen Daten in eine dem jeweiligen Empfänger verständliche Darstellung konvertiert werden.

Im Rahmen der Anwendungsschicht wird die Schnittstelle eines Anwendungs-systems zur sechsten Schicht des OSI-Modells beschrieben.

Wichtige ISO-Standards der Anwendungsebene sind *X.400* für Electronic-Mail-Systeme und FTAM (File Transfer Access and Management) zum Datei-transfer. Auch das bereits früher entwickelte Protokoll TCP/IP (Transmission Control Protocol/Internet Protocol) zeichnet sich durch einen schichtenartigen Aufbau aus. Wichtige anwendungsorientierte Dienste, die auf TCP/IP basieren, sind FTP für den Dateitransfer und Telnet zum virtuellen Terminalbetrieb. Beim virtuellen Terminalbetrieb kann ein Anwender von seinem Rechner aus die Leistungen eines anderen Rechners nutzen, wobei er die Benutzungsoberfläche dieses anderen Rechners auf seinem Bildschirm sieht. TCP/IP wird stan-dardmäßig mit den meisten Betriebssystemen mitgeliefert.

2.3.3 Lokale Netze

Befinden sich die miteinander vernetzten Rechner in einem Büro, einem Haus oder einem (kleinen) Betriebsgelände, so spricht man von einem lokalen Netz

(Local Area Network, LAN). Technisch gesehen darf (ohne aufwendige Zwischenelemente) der maximale Abstand zweier Rechner nicht mehr als einige hundert Meter betragen. Nach dem Fernmelderecht der Bundesrepublik kommt als weiteres Kriterium hinzu, daß kein öffentliches Gelände für den Kabelweg verwendet werden kann, da dieser dann nur unter der Hoheit der Telekom betrieben werden dürfte. Das Netz befindet sich damit - im Gegensatz zu den im folgenden Abschnitt besprochenen Rechnerfernnetzen - unter der rechtlichen Zuständigkeit des Betreibers.

Lokale Netze sind in vier Topologien unterteilbar, wobei unter der Topologie die strukturelle Verknüpfung der Rechner zu verstehen ist:

– Ringnetz, insbesondere das von IBM forcierte Token-Ring-Konzept
– Busnetz, insbesondere das Ethernet-Konzept (Xerox) oder das Decnet (DEC)
– Sternnetz
– Vermaschtes Netz

Die Abbildung 2.3.3/1 verdeutlicht diese Strukturen.

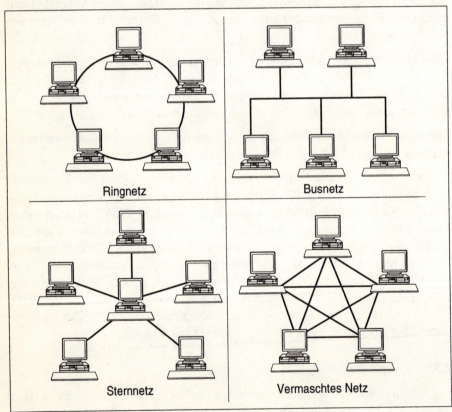

Abb. 2.3.3/1   Wichtige Topologien lokaler Netze

In einem *Ringnetz* sind die Rechner - wie der Name bereits andeutet - logisch ringförmig angeordnet. Alle am Netz beteiligten Rechner sind gleichberechtigt. Die Daten werden nur in eine Richtung übertragen. Ein solcher Aufbau hat den Vorteil, daß die Weiterleitung und der Empfang einer Nachricht recht einfach gelöst werden. Andererseits würde der Ausfall eines Computers zum Ausfall des gesamten Netzes führen. Um diese Gefahr zu vermindern, wird auf der physischen Ebene häufig ein Sternnetz realisiert, so daß der Ausfall eines peripheren Rechners nur eine begrenzte Leistungseinschränkung des Netzes bedingt.

Zur Steuerung des Sende- und Empfangsbetriebs im logischen Ring wird das sogenannte *Token-Verfahren* eingesetzt, bei dem ein Token, das man sich wie einen Staffelstab im Staffellauf vorstellen kann, automatisch im Netz kreist. Technisch wird ein Token als eine definierte Bitfolge dargestellt. Eine Station, die Daten an eine andere Station senden möchte, wartet, bis das "leere" Token bei ihr angelangt ist, und kann erst zu diesem Zeitpunkt senden, indem sie das Token "belegt".

In einem *Busnetz* sind alle Computer an ein gemeinsames Buskabel angeschlossen. Zum Senden prüft ein Rechner, ob der Bus frei ist, und sendet dann einfach "in den Bus hinein". Falls es dann doch zu einer Kollision kommt, da zwei oder mehr Maschinen gleichzeitig senden, verbreiten die Stationen, die dies als erste bemerken, ein spezielles "Jamming"-Signal. Da jede Station in der Lage ist, auch während einer eigenen Sendung das Medium abzuhören, werden der Konflikt erkannt und die Übertragung zurückgesetzt. Erst nach einer gewissen (für die einzelnen Stationen unterschiedlich langen) Verzögerung erfolgt ein neuer Versuch. Das für diese Vorgehensweise verwendete Zugriffsverfahren heißt *Carrier Sense Multiple Access with Collision Detection* (CSMA/CD).

Im Gegensatz zu diesen PC-LAN-Welten, die z. B. auf der Basis autonomer PCs aufbauen, haben großrechnerorientierte LANs in der Regel einen *sternförmigen* Aufbau mit dem Großrechner im Zentrum. Die Sterntopologie weist den Nachteil auf, daß bei Ausfall der Zentrale das gesamte Netz zusammenbricht.

Wenn zusätzlich zur Stern-Topologie weitere Verknüpfungen einzelner peripherer Rechner hinzukommen, spricht man von partieller *Vermaschung*. Sind alle Rechner miteinander verbunden, so handelt es sich um ein vollständig vermaschtes Netz. Diese Netzstruktur hat den Vorteil, sehr leistungsfähig zu sein. Dagegen ist die Leitungsverlegung aufwendig und somit teuer.

2.3.4 Rechnerfernnetze

Fernnetze verbinden Rechner über große geographische Entfernungen. Die Daten werden dabei in *öffentlichen Netzen* übertragen, die in der Bundesrepublik in den meisten Fällen der Hoheit der Telekom unterliegen. Für die Datenübertragung sind folgende öffentliche Netze von Bedeutung:

- Telefonnetz
- Direktrufnetz
- Datex-Netze
- Integrated Services Digital Network (ISDN)

Beim *Telefonnetz* handelt es sich um ein analoges öffentliches Netz mit Wählanschluß und sehr großer Flächendeckung. Als Nachteile sind eine verhältnismäßig hohe Fehlerquote durch Geräusche sowie die relativ langsame Übertragungsgeschwindigkeit anzuführen. Der Anschluß eines Mikrocomputers an das Telefonnetz kann mit Hilfe eines *Modems* erfolgen. Das Modem hat die Aufgabe, die zu übertragenden Daten in analoge und damit über das Netz transportierbare Signale umzuwandeln. Die Kosten für die Inanspruchnahme des Telefonnetzes sind variabel (abgesehen von der fixen Grundgebühr), da sie u. a. abhängig von Dauer und Zeitpunkt der Datenübertragung bzw. von der zu überbrückenden Entfernung berechnet werden.

Beim *Direktrufnetz* werden zwei Rechnerknoten über eine Standleitung direkt miteinander verbunden. Dadurch wird im Gegensatz zum Telefonnetz eine permanente Verfügbarkeit der Übertragungsverbindung gewährleistet. Da es sich um ein digitales Netz handelt, werden keine Modems bei Sender und Empfänger benötigt. Die Kosten ergeben sich aus der Verbindungsdauer und der Entfernung der beteiligten Rechnerknoten. Sie sind jedoch unabhängig vom Ausnutzungsgrad der Verbindung. Es entstehen - im Gegensatz zum Telefonnetz - bezogen auf einen Vertragszeitraum von z. B. einem Jahr ausschließlich fixe Kosten.

Bei den *Datex-Netzen* wird zwischen dem *Datex-L-Netz* (L steht für Leitungsvermittlung) und dem *Datex-P-Netz* (P steht für Paketvermittlung) unterschieden. Über das Datex-L-Netz können nur Rechner mit derselben Datenübertragungsgeschwindigkeit kommunizieren. Zwischen diesen Rechnern wird für die Dauer der Datenübertragung eine feste Verbindung aufgebaut. Beim Datex-P-Netz wird der zu übertragende Datenstrom in mehrere Pakete zerlegt, die dann getrennt zum Zielrechner geschickt werden. Die einzelnen Pakete können im Netz ganz unterschiedliche Wege nehmen, so daß die Durchlaufzeit der Übertragung variiert. Die häufig dann in unterschiedlicher Reihenfolge am Zielrechner ankommenden Pakete müssen dort wieder in der originalen Reihung zusammengesetzt werden. Die Kosten der Datenübertragung in den Datex-Netzen sind variabel, da sie u. a. von der Dauer der Datenkommunikation, der Entfernung (bei Datex-L) oder der Menge der übertragenen Daten (bei Datex-P) abhängen.

Das *Integrated Services Digital Network (ISDN)* ist ein digitales Netz, das zu einer Integration der angebotenen Kommunikationsdienste führen soll. Beispielsweise wird angestrebt, daß Telefon, Telefax und Datenübertragung mit einer einheitlichen Rufnummer abgewickelt werden können. Grundvoraussetzung für die Implementierung des ISDN ist eine Digitalisierung des Telefonnetzes. In Deutschland stellt die Telekom das analoge Telefonnetz schrittweise auf ISDN um.

Alle Netze stehen in einem internationalen Verbund, so daß man sich beispielsweise zum Zwecke der Recherche in einer Washingtoner Datenbank von Frankfurt aus in das deutsche Datex-P-Netz einwählen kann, in das Pendant dazu in den USA durchgreift und dort den gewünschten Rechner und die gewünschte Datenbank identifiziert. Spezielle Dienstleistungsunternehmen wickeln (gegen Bezahlung) alle damit verbundenen administrativen Aktivitäten ab (z. B. Benutzernummern beantragen, Verbindungsauf- und -abbau, Abrechnung der Datenbank- und Telefoneinheiten) und bieten Beratung in individuellen Problemfällen an.

2.3.5 Client-Server-Konzept als Kooperationsmodell

Die Kommunikation zwischen Rechnersystemen setzt die Existenz eines geeigneten Kooperationsmodells voraus, das im Hinblick auf die Kommunikationspartner eine eindeutige Rollenverteilung festlegt. Im sogenannten *Client-Server-Konzept* versuchen Clients, von einem Server angebotene Dienste (d. h. Daten oder Programme) in Anspruch zu nehmen. Der Server wartet so lange passiv, bis ihn die Anforderung des Client erreicht.

Bei einem Client bzw. einem Server handelt es sich um *Prozesse* (d. h. in Ausführung befindliche Programme), die auf einem oder mehreren Rechner(n) eines Netzwerkes ablaufen. In einem Rechnernetz wird gängigerweise ein bestimmter Rechner als Server eingerichtet. Ein Beispiel ist ein Datenbankserver, der den Clients Daten zur Verfügung stellt. Dabei setzt die Struktur dieses Kooperationsmodells auf der Serverseite ein Betriebssystem voraus, das neben Multiusing auch Multitasking zuläßt (z. B. Unix), da sonst die gesamte Rechenleistung der Maschine durch den permanent laufenden Serverprozeß blockiert wäre. In großen Netzwerken dienen verschiedene Rechner häufig sowohl als Clients als auch als Server, was als Peer-to-Peer-Kommunikation (Kommunikation unter Gleichgestellten) bezeichnet wird.

2.3.6 Internet

Das Internet wird heute bereits als das "Netz der Netze" bezeichnet. Es stellt einen Zusammenschluß autonomer Rechner dar, die Informationen über das Protokoll TCP/IP (vgl. Abschnitt 2.3.2) austauschen. Mittlerweile gibt es weltweit ca. 30 bis 40 Millionen Internet-Anwender, und die Zuwachsraten sind enorm. Auf Internet-Basis werden z. B. die folgenden Informations- und Kommunikationsdienste angeboten:

–   Electronic-Mail zum elektronischen Versenden von Nachrichten
–   FTP (File Transfer Protocol) zum Versenden oder Abholen von Dateien
–   NEWS als Service zur Teilnahme an themenspezifischen Diskussionsforen

Das Informationsangebot ist so umfassend, daß es schwerfällt, einen Themenbereich zu nennen, für den keine Informationen im Internet verfügbar sind (zur Suche nach Informationen siehe auch Abschnitt 4.2.9). Die Integration der unterschiedlichen Informationsquellen erfolgt durch das sogenannte *World Wide Web (WWW)*, das mit Hilfe des Protokolls *HTTP (HyperText Transport Protocol)* sowie eines hypertextbasierten Clients (z. B. Netscape) den benutzerfreundlichen Zugriff auf die verteilten Informationen des Internet ermöglicht. Innerhalb von WWW-Dokumenten kommt die Beschreibungssprache *HTML (HyperText Markup Language)* zum Einsatz.

Abbildung 2.3.6/1 zeigt beispielhaft die WWW-Seite zur Wirtschaftsinformatik. Auf dieser Seite lassen sich Informationen über Wirtschaftsinformatik-Lehrbücher, Forschungsgebiete und -ergebnisse, Lehrpläne oder zum Wissenschaftsverständnis der Wirtschaftsinformatik abrufen.

Mit der objektorientierten Programmiersprache Java besteht nun auch die Möglichkeit der Einbindung von Programmen in HTML-Seiten des World Wide Web. Die Übersetzung eines Java-Quellprogramms vollzieht sich in zwei Schritten. Ein Compiler (siehe Abschnitt 2.1.7) übersetzt den Quelltext in einen Zwischencode (*binary code*), der speziell für eine effiziente und sichere Übertragung im Netz konzipiert wurde und auf jeder Hardware- und Systemsoftwareplattform ausgeführt werden kann, auf der die Zugangssoftware (z. B. Netscape) lauffähig ist. Dieser Binary-Code wird dann beim Aufruf der betreffenden WWW-Seite über das Netz auf den lokalen Rechner übertragen und dort interpretiert (siehe Abschnitt 2.1.7). Auf diese Weise wird es möglich, weltweit verteilte Programmbausteine zu einem lauffähigen Programm zu integrieren. Geht man davon aus, daß sich Java in dem Maße wie die Beschreibungssprache HTML durchsetzt, so wird in kurzer Zeit eine weltweite Bibliothek von Programmbausteinen mit einem sehr großen Potential für die Entwicklung von Anwendungsprogrammen entstehen.

Während in der Vergangenheit der Aufbau des Internet insbesondere von Wissenschaftlern und "Hackern" getragen wurde, sind mittlerweile auch die

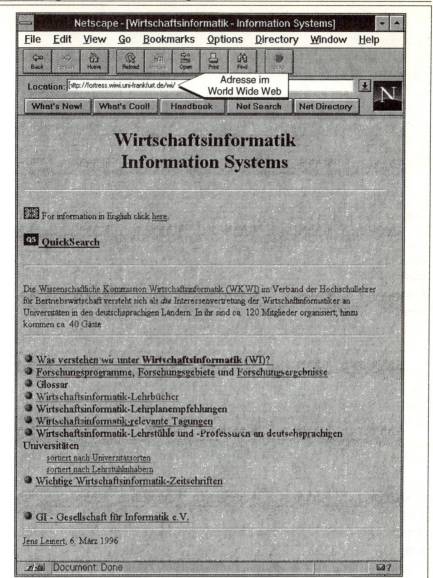

Abb. 2.3.6/1 WWW-Seite zur Wirtschaftsinformatik

meisten großen Unternehmen im deutschsprachigen Raum mit eigenem Informationsangebot und Dienstleistungen im Internet vertreten. Die Wirkung der weltweiten Vernetzung geht jedoch weit über die enge IV- und Kommunikationssicht hinaus. Wir erleben derzeit tiefgreifende Veränderungen, die sowohl das Arbeitsleben betreffen (z. B. Automatisierung oder die Auslagerung von Produktionsschritten ins Ausland) als auch weite Teile des gesellschaftlichen Zusammenlebens berühren (z. B. Online-Shopping). Mit dem Internet verbundene Informations- und Kommunikationsdienstleistungen werden als eine der größten Wachstumsbereiche für die Zukunft angesehen.

2.4 Rechnerklassen

Rechnerklassen werden durch die Leistungsfähigkeit der Zentraleinheit sowie das Betriebssystem definiert. Für die Gestaltung der betrieblichen IV sind insbesondere die folgenden Rechnerklassen relevant:

– Großrechner (auch häufig Mainframes oder Hosts genannt)
– Mittlere Systeme und Workstations (auch als Midrangesysteme bezeichnet)
– Mikrorechner (PCs)

Darüber hinaus existieren sogenannte *Superrechner* mit einer speziellen Rechnerarchitektur, die in der Regel für technisch-mathematische Problemstellungen eingesetzt werden (z. B. Wetterprognose, Luftraumüberwachung).

Die nachfolgend skizzierten Grenzen zwischen den Rechnerklassen verschieben sich aufgrund der hohen Entwicklungsgeschwindigkeit der Hardware, ohne daß jedoch die Grundstruktur der Einteilung verändert wird.

2.4.1 Großrechner

Der Großrechner bietet eine hohe Verarbeitungsgeschwindigkeit im Multiusing-Betrieb an. Er ist in der Regel das Zentrum eines Sternnetzes, das viele Terminals verbindet. Die von ihm zur Verfügung gestellten Daten und Programme werden von vielen Fachabteilungen mit unterschiedlichen Unterstützungsbedürfnissen in Form der Batch- wie auch der Dialogverarbeitung in Anspruch genommen. Der Zentralrechner befindet sich normalerweise in einem klimatisierten Rechenzentrum mit Sicherheitsvorkehrungen und wird von speziell ausgebildeten Mitarbeitern (Operateuren) bedient (vgl. Abschnitt 7.3).

Großrechner haben häufig eine umfangreiche externe Speicherkapazität. Zudem sind oftmals mehrere hundert Terminals oder PCs an einen Zentralrechner angeschlossen. Um die damit zusammenhängenden umfangreichen Verwaltungsarbeiten (z. B. die Kontrolle der Belegung des Zentralrechners selbst) nicht dem Zentralrechner aufzubürden, da hierfür wertvolle Rechnerleistung den Anwendungen entzogen würde, arbeitet man mit mächtigen Steuereinheiten oder Vorrechnern (z. B. IBM 3270 oder 3745). Darüber hinaus werden in größeren Unternehmen häufig mehrere Hosts in einem Netz verbunden, z. B. um hohe Leistungsbedarfe der Anwender befriedigen zu können oder eine gewisse Sicherung gegenüber Systemausfällen zu erhalten. Dabei ist das Vernetzungskonzept SNA des Marktführers IBM durch eine hierarchische Verknüpfung von Großrechnern und Vorrechnern gekennzeichnet.

Die hohe Leistungsfähigkeit der Hardwarekomponenten wird u. a. durch ein umfangreiches Betriebssystem ermöglicht, das spezielle Hardwareeigenschaften, die im Rahmen dieser Einführung nicht näher erläutert werden, nutzbar macht. Das hat zur Folge, daß die Großrechnersysteme untereinander in der Regel nicht kompatibel sind, so daß die Portierung eines Anwendungsprogramms auf ein anderes System häufig nur mit Hilfe von Anpassungen möglich wird. Daher bezeichnet man die unterschiedlichen Systeme auch als *Rechnerwelten*. Die Integration dieser Rechnerwelten stellt bis heute ein weitgehend ungelöstes Problem dar.

Neuinstallationen von Großrechnersystemen werden zunehmend kritisch betrachtet. Das liegt zum einen daran, daß diese Systeme meist wenig benutzerfreundlich sind, z. B. verfügen sie in der Regel nicht über eine grafische Benutzungsoberfläche. Aus diesem Grunde verliert der Host als unmittelbarer Partner im Mensch-Maschine-Dialog an Bedeutung. Darüber hinaus weisen z. B. funktionsübergreifende Standardsoftware-Komponenten (vgl. Abschnitt 2.2.1.1) für Großrechnersysteme in vielen Fällen eine geringere Funktionalität auf als solche für Mittlere Systeme, Workstations oder PCs und sind zudem oft teurer. Daher sind Unternehmen bestrebt, Anwendungen von Großrechnern herunterzunehmen und auf "kleineren" Systemen zu implementieren (*Downsizing*). Ein Beispiel ist die Ablösung der betriebswirtschaftlichen Standardsoftware SAP R/2 durch SAP R/3. Während R/2 ausschließlich auf Großrechnersystemen läuft, ist R/3 insbesondere auf Unix-Systeme ausgerichtet. Jedoch wird der Host in der betrieblichen IV nach wie vor häufig als "Koordinationsinstanz" in Netzen und als Ort, an dem zentrale Daten gespeichert werden, verwendet. Das ist einer der Gründe, weshalb auch in Unternehmen mit relativ starker Dezentralisierung der IV die Großrechnerkapazitäten noch wachsen. Ein Zentralrechner wird erweitert, wenn er durch Veränderung von Art und/oder Anzahl der von den Anwendungssystemen benötigten Kapazität pro Zeiteinheit eine gewünschte Mindestantwortzeit (Reaktionszeit auf die Eingabe eines Benutzers), z. B. max. 1,5 Sekunden, nicht mehr einhalten kann.

Die Investitionen für Großrechnersysteme liegen im Millionenbereich (nach oben nahezu offen). Marktführender Hersteller von Großrechnern im Bereich Wirtschaft und Verwaltung ist IBM, beispielsweise mit den Produktfamilien 9000, 30xx oder 9370 unter den Betriebssystemen MVS bzw. DOS-VSE. Weitere Anbieter von Großrechnern sind u. a. Siemens (unter BS2000), Unisys (unter OS1100) oder DEC (unter VMS).

2.4.2 Mittlere Systeme

Mittlere Systeme, bisweilen auch als *Minirechner* oder *Midrangesysteme* bezeichnet, werden entweder als *Abteilungsrechner* (also als "kleine" Zentralrechner auf Abteilungsebene bzw. für mittelständische Unternehmen) oder als *Workstations* (also als ein Hochleistungswerkzeug für einen einzelnen Anwender an dessen Arbeitsplatz) eingesetzt.

"Kleine" Zentralrechner bilden häufig wiederum die Zentrale eines Sternnetzes auf Abteilungsebene, wobei man in großen Unternehmen in der Regel eine Verbindung mit dem (den) unternehmensweiten Zentralcomputer(n) schaltet. Diese Mittleren Systeme können, von Ausnahmen abgesehen, in "normalen" Büroräumen betrieben werden. An sie sind etwa 20-30 Terminals/PCs angeschlossen. Der Anschaffungspreis eines Abteilungsrechners liegt bei etwa 100.000 DM. Beispiele sind IBM-AS/400 unter dem Betriebssystem OS/400, HP3000 unter MPE oder DEC-VAX unter VMS. Eine weitere wichtige Entwicklung im Bereich der Abteilungsrechner ist die langsam steigende Akzeptanz von Unix nun auch für betriebswirtschaftliche Anwendungen, nachdem dieses Konzept zunächst stärker im Bereich der technisch-mathematischen Applikationen Fuß faßte.

Workstations sind prinzipiell als selbständige Arbeitsplatzrechner mit hoher Leistungsfähigkeit (ihre MIPS-Raten übertreffen die von größeren Hosts) konzipiert. Da die Zentraleinheit in den äußeren Abmessungen kaum größer ist als das bekannte PC-Gehäuse, können sie auf bzw. unter dem Schreibtisch platzsparend aufgestellt werden. Selbstverständlich sind auch eine Vernetzung dieser Geräte untereinander sowie eine Verbindung zu Großrechnern und/oder Abteilungsrechnern möglich (vgl. Abschnitt 2.3), um beispielsweise dort auf zentrale Datenbanken zugreifen zu können. Zudem sind Workstations normalerweise mit einem Betriebssystem ausgestattet, das mindestens Multitasking erlaubt (vgl. Abschnitt 2.1.5), in der Regel Unix. Workstations werden insbesondere für komplexe, rechenintensive Aufgaben im technisch-wissenschaftlichen Bereich verwendet, z. B. computergestütztes Konstruieren (vgl. Abschnitt 5.1.1.1). Diese Anwendungen sind für den Großrechnerbetrieb weniger geeignet, da sie eine hohe dauerhafte Rechenleistung benötigen, die bei von vielen Anwendern parallel genutzten Hosts nicht permanent zur Verfügung steht.

Der Anschaffungspreis für Workstations liegt in einer Größenordnung von ca. 10.000 DM bis 100.000 DM. Beispiele sind Sun Sparc, IBM RS 6000 oder HP Apollo 9000.

2.4.3 Weitere Systeme

Steuerungsrechner, insbesondere bei der computerintegrierten Fertigung (*Computer Integrated Manufacturing, CIM*), sind Einfunktionsautomaten, die z. B. für den Betrieb in einer Werkshalle robust gebaut sind und die neben der Steuerung einer Maschine (z. B. eines Bearbeitungszentrums im Automobilbau oder eines Reaktors in der Chemie) auch Daten über Netze senden können (vgl.

Abschnitt 5.1.5). Steuerungsrechner sind fest in dem Betriebsmittel installiert. Sie sind häufig an einen Leitrechner für eine Betriebsmittelgruppe oder einen Abteilungsrechner (als "kleinen" Zentralrechner) angebunden und erhalten von diesem Informationen über Aufträge und auszuführende Arbeitsgänge (vgl. Abschnitt 5.1.5.8). Umgekehrt melden die Steuerungsrechner Fertigstellungen "nach oben" [Scheer 90].

2.5   Rechner- und Netzinfrastruktur in Unternehmen

Unternehmen setzen, logisch gesehen, aus den vorgestellten Bausteinen ihre Rechner- und Netzinfrastruktur zusammen. Im zeitlichen Ablauf einzelner Beschaffungs- und Erweiterungsentscheidungen sowie im Zuge der zunehmenden Integration von Betriebswirtschaft und Technik in den Unternehmen erfolgt die Entwicklung in aller Regel ausgehend von zentralen Großrechnern zu zunehmend dezentralen Architekturen mit PCs, Workstations und LANs verschiedener Hersteller.

Immer häufiger wird die Möglichkeit genutzt, Workstation-Cluster (zumeist vernetzte Unix-Systeme) aufzubauen, um zentrale Rechnerkapazitäten vorzuhalten.

Kurzfristige Einflüsse führen bisweilen dazu, daß derartige Systemstrukturen unkoordiniert wachsen. Einen Beitrag zur gezielten Entwicklung kann die Anwendung von IV-Architekturmodellen leisten (vgl. Abschnitt 6.3).

2.6   Literatur zu Kapitel 2

Graf 90   Graf, J., Murphys Computergesetze, München 1990.

König/Borkowsky 91 König, W. und Borkowsky, J., Der PC als Werkzeug, Stuttgart 1991.

Maier/Wildberger 95 Maier, G. und Wildberger, A., In 8 Sekunden um die Welt, 4. Aufl., New York u. a. 1995.

Regenspurg 87   Regenspurg, G., Hochleistungsrechner - Architekturprinzipien, Hamburg 1987.

Scheer 90   Scheer, A.-W., CIM - Der computergestützte Industriebetrieb, 4. Aufl., Berlin u. a. 1990.

3 Ziele, Formen und Hilfsmittel der integrierten Informationsverarbeitung

3.1 Ziele

Das Wort "Integration" bedeutet "Wiederherstellung eines Ganzen". In der Wirtschaftsinformatik ist Integration zu verstehen als Verknüpfung von Menschen, Aufgaben und Technik zu einem einheitlichen Ganzen [Heilmann 89]. Die vom Standpunkt des gesamten Unternehmensgeschehens aus mehr oder weniger künstlichen Funktions-, Prozeß- und Abteilungsgrenzen sollen in ihren negativen Auswirkungen zurückgedrängt werden. Der Informationsfluß wird ein natürliches Abbild der tatsächlichen Zusammengehörigkeit aller Vorgänge im Unternehmen (so wie in einem kleinen Unternehmen alle wesentlichen Zusammenhänge in der Denkwelt des Unternehmers "integriert" sind und bei allen Maßnahmen beachtet werden). Zum Beispiel will man ein Potential eröffnen, die Arbeitsteilung im Betrieb dadurch zu reduzieren, daß mehrere Aufgaben an einer Stelle vereint werden (vgl. das praktische Beispiel in Abschnitt 5.1.2.3).

Als ein spezieller Vorteil der Integration ist anzusehen, daß sich der manuelle Aufwand für Dateneingaben auf ein Minimum reduzieren läßt, weil im Rahmen einer integrierten Konzeption die einzelnen Programme den größten Teil der Daten in maschinell lesbarer Form anliefern. So erhält das Buchführungssystem aus der Entgeltabrechnung die Lohndaten, aus der Materialbewertung die bewerteten Materialbewegungen, aus der Fakturierung die Debitorenzugänge, aus der Lieferantenrechnungskontrolle die Kreditorenbewegungen usw. Da jede Aktion ihre Folgemaßnahme automatisch anstößt, wird nichts "vergessen". Es kann dann z. B. nicht vorkommen, daß nach dem Erteilen einer Gutschrift deren Verbuchung und die Korrektur der Umsatzstatistik unterbleiben. Den Vorteilen der Integration steht freilich das Problem gegenüber, daß sich fehlerhafte Dateneingaben wegen der Verkettung in viele Programme fortpflanzen (Problem der "Kettenreaktion").

3.2 Formen

Die in Abschnitt 3.1 skizzierte Integration heißt *Funktionsintegration*. Zuweilen verwendet man auch die Begriffe *Vorgangsintegration* oder *Prozeßintegration* und bringt damit zum Ausdruck, daß *Vorgangsketten* bzw. *Geschäftspro-*

zesse weitgehend automatisch verbunden werden. Im Industriebetrieb geht es v. a. um die vier sog. Haupt- oder Kernprozesse:

– Angebotsprozeß (customer-to-order)
– Auftragsabwicklung (order-to-invoice, vgl. Abb. 5.1.5/1)
– Produktentwicklung (idea-to-market, vgl. Abb. 5.1.5/1)
– Kundenservice (failure-to-invoice)

In Kapitel 5 lernen Sie diese Form der Integration an zahlreichen Beispielen aus verschiedenen Wirtschaftszweigen kennen. Da die Programme, mit deren Hilfe die Funktionen im Rechner abgebildet werden, auf gespeicherten Daten operieren, ist das Pendant zur Funktions- oder Prozeßintegration die *Datenintegration*. Darüber erfahren Sie mehr in Kapitel 4.

Daneben lassen sich weitere Ausprägungen der integrierten IV abgrenzen, die zum Teil weniger die Sicht des Betriebswirtes als vielmehr die des Informationsverarbeiters widerspiegeln (zu mehr Details siehe [Mertens 95]). Dies sind u. a.:

1. *Methodenintegration* heißt, daß die benutzten Methoden aufeinander abzustimmen sind. So entstehen z. B. unnötig hohe Lagerkosten, wenn die Algorithmen zur Festlegung der Bestellpunkte nicht mit denen zur Dimensionierung der Sicherheitsbestände harmonieren (vgl. Abschnitt 5.1.3).

2. *Geräteintegration* ist dadurch gekennzeichnet, daß bislang selbständige Hardware-Komponenten integriert werden. Beispielsweise kann ein Arbeitsplatz zur Erfassung von Betriebsdaten (vgl. Abschnitt 5.1.5.10) aus den Komponenten PC, Belegleser und Telefon zusammengebaut sein.

3. Integration verschiedener Informationsdarstellungen und *Medien* nutzt die neueren technischen Möglichkeiten, um Text, ruhende und bewegte Bilder sowie akustische Signale gemeinsam darzustellen, zu speichern und zu übertragen. Zum Beispiel wird für Produktpräsentationen ein Rechner eingesetzt, der auf seinem Bildschirm einen Film über den Artikel zeigt, technische Daten als Standbild einblendet und dazu Musik abspielt. Diese Technik bezeichnet man als Multimedia.

4. Nach der *Integrationsrichtung* in der Pyramide, die die Aufbauorganisation am Beispiel des Industriebetriebes wiedergibt (Abb. 3.2/1), kann man horizontale und vertikale Integration unterscheiden. Die Nummern in der Abbildung bezeichnen die Abschnitte, in denen diese Bereiche erläutert werden.

    4.1 Unter *horizontaler Integration* hat man sich in erster Linie die Verbindung der Administrations- und Dispositionssysteme (vgl. Kapitel 1) in der betrieblichen Wertschöpfungskette vorzustellen. Im Industriebetrieb sind hauptsächlich die Geschäftsprozesse bei der Abwicklung

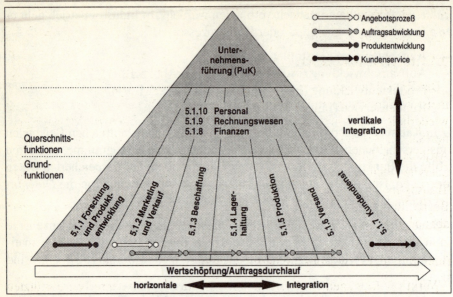

Abb. 3.2/1   Integrationsrichtungen

von Kundenaufträgen, beginnend mit der Angebotsbearbeitung und endend mit der Verbuchung der Kundenzahlung, zu integrieren.

4.2 *Vertikale Integration* bezieht sich vor allem auf die Datenversorgung der Planungs- und Kontrollsysteme aus den Administrations- und Dispositionssystemen heraus.

5. Bezogen auf die *Integrationsreichweite* ist die *innerbetriebliche* von der *zwischenbetrieblichen* Integration zu unterscheiden (vgl. Kapitel 1).

6. Nach dem *Automationsgrad* trennen wir in vollautomatischen und teilautomatischen Informationstransfer.

6.1 *Vollautomatischer* Informationstransfer liegt z. B. dann vor, wenn ein AS zur Maschinendatenerfassung (vgl. Abschnitt 5.1.5.10) bei signifikanten Soll-Ist-Abweichungen ein anderes Programm anstößt ("triggert"), das dann eine Diagnose erstellt und eine geeignete "Therapie" (beispielsweise eine Umdispositionsmaßnahme) veranlaßt.

6.2 Bei *teilautomatischen* Lösungen wirken Mensch und Maschine zusammen. Es ist wiederum danach zu differenzieren, *wer* eine Aktion auslöst. Im Regelfall ergreift ein *Disponent* die Initiative, beispielsweise erkennt er eine sich anbahnende Verspätung im Einkauf und reagiert darauf mit einer Mahnung an den Lieferanten. Gibt das *IV-System* den Anstoß ("Trigger") für eine personelle Aktion, so spricht man auch von *Aktionsorientierter Datenverarbeitung* (AODV) [Mertens 95, S. 8 ff.] oder *Workflow-Management-Systemen* (WMS) (vgl. Abschnitt 3.3.1.2).

3.3 Methodische Hilfsmittel

3.3.1 Systeme zur Vorgangsunterstützung

3.3.1.1 Transaktionssysteme

Bei Transaktionssystemen geht es um die Abwicklung von formalisierten und meist kurzen Verarbeitungsvorgängen im Dialog. Diese Vorgänge werden oft wiederholt, wobei sich häufig nur die Eingabeparameter ändern [Meyer-Wegener 88, S. 14]. Beispiele sind das Buchen eines Fluges, die Bestellung eines Artikels, die Ummeldung des Wohnsitzes, das Überweisen eines Geldbetrages oder die Dokumentation einer ärztlichen Standarduntersuchung. Während einer Transaktion wird ein vorgeplanter Dialog zur Realisierung eines derartigen Bearbeitungsvorgangs abgewickelt. Eine Transaktion kann aus einem einzigen, aber auch aus sehr vielen Dialogschritten bestehen.

3.3.1.2 Workflow-Management-Systeme

Workflow-Management-Systeme sind eine Ausprägung der rechnergestützten Informationslogistik im Betrieb. In einem Rechnernetz werden die Informationen von Arbeitsplatz zu Arbeitsplatz geleitet. So ist gewährleistet, daß die Arbeitsschritte in richtiger Folge und pünktlich zur Ausführung kommen.

Ein Vorgang läßt sich, gegebenenfalls über mehrere Stufen, in atomare Vorgangsschritte (auch Aktionen, Aktivitäten, Tätigkeiten) untergliedern. Die Vorgangsabwicklung erfolgt durch teilweise sequentielle, teilweise parallele Ausführung von Vorgangsschritten. Die zugehörigen Unterstützungssysteme für derartige geregelte arbeitsteilige Prozesse beinhalten folgende wichtige Funktionen:

☐ *Vorgangsgenerierung:* Auswahl und Auslösung eines aufgabengerechten Vorgangstyps. Wenn z. B. eine Kundenanfrage eintrifft, wird ein Vorgang "Anfrageabwicklung" gestartet.

☐ *Vorgangsorganisation und -steuerung:* Zerlegung des Vorganges in ein Aktionsnetzwerk sowie Anstoß der jeweils durchzuführenden Vorgangsschritte und evtl. Beschaffung der erforderlichen Informationen (*Informationslogistik*). Die Routing-Entscheidung (wohin gelangt die Information als nächstes?) kann vom Menschen oder aufgrund programmierter Regeln vom System getroffen werden, z. B.:

– Ein Kreditsachbearbeiter einer Bank fühlt sich unsicher, weil ein hoher Betrag bewilligt werden soll, und entschließt sich deshalb dazu, den Vorgang in den elektronischen Briefkasten seiner Chefin zu stellen.

– Es ist im WMS festgelegt, daß alle Kreditanträge, die 100.000 DM überschreiten, der Chefin automatisch übermittelt werden.

❐ *Vorgangsinformation und -verfolgung:* Bereitstellung von Informationen über den Stand der Vorgangsbearbeitung sowie Terminüberwachung. Ein Abteilungsleiter kann sich z. B. eine grafische Übersicht der laufenden Vorgänge auf dem Bildschirm anzeigen lassen.

❐ *Vorgangsabschluß:* Beendigung des Vorganges und eventuell Zusammenführung von Teilergebnissen zum Gesamtergebnis.

3.3.1.3 Dokumenten-Management-Systeme

Dokumenten-Management-Systeme (DMS) dienen der Speicherung, Verwaltung und Wiedergewinnung von Dokumenten in elektronischer Form. Häufig werden dabei Unterlagen, die noch in Papierform vorliegen, gescannt (Imaging).

Zur Ablage eignen sich optische Speicherplatten, die in sogenannten Jukeboxen zusammengefaßt sind. Verschiedene elektronische Dokumente, z. B. gescannte Kundenanfragen und zugehörige CAD-Zeichnungen (vgl. Abschnitt 5.1.1.1), werden zu einer elektronischen Vorgangsmappe zusammengefaßt.

3.3.1.4 Workgroup-Support-Systeme

Hier geht es um computergestützte Konzepte, Methoden und Realisierungen zur Unterstützung von Teams bei der Bearbeitung einer gemeinsamen, relativ unstrukturierten Aufgabe.

Die computergestützte Kooperation basiert auf Netzwerk-Architekturen mit zugehörigen Kommunikationssystemen. Wichtige Unterstützungssysteme für Workgroup-Aufgaben sind:

– *Computer-Konferenz-Systeme*: asynchrone (z. B. per *Electronic-Mail*) oder synchrone (z. B. per *Videokonferenz*) Diskussion zwischen räumlich getrennten Personen über das Medium Computer
– Entscheidungsunterstützungssysteme für Gruppen *(GDSS = Group Decision Support Systems)*: Hilfsmittel zur Entscheidungsfindung im Team
– *Mehr-Autoren-Systeme (Co-Authoring)*: Gemeinsame, asynchrone oder synchrone Bearbeitung eines Objektes, z. B. eines Dokumentes oder einer Zeichnung, durch die Teammitglieder

Daneben sind eine Vielzahl weiterer Werkzeuge einsetzbar, wie z. B. Systeme zur Sitzungsmoderation, gemeinsame Ablagesysteme, Projektmanagement-Software, Terminabstimmungsprogramme, Screen-Sharing-Systeme (Spiegelung von Bildschirminhalten) und verschiedenste Varianten von Electronic-Mail.

3.3.2 Systeme zur Entscheidungsunterstützung

In umfassenden und ausgereiften integrierten Systemen legen vor allem die Administrationssysteme zahlreiche Daten aus allen betrieblichen Bereichen in Datenbanken ab. Diese können im Sinne der vertikalen Integration für die Information der menschlichen Entscheidungsträger und für die Datenversorgung von Programmen genutzt werden, die den Führungskräften Vorschläge zu sinnvollen Entscheidungen unterbreiten.

Andererseits müssen in die Vorgangsketten auch Teilsysteme eingebaut werden, die Maßnahmen automatisch einleiten, damit möglichst keine "Automatisierungsinseln" entstehen. So ist es z. B. effizient, wenn rechtzeitig, bevor ein Ersatzteilvorrat zur Neige geht, ein Anwendungssystem automatisch die Nachbestellung auslöst und dabei über Zeitpunkt, Menge und Lieferanten entscheidet (vgl. dazu die Beschreibung in Abschnitt 5.1.3.1). Man vermeidet so, daß erst ein Disponent der Einkaufsabteilung eingeschaltet werden muß.

3.3.2.1 Hilfen zur Aufbereitung von Führungsinformationen

3.3.2.1.1 Bestimmung und Darstellung von Berichtsobjekten

Um eine Überladung der Führungskräfte mit Informationen aus der Rechenanlage zu verhindern, müssen diese Informationen gefiltert werden. Eine wichtige Technik ist es, nur Ausnahmesituationen, also Abweichungen von bisher üblichen, prognostizierten oder geplanten Ergebnissen, zu melden *(Information by Exception)*. Die Definition, welche Abweichung eine Ausnahme darstellt, kann auf zwei Arten erfolgen: Einmal kann man die *Toleranzgrenzen* festlegen, deren Überschreitung dazu führt, daß die Abweichung eine Ausnahme wird. Beispielsweise werden dann alle Umsätze einer Artikelgruppe, die mehr als 5 % vom Plan differieren, ausgegeben. Es ist darauf zu achten, daß nach den Gesetzen der Statistik die Toleranzgrenzen bei hochverdichteten Größen enger gezogen werden müssen als bei wenig aggregierten: Eine Umsatzabweichung von 50 % bei einem Einzelprodukt ist nicht so außergewöhnlich wie der Gesamtumsatz eines Konzerns, der 3 % unter dem Plan liegt. Dies führt zur Idee, nur Daten zugrunde zu legen, die außerhalb eines Vielfachen der Standardabweichung liegen. Eine andere Möglichkeit besteht darin, die Ausnahme variabel zu definieren, etwa jeweils die zehn größten Abweichungen als "Ausnahme" zu bezeichnen. Man gelangt so zu *Hitlisten* [Mertens/Griese 93, S. 48 ff.].

Bei der Darstellung der Management-Information gibt es wiederum zahlreiche Varianten, u. a. Fettdruck und grafische Darstellung (vgl. auch das Beispiel in Abschnitt 5.1.12).

Eine weitere Variante ist besonders benutzerfreundlich, aber in der Realisierung sehr anspruchsvoll: verbale Kurzgutachten über Ausnahme-Tatbestände. Es werden Expertensysteme (vgl. Abschnitt 3.3.2.2) eingesetzt, um derartige Expertisen zu formulieren. Man spricht daher auch von *Expertisesystemen*.

Erscheinen Ausnahmen auf stärker *verdichteten Ebenen*, z. B. des Betriebsergebnisses in einem Land, so kann es Aufgabe eines IV-Systems sein, die einzelnen Verdichtungshierarchien mit Hilfe sogenannter *Navigatoren* (*Drill-down-Technik*) systematisch von oben nach unten zu durchwandern (z. B. Artikelhauptgruppe → Artikelgruppe → Artikel; Kundengruppe → Kunde; Staat → Bundesland → Vertreterbezirk → Kunde → Artikel), um herauszufinden, wo die Abweichung begründet ist. Während in herkömmlichen Führungsinformationssystemen dem Rechner der Suchpfad in einer Voreinstellung genau beschrieben wird, liegt die Herausforderung jetzt darin, die Maschine autonom beachtenswerte Datenkonstellationen aufspüren zu lassen: Beispielsweise mag der mangelhafte Absatz des Artikels 4711 bei Großkunden der Region Süd den größten Teil zur Erklärung des schlechten Betriebsergebnisses beitragen. Die Verfahren, das Zusammentreffen auffälliger Merkmale zu entdecken, bedienen sich statistischer Methoden wie der *Clusteranalyse*. Derartige Techniken werden unter der Bezeichnung *Data Mining* zusammengefaßt; man verbindet damit die Vorstellung, daß "in einem riesigen Datenbergwerk gegraben wird". Das "Datenbergwerk" kann softwaretechnisch als *Data Warehouse* (vgl. Abschnitt 4.2.10) organisiert sein.

3.3.2.1.2 Executive Information Systems (EIS)

Executive Information Systems (EIS*)*, auch Chef-, Führungs- oder Vorstandsinformationssysteme genannt, sollen besonders den *oberen Führungsebenen* direkten Zugang zu erfolgskritischen Daten aus internen und externen Quellen verschaffen. Dies geschieht über eine leicht bedienbare, einheitliche PC-Oberfläche, die Formen des elektronischen Berichtswesens (vgl. den vorigen Abschnitt sowie 5.1.12) mit typischen Zusatzfunktionen, z. B. zum Versand via Electronic-Mail, integriert. Eine einfachere Informationszusammenstellung, die in ihrer Struktur längere Zeit konstant bleibt und infolgedessen wie ein starres Formular gespeichert werden kann, nennt man *Briefing-Book*.

Außerdem verbindet man EIS mit Elementen sogenannter *Personal-Information-Management-Systeme (PIMS)*. Darunter versteht man Software zur Organisation von weitgehend unstrukturierten persönlichen Notizen und betrieblichen Dokumenten. EIS dienen weniger als z. B. Planungsmodelle der Vorbereitung von Entscheidungen, sondern vielmehr der *Initiierung* von Entscheidungsprozessen [Mertens/Griese 93, S. 33 f.].

3.3.2.2 Expertensysteme

Expertensysteme (XPS) oder Wissensbasierte Systeme (WBS) rechnet man zur Künstlichen Intelligenz (KI). Sie zielen darauf ab, spezielles, auf einen Bereich bezogenes Wissen menschlicher Fachleute, das sogenannte *bereichsbezogene Wissen*, in der *Wissensbasis* eines Computers abzuspeichern und für eine Vielzahl von Problemlösungen zu nutzen. Das Wissen wird in der Maschine meist in Form von Wenn-Dann-Beziehungen, den sogenannten Produktionsregeln, niedergelegt. Ein einfaches Beispiel aus einem Angebotssystem (vgl. Abschnitt 5.1.2.1) für Pkw wäre:

"...WENN Kunde Klimaanlage und elektrisches Schiebedach und elektrische Fensterheber wünscht, DANN merke als weitere Empfehlungen vor: stärkere Batterie vorsehen oder auf eines der Extras verzichten".

Die Architektur eines XPS ist in Abbildung 3.3.2.2/1 dargestellt. Wesentlich ist die Trennung von *Wissensbasis* und *Problemlösungskomponente*. Die Problemlösungskomponente "durchwandert" unter Berücksichtigung des *fallspezifischen Wissens* (das sind in unserem Beispiel die im Dialog zwischen dem Kfz-Verkäufer und dem Kunden erhobenen Wünsche und Daten) die Basis mit dem bereichsbezogenen Wissen (letztere enthält z. B. die Zusammenhänge zwischen der Ausstattung mit Extras und der Batteriebeanspruchung). Die Problemlösungskomponente verfolgt also die oft sehr komplizierten Verknüpfungen von Regeln, bis ein Problemlösungsvorschlag erarbeitet oder auch herausgefunden wurde, daß es einen solchen nicht gibt. Die *Erklärungskomponente* erläutert dem Benutzer, warum das System zu einer bestimmten Empfehlung oder Entscheidung gelangt ist (in unserem Beispiel etwa, weil die serienmäßige Batterie im Winter überfordert sein könnte, wenn zu viele Verbraucher zu versorgen sind). Aufgabe des *Benutzermodells* ist es, das System besonders

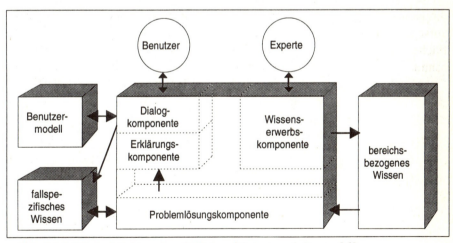

Abb. 3.3.2.2/1 Architektur eines XPS [modifiziert nach Puppe 86]

gut auf Vorkenntnisse oder Präferenzen des Benutzers einzustellen. Würde unser Angebotssystem z. B. den Vertrieb von HiFi-Anlagen unterstützen, so wäre zu unterscheiden, ob man einen Kunden bedient, der sein erstes Gerät erwirbt, oder einen Freak, mit dem man über Klirrfaktoren, Bi-Amping, DAT und DSP wie selbstverständlich reden kann. Die *Wissenserwerbskomponente* hilft dem Architekten des Systems, das benötigte Wissen zusammenzutragen, etwa indem es ihn auf Widersprüche oder Lücken in der Wissensbasis aufmerksam macht. Die *Dialogkomponente* stellt die Benutzungsoberfläche des Expertensystems dar.

3.3.2.3 Verfahren des Operations Research und der Statistik/ Methodenbanken

Eine Reihe der aus dem Operations Research bekannten Methoden sind Bestandteile von AS. Beispielsweise hilft die *Lineare Programmierung* bei der Minimierung des Verschnittes, etwa in der Papier-, Glas- oder Metallfolienherstellung. Verfahren der mathematisch-statistischen Vorhersage sind bei der Absatz-, Lagerabgangs- und Liquiditätsprognose nützlich. Die *Simulation* gewinnt wachsende Bedeutung vor allem für die Untersuchung von alternativen Möglichkeiten in der Werkstattsteuerung (vgl. Abschnitt 5.1.5.7).

Die Operations-Research-Methoden und die statistischen Verfahren werden nicht für jeden Verwendungszweck neu programmiert, sondern als Programmmodule in einer *Methodenbank* festgehalten. Ähnlich wie eine Datenbank mehr ist als eine Sammlung von Daten (vgl. Kapitel 4), bietet auch eine Methodenbank zusätzliche Unterstützung des Benutzers. Dazu zählen systematische Methodenverzeichnisse, Rechnerhilfen bei der Auswahl von Verfahren für ein bestimmtes Problem, die Verknüpfung einzelner Methoden zu größeren Modellen oder Erklärungen zur Benutzung eines Algorithmus, zur Einstellung eines Parameters und zur Auswertung der Ergebnisse.

3.4 Literatur zu Kapitel 3

Heilmann 89   Heilmann, H., Integration: Ein zentraler Begriff der Wirtschaftsinformatik im Wandel der Zeit, Handbuch der modernen Datenverarbeitung 26 (1989) 150, S. 46 ff.

Mertens 95   Mertens, P., Integrierte Informationsverarbeitung 1, Administrations- und Dispositionssysteme in der Industrie, 10. Aufl., Wiesbaden 1995.

Mertens/Griese 93   Mertens, P. und Griese, J., Integrierte Informationsverarbeitung 2, Planungs- und Kontrollsysteme in der Industrie, 7. Aufl., Wiesbaden 1993.

Meyer-Wegener 88   Meyer-Wegener, K., Transaktionssysteme, Leitfäden der angewandten Informatik, Stuttgart 1988.

Puppe 86   Puppe, F., Expertensysteme, Informatik-Spektrum 9 (1986) 1, S. 1 ff.

4 Daten und ihre Integration

Entscheidungsvorgänge lassen sich als IV-Prozesse auffassen. Zweckneutrale *Daten* (z. B. Kapazitäten, Termine, Mengen) und die daraus gewonnenen zweckgerichteten *Informationen* (z. B. ein Kapazitätsengpaß führt zu Terminverzögerungen bei der Auftragsabwicklung) bilden die Basis für betriebliche *Entscheidungen*. Daten über unternehmensinterne und -externe Sachverhalte sind damit der "Rohstoff" für Informationsverarbeitungs- und Entscheidungsprozesse. Zu Recht werden Daten bzw. Informationen als *betriebswirtschaftliche Produktionsfaktoren* bezeichnet [z. B. Picot/Reichwald 91] - neben den klassischen Faktoren Betriebsmittel, Material und menschliche Arbeitskraft.

Diese Sichtweise erfordert insbesondere bei großen Datenmengen, die für weite Bereiche der betrieblichen IV typisch sind (z. B. Daten über Kunden, Lieferanten, Artikel und Teile, Aufträge, Arbeitsplätze, Verbrauchs- und Zahlungsvorgänge), adäquate logische und physische Konzepte zur *Datenorganisation* und *-integration*, deren Grundlagen im folgenden skizziert werden. Dabei spielen auch Überlegungen zur Datenstrukturierung eine wesentliche Rolle (vgl. hierzu Kapitel 6). Die hardwarebezogenen Aspekte der Datenerfassung, Datenspeicherung, Datenausgabe und Datenübertragung in Rechnernetzen wurden in Kapitel 2 behandelt.

4.1 Datenintegration und ihre Ziele

Datenintegration ist ein grundlegender Bestandteil der *integrierten IV* in Unternehmungen. Unter der *Datenintegration* wird an dieser Stelle die Nutzung gemeinsamer Datenbestände durch mehrere betriebliche Funktionsbereiche, Prozesse und AS verstanden.

Ziele der betrieblichen Datenintegration und dahinterstehende, *erwartete Nutzensteigerungen* gegenüber der isolierten Datenbehandlung sind im wesentlichen:

❐ Verbesserte Informationsversorgung der Entscheidungsträger (z. B. durch die nun mögliche Realisierung datenintensiver, übergreifender Informationssysteme)

❐ Rationalisierung von Arbeitsabläufen (vor allem durch die Beschleunigung des Informationsflusses aufgrund des Abbaus von Informationshemmnissen)

❑ Verringerung von Datenredundanzen (überflüssigen Datenwiederholungen), um damit Inkonsistenzen (logische Widersprüche) zu vermeiden und Speicherkosten zu senken (vgl. Abschnitt 4.2.3)

❑ Erhöhung der Datenintegrität (Korrektheit und Vollständigkeit der Daten), z. B. durch die Verringerung der Gefahr manueller Fehleingaben (vgl. Abschnitt 4.2.6)

❑ Reduktion des Datenerfassungsaufwandes (z. B. aufgrund des Wegfalls von Mehrfacherfassungen)

❑ Schaffen der Voraussetzungen für eine Funktions- bzw. Prozeßintegration auf der Datenseite (vgl. Abschnitt 3.2)

Zur Realisation dieser Ziele sind - neben geeigneten organisatorischen Rahmenbedingungen - vor allem *technische Voraussetzungen* zu erfüllen (vgl. zu diesen Aspekten genauer Kapitel 2):

❑ Anspruch an die Datenerfassung: Gewähr einer möglichst vollautomatisierten und frühzeitigen Erfassung an den Datenquellen (z. B. Aufträge schon beim Kunden, Produktionsdaten an den Fertigungsaggregaten).

❑ Anspruch an die (unternehmensinterne und -externe) Datenübertragung: Gewähr eines möglichst durchgehenden und ungehemmten Datenflusses über geeignete, untereinander kompatible Rechnernetze.

❑ Anspruch an die Datenspeicherung: Abkehr von isolierten Datenorganisationen auf Arbeitsplatz- und Abteilungsebene und Hinwendung zu ressortübergreifenden, integrierenden Datenbanksystemen (vgl. Abschnitt 4.2.3). Dabei spielt die Form der Realisierung prinzipiell keine Rolle. Ob die gemeinsamen Datenbestände auf einem Rechner oder als sogenannte *verteilte Datenbank* auf mehreren Computern abgelegt sind, ist unwesentlich.

4.2 Daten und Datenbanksysteme

4.2.1 Klassifizierung der Daten

Daten werden im folgenden als maschinell verarbeitbare Zeichen (Grundelemente der Datendarstellung) verstanden, die Objekte und Objektbeziehungen der Lebenswelt durch ihre Merkmale beschreiben und damit repräsentieren. Zu denken ist beispielsweise an die Daten des Objekts Artikel (mit den Merkmalen Preis, Artikelbezeichnung etc.) und an Daten über die Beziehungen dieses Objekts zu anderen Objekten (z. B. zum Kunden, zum Lieferanten).

Daten können nach verschiedenen Kriterien klassifiziert werden, z. B. nach

❑ der *Zeichenart* bzw. dem Datentyp:
numerische (rechnerisch verarbeitbare Zahlen), alphabetische (Buchstaben

des Alphabets) und alphanumerische Daten (Ziffern, Buchstaben und Sonderzeichen)

☐ der *Erscheinungsform*:
sprachliche (z. B. menschliche Lautsprache), bildliche (z. B. Grafiken) und schriftliche Daten (z. B. Texte)

☐ der *Formatierung*:
formatierte (z. B. formgebundene Tabellen) und unformatierte Daten (z. B. formfreie Texte)

☐ der Stellung im *Verarbeitungsprozeß*:
Eingabe- und Ausgabedaten

☐ dem *Verwendungszweck*:
- selten zu verändernde *Stammdaten* (z. B. Personalstammdaten wie Namen und Adressen)
- stammdatenverändernde *Änderungsdaten* (z. B. Wechsel der Adresse)
- *Archivdaten* (Daten, die in der Vergangenheit gesammelt wurden)
- *Bestandsdaten* (z. B. Lager- oder Kassenbestände)
- bestandsverändernde *Bewegungsdaten* (z. B. Lagerzu- und -abgänge, Aufträge)
- *Transferdaten* (Daten, die von einem Programm erzeugt und an ein anderes Programm transferiert werden)
- *Vormerkdaten* (werden oft als Offene Posten bezeichnet; Daten, die solange existieren, bis ein genau definiertes Ereignis eintritt)

Beispielsweise enthält die Jahresbilanz einer Unternehmung numerische, schriftliche, formatierte und ausgegebene Bestandsdaten bezüglich des Anlage- und Umlaufvermögens sowie des Eigen- und Fremdkapitals.

4.2.2 Datenorganisation

In der Wirtschaftsinformatik werden unter *Datenorganisation* üblicherweise [z. B. Stahlknecht 95, S. 161 ff.]

- die systematische, logische Strukturierung von Daten und Datenbeziehungen (*logische Datenorganisation* oder logische Datensicht) und
- die physische Speicherung der ermittelten Datenstrukturen auf externen Speichermedien (*physische Datenorganisation* oder physische Datensicht)

verstanden. Anzustreben ist bei der Datenorganisation eine möglichst weitgehende *Unabhängigkeit zwischen logischer und physischer Ebene*. Modifikationen der logischen Strukturen dürfen keine Veränderungen der Zugriffs- und Speicherungsverfahren erforderlich machen et vice versa. Im nächsten Abschnitt wird noch genauer darauf eingegangen.

Weitere wichtige und aufeinander aufbauende Begriffe der Datenorganisation sind (siehe dazu Abb. 4.2.2/1):

❑ *Datenfeld* (Datenelement)
Ein Datenfeld oder Datenelement besteht aus einem oder mehreren Zeichen und ist die kleinste adressierbare sowie auswertungsfähige Dateneinheit. Ein Datenfeld kann z. B. eine Artikelnummer oder einen Artikelnamen beinhalten.

❑ *Datensatz*
Inhaltlich zusammenhängende Datenfelder werden zu (logischen) Datensätzen zusammengefaßt. Ein einfacher Datensatz für einen Artikel besteht beispielsweise aus Artikelnummer, Artikelname, Warengruppe und Artikelpreis. Üblicherweise besitzen Datensätze identifizierende Datenschlüssel (siehe Abschnitt 4.2.3).

❑ *Datei*
Die geordnete Menge von zusammengehörigen, gleichartigen Datensätzen nennt man Datei - in unserem Beispiel ist es eine Artikeldatei (da es sich dabei um Stammdaten handelt, kann auch von einer Artikelstammdatei gesprochen werden).

❑ *Datenbank*
Als Datenbank bezeichnet man eine Sammlung zusammengehöriger Daten, die von einem Datenbankverwaltungssystem verwaltet wird. Zum Beispiel kann eine einfache Datenbank für die Kostenrechnung aus Daten für die verschiedenen Kostenarten, betrieblichen Kostenstellen und Kostenträgern (z. B. Produkte) bestehen.

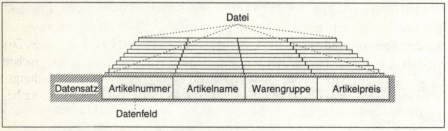

Abb. 4.2.2/1   Hierarchie der Datenbegriffe

4.2.3 Dateiorganisation und Datenbankorganisation

In den Anfängen der Datenverarbeitung war die Entwicklung von AS durch eine *enge Verflechtung zwischen dem Programmentwurf und der physischen Datenorganisation* auf den Speichermedien geprägt. Bei einer Programmierung im konventionellen Stil werden die Daten jeweils programmbezogen auf den Datenträgern bereitgestellt. Für jede Anwendung sind aber eigene Dateien mit den erforderlichen Datensätzen und spezifischen Zugriffsfunktionen erforderlich. Die Definition der benötigten Dateien erfolgt dabei in den jeweiligen Anwendungsprogrammen. Der Dateiaufbau ist der Aufgabenstellung angepaßt und besitzt eine geringe Flexibilität bezüglich neuer Anwendungen, da für diese vorhandene Dateien vielfach in anderer Sortierfolge vorliegen müssen oder durch zusätzliche Felder zu ergänzen sind.

Bei einer Datenhaltung ohne Datenbanken führt dies i. d. R. dazu, daß Teile der bereits vorhandenen Daten erneut angelegt werden müssen und somit eine unkontrollierte *Redundanz von Daten* (überflüssige Datenwiederholungen) entstehen kann. Datenredundanz ist nicht nur mit höheren Speicherkosten und höherem Aufwand bei der Dokumentation verbunden, sondern erschwert besonders die Aktualisierung und Sicherung von Daten. In großen AS kann es so viele redundante Daten geben, daß es nahezu unmöglich ist, alle auf demselben Aktualisierungsstand zu halten. Es besteht also immer die Gefahr, daß *inkonsistente, d. h. logisch widersprüchliche, Datenbestände* vorhanden sind.

Im Gegensatz zur dateiorientierten Organisation besitzen die Daten einer Datenbank übergreifende Geltung, d. h., sie sind unabhängig von den einzelnen Programmen, die auf sie zugreifen. Diese *Unabhängigkeit* in der Datenorganisation bildet die wesentliche Anforderung an moderne Datenbanksysteme und wird durch eine konsequente Trennung in die logische Datenstrukturierung und die physische Datenspeicherung erreicht.

Abbildung 4.2.3/1 verdeutlicht noch einmal grafisch die Unterschiede zwischen der dateiorientierten und der datenbankorientierten Datenorganisation [Schlageter/Stucky 83, S. 21 ff.]. Im ersten Fall besitzen die Programme 1 und 2 (und deren Benutzer) eigene, physisch vorhandene Dateien. Die Datei B ist redundant. Im zweiten Fall stellt ein Datenbankverwaltungssystem den Programmen die jeweils erforderlichen *logischen Dateien* zur Verfügung. Physisch werden die Daten redundanzfrei und konsistent in der Datenbank abgelegt. Die logischen Dateien entsprechen im allgemeinen nicht unmittelbar physischen Dateien. Sie ermöglichen nur den Zugriff auf die Daten, die das Anwendungsprogramm (und damit der Datenbankbenutzer) zur Aufgabenbewältigung benötigt.

Für das Verständnis der Dateiorganisation und der Datenbankorganisation ist die Kenntnis der Dateioperationen sowie des Zugriffs auf Daten und der Datenspeicherung erforderlich.

Folgende dateibezogene Operationen (*Dateioperationen*) sind möglich:

– Suchen von einem oder mehreren Datensätzen nach einem bestimmten Suchkriterium (Wert von Datenfeldern)
– Ändern von Datenfeldwerten
– Einfügen von neuen Datensätzen

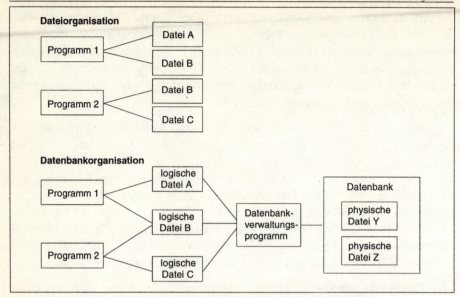

Abb. 4.2.3/1   Datei- und datenbankorientierte Datenorganisation

- Löschen von vorhandenen Datensätzen
- Sortieren von Datensätzen
- Kopieren von gesamten Dateien oder Teilen davon
- Aufteilen von Dateien in mehrere neue Dateien
- Zusammenfügen von mehreren Dateien zu einer neuen Datei

Für die computergestützte Verarbeitung von Daten ordnet man Datenfeldern identifizierende, referenzierende oder klassifizierende Eigenschaften zu.

Datenfelder mit identifizierender Eigenschaft heißen auch *Schlüsselfelder* und dienen der Identifikation von Datensätzen. Als *Primärschlüssel* bezeichnet man ein Schlüsselfeld (oder eine Kombination von mehreren Schlüsselfeldern), dessen Wertausprägung einen Datensatz in einer Datei eindeutig identifiziert. Über Primärschlüssel kann also eindeutig auf bestimmte Datensätze zugegriffen werden. Ein Beispiel für einen Primärschlüssel ist die Datenfeldkombination "Familienname, Vorname, Geburtsdatum". Setzt sich der "natürliche" Primärschlüssel aus einer Kombination von Schlüsselfeldern zusammen, so wird häufig zum Zweck der leichteren Identifikation von Datensätzen ein zusätzliches Datenfeld als sogenannten "künstlicher" Primärschlüssel eingeführt (z. B. "Personalnummer" oder "Automobilkennzeichen"). Alle Attributkombinationen mit datensatzidentifizierenden Eigenschaften, die nicht Primärschlüssel sind, werden *Sekundärschlüssel* genannt. Als *referenzierend* bezeichnet man die Datenfelder, die eindeutig auf Datensätze bzw. auf Primärschlüssel anderer Dateien verweisen (vgl. Abb. 4.2.8.3/2). Referenzierende Datenfelder heißen auch *Fremdschlüssel*. *Datenfelder mit klassifizierender Eigenschaft* identifizieren Datensätze nicht eindeutig, erlauben aber Klassen von Datensätzen zu bilden, die bestimmte Feldwerte (Eigenschaften) besitzen. Beispielsweise können mit Hilfe des Datenfeldes "Wohnort" alle Kunden einer Kundendatei bestimmt werden, die in München ansässig sind.

4.2.4 Formen der Datenspeicherung und des Datenzugriffs

Für die physische Speicherung von Daten haben sich unterschiedliche Organisationsformen herausgebildet. Als wichtige Formen gelten die sequentielle und die indexsequentielle Speicherorganisation.

❑ *Sequentielle Speicherung*
Bei der physisch sequentiellen Organisation einer Datei werden die Datensätze unmittelbar hintereinander abgelegt. Beim Einfügen oder Löschen von Daten muß normalerweise der gesamte Datenbestand neu gespeichert werden.

❑ *Indexsequentielle Speicherung*
Zusätzlich zur Datendatei wird eine *Indexdatei* angelegt, die zu jedem Datensatz der Datei das Ordnungskriterium und die zugehörige Adresse auf dem Speichermedium enthält. Eine Indexdatei ist somit eine Art Inhaltsverzeichnis der Datei, das als Stichwörter die Ausprägungen des Ordnungsbegriffs enthält. Bei sortierter Datendatei besteht die Möglichkeit, durch Verwendung eines sogenannten unvollständigen Index nur auf jeden n-ten Datensatz der Datendatei zu verweisen und damit die Größe der Indexdatei zu beschränken. Der Zugriff auf alle Daten erfolgt hier durch eine Kombination von indexorientierter und sequentieller Suche.

Zur Organisation einer Indexdatei lassen sich unterschiedliche Methoden heranziehen. Eine effiziente Möglichkeit ist die Speicherung der Ordnungsbegriffe in einer sortierten *Baumstruktur*, d. h. in einer Form, die mit den Verästelungen im Zweigwerk eines Baumes vergleichbar ist. Die Sortierung eines derartigen Baumes erlaubt es, bestimmte Zweige bei der Suche nach einem Ordnungsbegriff von vorneherein auszusondern. Ein Beispiel hierfür ist die Suche nach einem Namen im Telefonbuch: Schlägt man es in der Mitte auf, so kann die Suche in der ersten bzw. zweiten Hälfte des Buches unmittelbar fortgesetzt werden, ohne die Namen im jeweils anderen Teil berücksichtigen zu müssen. Im Kontext der Datenbankverwaltung spiegelt sich diese Idee darin wider, daß die Indexmenge in jeweils zwei Hälften aufgeteilt wird, die man wiederum splittet, bis hin zum einzelnen Ordnungsbegriff. Es ergibt sich eine Baumstruktur, in der jedem Vaterknoten zwei Kinder untergeordnet sind. Diese Methode reduziert den Suchaufwand auf die maximale Höhe des Baumes und läßt sich darüber hinaus ausweiten auf die Gliederung in drei und mehr Teilmengen pro Stufe.

In bezug auf die Organisation von Datensätzen auf externen Speichermedien (Diskette, Festplatte etc.) stellt sich die Frage des *Datenzugriffs*. Aufgrund der speziellen Charakteristika der unterschiedlichen Speichermedien lassen sich hier grundsätzlich zwei Arten unterscheiden:

– Beim *sequentiellen* oder *fortlaufenden Zugriff* müssen alle Daten in der gespeicherten Reihenfolge gelesen werden, bis der gesuchte Datensatz gefunden ist. Notwendig sind lediglich sequentielle Speichermedien (z. B. Magnetbänder).

– Der *wahlfreie Zugriff* erlaubt demgegenüber den *direkten Zugriff* auf die gesuchten Daten im Arbeitsspeicher und den *halbdirekten Zugriff* auf Daten peripherer Speicher (vgl. dazu auch Abschnitt 2.1.2). Dieses Zugriffsverfahren setzt einen Index voraus.

4.2.5 Komponenten von Datenbanksystemen

Ein *Datenbanksystem* (DBS) besteht aus einer Datenbank und der zugehörigen Datenbanksoftware, dem Datenbankverwaltungssystem.

Eine *Datenbank* ist eine Sammlung von inhaltlich zusammenhängenden, übergreifend gültigen Daten, die in Dateien mit kontrollierter Redundanz abgespeichert werden, um für mehrere Benutzer und Anwendungsprogramme in bestmöglicher Weise verwendbar zu sein (siehe Abschnitt 4.2.6).

Die Verwaltung der Datenbank übernimmt ein *Datenbankverwaltungssystem* (DBVS), welches auch als *Datenbankmanagementsystem* (DBMS) bezeichnet wird. Das DBVS stellt u. a. zur Verfügung:

– eine Datendefinitions- oder -beschreibungssprache (DDL = Data Definition/Description Language)
– eine Datenmanipulationssprache (DML = Data Manipulation Language)
– eine Speicherbeschreibungssprache (DSDL = Data Storage Description Language)

Die *DDL* dient der Beschreibung der logischen Datenstrukturen einer Datenbank. Die *DML* ermöglicht interaktiven Datenbankbenutzern und Anwendungsprogrammen den Zugriff (z. B. Ändern, Hinzufügen, Löschen) auf die Datenbank. Die physische Datenorganisation innerhalb eines Datenbanksystems übernimmt die *DSDL*. Sie gewährleistet die bereits beschriebenen Formen der Speicherorganisation, enthält aber auch darüber hinausgehende Konzepte (vor allem zur flexiblen Verknüpfung von vorhandenen Daten).

Sogenannte *Datenbank-Abfragesprachen* vereinfachen die direkte Kommunikation zwischen Benutzer und Datenbanksystem und sind nicht zwingend Bestandteil von Datenbankverwaltungssystemen. Diese Sprachen dienen hauptsächlich der unkomplizierten Gewinnung von Informationen aus großen

Datenbeständen und erfordern - im Gegensatz zur DML - keine detaillierten Systemkenntnisse. Häufig sind jedoch in DBVS die DML und die Abfragesprache in einem Konzept integriert. De-facto-Standard bei Abfragesprachen ist gegenwärtig die Structured Query Language (SQL).

4.2.6 Architektur von Datenbanksystemen

Bei der Formulierung von Daten und Datenbeziehungen kann man drei verschiedene Abstraktionsebenen oder Sichtweisen unterscheiden: Aus einer globalen Perspektive werden Daten und ihre Zusammenhänge möglichst situations- und damit auch personen- und kontextunabhängig formuliert. Aus einer zweiten Perspektive können die Daten so organisiert sein, wie sie die verschiedenen Anwender benötigen. Schließlich lassen sich Daten im Hinblick auf die Struktur der physischen Speicherung beschreiben. Diesen unterschiedlichen Sichtweisen entsprechend legt man für die Beschreibung der prinzipiellen Struktur von Datenbanksystemen zumeist die vom ANSI/SPARC (American National Standards Institute/Standards Planning and Requirements Committee) vorgeschlagene Drei-Ebenen-Architektur zugrunde (vgl. Abb. 4.2.6/1). Bei dieser Architektur wird zwischen der konzeptionellen, der externen und der internen Ebene unterschieden.

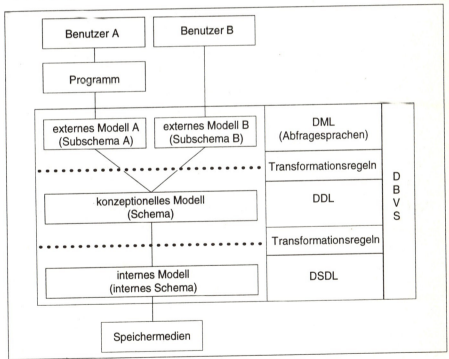

Abb. 4.2.6/1   Drei-Ebenen-Architektur von Datenbanksystemen

Auf der *konzeptionellen Ebene* (auch *konzeptionelles Modell* oder *Schema*) erfolgt die logische Gesamtbeschreibung aller relevanten Objekte und ihrer Beziehungen. Konzeptionelle Modelle (z. B. die Beschreibung von Datenstrukturen in der Materialwirtschaft) werden i. d. R. in Zusammenarbeit mit den Fachabteilungen einer Unternehmung erstellt. Die DDL eines DBVS unterstützt die Umsetzung des Schemas in die Datenbankbeschreibung (insbesondere die Festlegung von Datenfeldern, Feldtypen, Feldlängen und der Beziehungen zwischen Datensätzen).

Die *externe Ebene* zeigt die Beschreibung der Daten und ihrer Beziehungen aus der Sicht der einzelnen Anwender. Die Verbindung zwischen dem Datenbanksystem und den Benutzern sowie ihren Anwendungsprogrammen wird über die DML hergestellt. Die Sicht des Anwenders auf die von ihm benutzten Datensätze wird auch als *externes Modell*, *Subschema* oder *View* bezeichnet (z. B. Ermittlung der für eine Materialart verfügbaren Lieferanten durch einen Einkäufer). Die problemindividuellen Benutzersichten werden aus dem konzeptionellen Modell abgeleitet. Demzufolge ist die Benutzersicht ein Ausschnitt, der sich durch formale Umgestaltung aus dem konzeptionellen Modell ergibt. Die Benutzersicht weist damit den gleichen Abstraktionsgrad wie ein konzeptionelles Modell auf. Weder das Schema noch das Subschema spezifizieren, wie Daten physisch gespeichert werden. Bei gegebener logischer Datenorganisation existieren unterschiedliche Möglichkeiten der physischen Datenorganisation.

In der internen Ebene wird die physische Datenorganisation mit der DSDL festgelegt. Das physische Modell enthält eine formale Beschreibung, wie die Daten gespeichert werden und wie auf sie zugegriffen werden kann. Diese Beschreibung wird auch als *internes Modell oder internes Schema* bezeichnet (z. B. wahlfreier Zugriff auf baumartig indizierte Materialstammdaten).

Der Zusammenhang zwischen den Objekten der verschiedenen Ebenen wird mittels sogenannter *Transformationsregeln* hergestellt. Diese Regeln legen fest, auf welche Art und Weise ein bestimmtes Objekt eines Modells aus einem oder mehreren Objekten eines tieferliegenden Modells gebildet werden soll. Die Transformationen zwischen den einzelnen Ebenen werden vom Datenbankmanagementsystem durchgeführt. Das Datenbankmanagementsystem sorgt dafür, daß Zugriffswünsche, die in den Begriffen eines externen Modells formuliert werden, zur Ausführung der notwendigen Operationen auf der physischen Ebene führen und die gewünschten Daten in der vom externen Modell definierten Form an den Benutzer übergeben werden.

Wichtige Anforderungen an Datenbanksysteme sind:

❏ *Datenunabhängigkeit*
Unabhängigkeit zwischen Schema und Anwenderprogrammen bzw. Benut-

zern (logische Datenunabhängigkeit) sowie zwischen Schema und physischer Datenorganisation (physische Datenunabhängigkeit)

❏ *Geplante und kontrollierte Datenredundanz*
Begrenzen der Redundanz auf ein kleinstmögliches bzw. zweckmäßiges Maß zur Einsparung von Speicherplatz und zur Vermeidung von Inkonsistenzen in den Datenbeständen

❏ *Sicherung der Datenkonsistenz*
Gleicher Änderungsstand bei mehrfach gespeicherten Datenbeständen

❏ *Datenbankintegrität* (Korrektheit und Vollständigkeit der Daten)
Vermeiden sowohl von Fehleingaben und unzulässigen Operationen (semantische Integrität) als auch Verhinderung von Fehlern, wenn mehrere Programme oder Anwender auf gleiche Datenbestände zugreifen (operationale Integrität)

❏ *Datensicherheit*
Gewährleisten der Datensicherheit (Bewahrung der Daten vor Verfälschung, Vernichtung und unberechtigtem Zugriff, vgl. Abschnitt 7.3) und des Datenschutzes (Verhinderung der unberechtigten Verwendung personenbezogener Daten, vgl. Abschnitt 7.5.1)

4.2.7 Datenstrukturierung

Aufgrund des hohen Aufwands bei nachträglicher Änderung der bereits implementierten Datenbank ist eine Planung und Strukturierung der fachlichen Anforderungen an die Datenbank unerläßlich. Konkret bedeutet dies, den in einer Datenbank abzubildenden Realitätsausschnitt abzugrenzen, die in diesem Bereich enthaltenen Objekte (*Entities*) auszuwählen sowie anhand ihrer relevanten Eigenschaften (*Attribute*) und ihrer Beziehungen (*Relations*) weiter zu beschreiben. Objekte sind dabei individuelle oder identifizierbare Exemplare von Dingen, Personen oder Begriffen der realen oder der Vorstellungswelt. Ein solches Objekt könnte z. B. der Lieferant "Müller" oder ein bestimmter Artikel sein. Objekte mit ähnlichen Eigenschaften lassen sich zu Klassen, sogenannten Objekttypen oder Entitytypen, zusammenfassen (z. B. alle Lieferanten). Die Eigenschaften des einzelnen Entities oder eines Entitytyps werden mit Attributen charakterisiert. Zwischen Entities können Beziehungen bestehen (Lieferant Y liefert Artikel 5), die wiederum zu Beziehungstypen zusammengefaßt werden können. Als Hilfsmittel für die Präzisierung dieser Anforderungen steht beispielsweise das in Abschnitt 6.2.1 beschriebene *Entity-Relationship-Modell* (ERM) nach P. P. Chen [Chen 76] zur Verfügung, das aufgrund seiner niedrigen Komplexität und einfachen Anwendbarkeit auf die verschiedensten Datenbankmodelle hervorragend geeignet ist, um den Abstimmungsprozeß zwischen Zentral- und Fachabteilung beim Entwurf zu unterstützen.

4.2.8 Datenbankmodelle

Der zweite Schritt im *Prozeß der Gestaltung von Datenbanksystemen* - nach der Konstruktion der konzeptionellen Datenstrukturen auf abstrakter Ebene etwa mit einem ERM (vgl. Abschnitt 6.2.1) - erfordert die Umsetzung von Objekten und Beziehungen in das formale Schema eines Datenbankmodells. *Datenbankmodelle* dienen der konkreten, datenbanksystembezogenen Modellierung gegebener logischer Strukturen. Die Konstrukte des Datenbankmodells werden anschließend in der DDL des gewählten Datenbanksystems beschrieben.

Derzeit existieren im wesentlichen vier verschiedene Arten von Datenbankmodellen. Dies sind hierarchische, netzförmige, relationale und objektorientierte Datenbankmodelle.

4.2.8.1 Hierarchisches Datenbankmodell

Das hierarchische Datenbankmodell ist das älteste Modell zur Strukturierung von Daten. Zur Modellierung eines logischen Schemas stellt es Entitytypen (zumeist als Segmente bezeichnet) und *hierarchische Beziehungstypen* zur Verfügung. Datenbeziehungen werden in Form eines hierarchischen Baumes dargestellt. Auf der obersten Hierarchiestufe, der *Wurzel* des Baumes, darf nur ein Entitytyp auftreten. Alle anderen Entitytypen müssen genau einen Vorgänger aufweisen, die Anzahl der Nachfolger ist beliebig. Auf diese Weise entsteht eine den Verästelungen eines Baumes ähnelnde Struktur, die exakt den Zugriffspfad auf die an den Entitytypen gespeicherten Daten vorgibt. Als Einstiegspunkt für einen derartigen Zugriff ist immer die Wurzel zu sehen (vgl. Abb. 4.2.8.1/1).

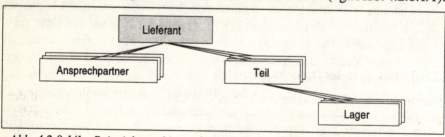

Abb. 4.2.8.1/1   Beispiel zum hierarchischen Datenmodell

Aufgrund dieser hierarchischen Anordnung der Daten in 1:N-Beziehungen (ein Lieferant liefert mehrere Teile) stößt dieses Modell an seine Grenzen in bezug auf die Freiheitsgrade, die einer Datenbankabfrage zugrunde liegen. Abfragen, die unter Umgehung des Wurzelknotens einen direkten Zugriff auf ein Blatt des Baumes erfordern, können nicht formuliert werden. Ebenso ungeeignet ist dieses Modell für die redundanzfreie Gestaltung von komplexen Beziehungstypen, die über eine einfache 1:N-Beziehung hinausgehen.

4.2.8.2 Netzwerk-Datenbankmodell

Strukturelemente des Netzwerk-Datenbankmodells sind *Entitytypen* (*Record-typen*), die durch Attribute beschrieben werden, und 1:N-Beziehungen. Mit dem Netzwerkmodell versucht man, die Nachteile der hierarchischen Datenbank-modelle dadurch auszugleichen, daß ein Entitytyp sowohl mehrere untergeord-nete Nachfolger als auch mehrere übergeordnete Vorgänger besitzen darf (vgl. Abb. 4.2.8.2/1). Wie im hierarchischen Modell sind auch im Netzwerkmodell nur 1:N-Beziehungen zugelassen.

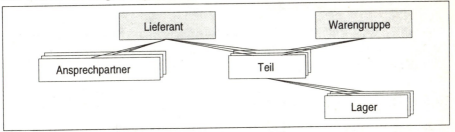

Abb. 4.2.8.2/1   Beispiel zum Netzwerk-Datenmodell

Für Datenbankabfragen stehen nun ebenfalls mehrere vorab zu definierende Startpunkte zur Verfügung. Der Zugriffspfad auf ein bestimmtes Entity ist somit nicht mehr eindeutig. Analog zum hierarchischen Modell sind auch hier alle Verknüpfungsstrukturen und -möglichkeiten der Daten explizit festgelegt, eine bei der Definition der Datenbankstruktur nicht vorgesehene Ad-hoc-Abfrage ist unmöglich.

Die vorwiegende Eignung von hierarchischen und Netzwerkdatenbanken liegt im Bereich der Routine-Anwendungen, die auf häufigen, unveränderlichen Datenbankabfragen beruhen und aufgrund großer Datenmengen schnelle Zu-griffszeiten erfordern.

4.2.8.3 Relationales Datenbankmodell

Das relationale Datenbankmodell nach E.F. Codd [Codd 70] basiert auf der *Relationentheorie* und damit auf genau festgelegten mathematischen Grundla-gen. Das einzig benötigte Strukturelement zur Erstellung eines Datenbankmo-dells ist die *Relation* [vgl. z. B. Date 90].

Relationen lassen sich als *zweidimensionale Tabellen* mit einer festen Anzahl von Spalten und einer beliebigen Anzahl von Zeilen darstellen. Die Zeilen einer Tabelle werden als *Tupel* bezeichnet. Ein Tupel entspricht im Entity-Relation-ship-Modell einem Entity. Jedes Tupel muß einen Schlüssel besitzen, mit dem es identifiziert werden kann (Primärschlüssel). Die Attribute einer Relation werden in den Spalten dargestellt. Für die jeweiligen Attribute einer Relation ist ein Wertebereich, die sogenannte "*Domäne*", gegeben. Abbildung 4.2.8.3/1

Relation "Artikel"			
ARTIKEL_NUMMER	ARTIKEL_NAME	WAREN_GRUPPE	ARTIKEL_PREIS
15003	QE 1300	A	598,00
37111	CDP 100 A	B	898,60
34590	Sound 7	C	193,70
23676	QE 1700	A	715,50
40400	Quattro B	D	5100,00

Abb. 4.2.8.3/1   Beispiel zum relationalen Modell

zeigt eine Beispielrelation "Artikel" mit den Attributen ARTIKEL_NUMMER (als Primärschlüssel unterstrichen), ARTIKEL_NAME, WAREN_GRUPPE und ARTIKEL_PREIS.

Aus der Definition einer Relation lassen sich eine Reihe von Eigenschaften einer Relation ableiten:

- Es gibt keine zwei Tupel in einer Relation, die identisch zueinander sind, d. h., die Zeilen einer Tabelle sind paarweise verschieden.
- Die Tupel einer Relation unterliegen keiner Ordnung, d. h., die Reihenfolge der Zeilen ist irrelevant.
- Die Attribute einer Relation folgen keiner Ordnung, d. h., das Tauschen der Spalten verändert die Relation nicht.
- Die Attributwerte von Relationen sind atomar, d. h., sie enthalten nur einen einzigen Wert.
- Die Spalten einer Tabelle sind homogen, d. h., alle Werte in einer Spalte sind vom gleichen Datentyp.

Beziehungen zwischen Entitytypen werden - je nach Art der Beziehungstypen - unterschiedlich repräsentiert. Die Darstellung einer 1:1-Beziehung kann mit Hilfe einer Relation, d. h. mit Hilfe einer Tabelle, erfolgen (z. B. läßt sich die 1:1-Beziehung zwischen Angestelltem und Arbeitsvertrag durch eine Relation mit den Attributen Angestellter-Name und Arbeitsvertrag-Nr. repräsentieren). Eine 1:N-Beziehung kann man durch zwei Relationen abbilden, die über einen Fremdschlüssel verbunden sind. Die Beziehung zwischen den beiden Relationen wird also über den Fremdschlüssel hergestellt (vgl. Abb. 4.2.8.3/2).

N:M-Beziehungen werden durch "Beziehungsrelationen" dargestellt. z. B. kann die Beziehung "bestellt" zwischen der Relation "Kunde" und "Artikel" jeweils eindeutig durch die identifizierenden Attribute bzw. Primärschlüssel für die Objekttypen KUNDE und ARTIKEL beschrieben werden. Um die Tupel der neuen Relation "bestellt" eindeutig identifizieren zu können, fungieren die beiden Attribute zusammen gleichzeitig als Primärschlüssel (vgl. Abb. 4.2.8.3/3). Die Beziehung "bestellt" läßt sich dabei näher durch das (Nicht-

Relation "Artikel"

ARTIKEL_NUMMER	ARTIKEL_NAME	WAREN_GRUPPE	ARTIKEL_PREIS
15003	QE 1300	A	598,00
37111	CDP 100 A	B	898,60
34590	Sound 7	C	193,70
23676	QE 1700	A	715,50
40400	Quattro B	D	5100,00

Relation "Warengruppe"

WAREN_GRUPPE	WARENGR_BEZEICHNUNG
A	Plattenspieler
B	CD-Player
C	Radio
D	Verstärker

Primärschlüssel Fremdschlüssel ⟶ Primärschlüssel

Abb. 4.2.8.3/2 Darstellung einer N:1-Beziehung zwischen der Relation "Artikel" und der Relation "Warengruppe"

Schlüssel-) Attribut MENGE charakterisieren (z. B. "Kunde 345764 bestellt 3 Stück von Artikel 37111").

Relation "Kunde"

KUNDEN_NR	KUNDEN_NAME	KDN_WOHNORT
081125	Kaiser, K.	Aachen
732592	Rainer, P.	München
002735	König, G.	Füssen
773588	Baron, R.	Crailsheim
345764	Graf, S.	Berlin

Relation "Artikel"

ARTIKEL_NUMMER	ARTIKEL_NAME	WAREN_GRUPPE	ARTIKEL_PREIS
15003	QE 1300	A	598,00
37111	CDP 100 A	B	898,60
34590	Sound 7	C	193,70
23676	QE 1700	A	715,50
40400	Quattro B	D	5100,00

Relation "bestellt"

KUNDEN_NR	ARTIKEL_NR	MENGE
081125	40400	1
732592	23676	1
002735	34590	1
345764	37111	3
773588	15003	1

Abb. 4.2.8.3/3 Darstellung einer N:M-Beziehung zwischen der Relation "Kunde" und der Relation "Artikel" mit Hilfe einer Beziehungsrelation

Datenbanksysteme, die auf dem Relationenmodell basieren (relationale Datenbanksysteme), zeichnen sich durch eine große Nutzungsflexibilität aus. Sie ermöglichen eine *unkomplizierte Variation des Relationenschemas*. Attribute und Tupel können ohne großen Aufwand hinzugefügt, verändert oder gelöscht werden. Relationale Modelle erlauben *vielfältige und einfach durchzuführende Datenmanipulationen*. Dadurch können auch Benutzer mit geringen Datenbankkenntnissen Suchanfragen und Auswertungen in einem relationalen Datenbanksystem vornehmen.

Mit den Regeln zur Normalisierung von Relationen (*Normalformenlehre*) wurde von Codd ein Grundstein für die Lehre der Datenstrukturierung bei relationalen Datenbanken gelegt [z. B. Picot/Reichwald 91]. Ziel der Normalisierung ist es, die Struktur einer Datenbank so zu gestalten, daß die DV-technische Verarbeitung von Daten vereinfacht wird und unerwünschte Abhängigkeiten zwischen den Attributen von Entitytypen beim Einfügen, Löschen und

Ändern von Daten nicht auftreten. Bestehen nämlich diese Abhängigkeiten und werden sie bei der Datenmanipulation nicht berücksichtigt (indem z. B. nur ein Teil der redundant vorhandenen Daten gelöscht oder geändert wird), so resultieren daraus störende Dateninkonsistenzen.

4.2.8.4 Objektorientiertes Datenbankmodell

In einem relationalen Datenbanksystem können nur Eigenschaften von Objekten abgelegt werden. Sollen darüber hinaus auf ein Objekt bestimmte Funktionen angewendet werden, beispielsweise "*verbuche Lagerabgang*", so muß diese Funktion mit einer geeigneten Programmiersprache erstellt werden. Die Funktion wird als Programmdatei abgelegt und ist somit nicht Bestandteil der Datenbank.

Diese Beschränkung relationaler Systeme soll durch objektorientierte Datenbanksysteme umgangen werden. Eine Manifestation dieses Gedankens findet sich im Standard der *Object Database Management Group* (ODMG-93) [Atwood 94]. Er besteht aus einem Objektmodell und verschiedenen Umsetzungsmöglichkeiten für eine Reihe von Programmiersprachen.

Das Objektmodell beschreibt die formale Struktur der Daten. Wie im relationalen Modell werden gleiche Objekte zu Objekttypen (*hier*: Klassen) zusammengefaßt und anhand ihrer gemeinsamen Eigenschaften und Beziehungen zu anderen Objekten beschrieben. Im Unterschied zum relationalen Modell besteht nun die zusätzliche Möglichkeit, das Verhalten der Objekte durch eine Menge von Funktionen (Operationen, Methoden) zu definieren. Darüber hinaus wird die Beziehung zu einem anderen Objekt nicht in einem eigenen Beziehungstyp abgebildet, sondern erscheint als Bestandteil des Objektes selbst (vgl. hierzu Abb. 4.2.8.4/1).

Die Definition von Klassen (und damit auch Objekten) unter Zuhilfenahme interaktiver Tools gestaltet sich wegen der Komplexität der Klassenstrukturen gegenwärtig als sehr schwierig. Daher werden objektorientierte Datenbanksysteme heute in der Regel in Zusammenhang mit Anwendungsprogrammen in objektorientierten Sprachen wie *C++* oder *SMALLTALK* verwendet (vgl. Abschnitt 2.1.6). Diese Sprachen müssen hierzu um die Möglichkeit zur Definition von Datenbankobjekten erweitert werden.

Die gleichzeitige Betrachtung von Methoden und Attributen (Konzept der Abstraktion) bildet ein Kernmodell des objektorientierten Paradigmas. Zu weiteren Konzepten (Vererbung, Nachrichtenaustausch etc.) siehe Kapitel 2 und 6.

Objektorientierte Datenbanksysteme eröffnen die Möglichkeit zur Speicherung beliebiger Objekte. Daher kann alles, was sich in Form eines Objektes

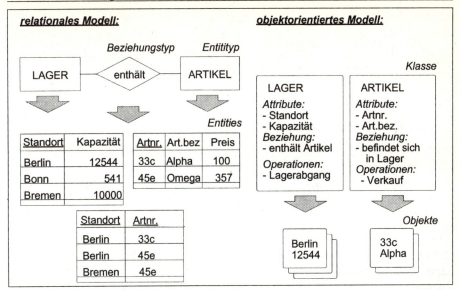

Abb. 4.2.8.4/1   *Beziehungen im relationalen und objektorientierten*
               Datenbankmodell

darstellen läßt, auf dieselbe einfache Art und Weise abgelegt werden (Zeichen, Ziffern, Bilder, Ton und Videosequenzen, aber auch komplette Programme oder Programmteile) (siehe z. B. [Taylor 92]).

Ein weiterer Vorteil besteht in einer erhöhten Verarbeitungsgeschwindigkeit bei Datenbankabfragen. Die Beziehungen sind direkt in den Objekten gespeichert und müssen nicht, wie im relationalen Modell, umständlich durch Verknüpfung von Tabellen aufgelöst werden.

4.2.9   Externe Datenbanken und Information Retrieval

Häufig benötigt man für unternehmerische Entscheidungen auch Informationen, die nur extern verfügbar sind (z. B. über Konkurrenten, Märkte, wissenschaftlich-technische, rechtliche oder politische Entwicklungen). Geeignete Informationsquellen dazu sind *externe Datenbanken* [z. B. Mertens/Griese 93, S. 19 ff.], die normalerweise im Dialog benutzt werden. Eine große Verbreitung haben diese Datenbanken vor allem in den Bereichen Wissenschaft, Technik, Wirtschaft, Recht und Patentangelegenheiten erlangt. US-amerikanische Datenbankbetreiber dominieren hierbei europäische Informationsdienste, die jedoch in jüngster Zeit erhebliche Anstrengungen unternehmen (z. B. die Datenbank GENIOS der Handelsblattgruppe), um aufzuholen.

Der *Zugriff* auf die gespeicherten Datenbestände ist in aller Regel kostenpflichtig und erfordert eine geeignete Ausrüstung zur Datenübertragung in internationalen und oft interkontinentalen Rechnernetzen (vgl. Abschnitt 2.3).

Wesentlich ist die Unterscheidung in *Volltext- und Referenzdatenbanken*. Während in ersteren die gesamten Dokumente (Daten) verfügbar sind, enthalten letztere nur bibliographische Hinweise, Schlag- oder Stichwörter und gelegentlich Kurzfassungen der gesuchten Texte.

Da externe Datenbanken ihre Datenbestände i. d. R. in *heterogener Form* oder genauer als *nicht nach einer bestimmten Struktur geordnete* Texte anbieten (damit liegt ihnen auch strenggenommen keines der beschriebenen Datenbankmodelle zugrunde), ist eine spezielle Technik zur Wiedergewinnung von Informationen durch den Datenbankbenutzer notwendig. Ein sogenanntes *Information-Retrieval-System* unterstützt insbesondere die physische Organisation von unformatierten Daten.

Die Recherche von Benutzern nach bestimmten Dokumenten erfolgt anhand von definierten *Deskriptoren* (Bezeichnungen zur Beschreibung von Texten; z. B. Autorennamen oder Schlagwörtern) und deren Verknüpfungen (z. B. durch "UND" bzw. "ODER"). (Beispiel: "Es sind alle Aufsätze, die der Autor Huber über Kostenrechnung in der Pharmaindustrie in deutscher Sprache verfaßt hat, herauszusuchen"; dafür müssen die Deskriptoren "Huber", "Kostenrechnung", "Pharmaindustrie" und "deutsche Sprache" durch ein logisches UND verknüpft werden. Sind neben Abhandlungen über die Pharmaindustrie auch solche über "Chemieindustrie" erlaubt, so werden die Deskriptoren "Pharmaindustrie" und "Chemieindustrie" durch ein ODER verbunden.) Werden bei einer Suche zu viele Quellen gefunden, so müssen statt der u. U. zu allgemein formulierten Deskriptoren (z. B. "Kostenrechnung") spezifischere Beschreibungswörter (z. B. "Teilkostenrechnung") oder zusätzliche, einschränkende Deskriptoren (etwa "seit 1985") verwendet werden.

Eine rasch an Bedeutung gewinnende Möglichkeit der Informationsbeschaffung bietet das Internet (vgl. Abschnitt 2.3.6), in dem über die wissenschaftliche Nutzung hinaus zunehmend auch kommerzielle Informationen angeboten werden. Für das gezielte Auffinden von Informationen stehen sogenannte Search-Engines zur Verfügung, mit deren Hilfe eine Schlagwortsuche möglich ist. Prominente Beispiele für derartige Search-Engines sind die Systeme Lycos, Yahoo, Webcrawler, AltaVista oder Infoseek. Sie können wie andere Informationsseiten auch direkt im Internet aufgerufen werden. In der Regel ist diese wichtige Funktionalität darüber hinaus fest in die WWW-Zugangssoftware (z. B. Netscape) integriert und über einen eigenen Menüpunkt erreichbar.

Einen Schritt weiter gehen sogenannte *Meta-Search-Engines*, die eine Rechercheanfrage gleichzeitig an mehrere Suchwerkzeuge weiterleiten. Beispielhaft hierfür sei "SavvySearch" genannt (WWW-Adresse http://wagner.cs.colostate.edu:1969/form?lang=german). In Abbildung 4.2.9/1 ist die Suchmaske dargestellt, in der wir als Schlüsselwörter "Solarkollektor" und "Solarzelle" eingegeben haben. Durch die Wahl einer "ODER"-Verknüpfung (in der Zeile unter dem Eingabefeld "Schlüsselwörter") werden WWW-Dokumente gesucht, die eines der beiden Wörter enthalten (nicht zwingend im Titel). Abbildung 4.2.9/2 zeigt das Ergebnis der Recherche.

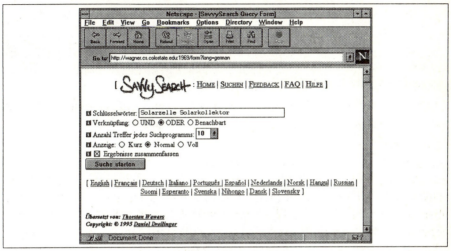

Abb. 4.2.9/1   Suchmaske einer Meta-Search-Engine

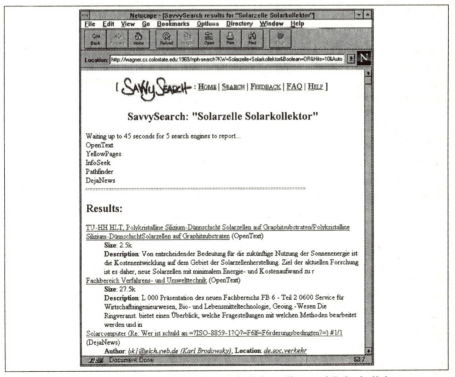

Abb. 4.2.9/2   Ergebnis der Recherche nach Solarzellen und Solarkollektoren

4.2.10 Data Warehouse

Ausgangspunkt für die Data-Warehouse-Idee ist das starke Anwachsen der Datenbestände in den betrieblichen Funktionsbereichen. Diese enormen Datenmengen sind häufig in unterschiedlichen technischen Formaten über eine Vielzahl isolierter IV-Systeme verstreut. Zudem stimmen die betriebswirtschaftlichen Kennungen in den unterschiedlichen Teilen eines Unternehmens oft nicht überein. So kommt es beispielsweise vor, daß derselbe Kunde unter mehreren Kundennummern geführt wird. In einer solchen Situation fehlt ein zentraler Zugang zu den heterogenen, verteilten Informationen.

Dieser - möglichst komfortable - Zugang soll durch den Aufbau eines Data Warehouse geschaffen werden. Es führt Daten aus den AS sowie externe Datenbestände, beispielsweise aus der Marktforschung, in einer Datenbank zusammen. Die Verbindung zu den AS ist normalerweise als "lose Koppelung" realisiert. Das Data Warehouse wird nicht online, also unmittelbar bei Verbuchung eines Geschäftsvorfalls, sondern periodisch (täglich, wöchentlich oder monatlich) aktualisiert. Es stellt in der Regel konsolidierte, in unterschiedlichen Stufen verdichtete Daten bereit (vgl. Abschnitt 3.3.2.1.1).

Um möglichst korrekte und konsistente Informationen zu erreichen, versucht man, bei der Datenübernahme fehlerhafte Datensätze auszufiltern. Zudem müssen unterschiedliche Datenformate und betriebswirtschaftliche Schlüssel, wie etwa Artikel- und Kundennummern, einander angepaßt werden. Der Softwaremarkt bietet inzwischen eine Reihe von Werkzeugen zur Lösung solcher Probleme. Derartige Tools erzeugen darüber hinaus automatisch sog. Meta-Daten, in denen der Inhalt des Data Warehouse, die Datenquellen sowie Transformations- und Verdichtungsregeln beschrieben werden.

4.3   Microsoft Access als Beispiel eines PC-Datenbanksystems

MS-Access ist ein Datenbanksystem für PCs, die mit der grafischen Betriebssystemerweiterung MS-Windows 3.0 oder höher ausgestattet sind. Das System beansprucht als Hardwarevoraussetzungen mindestens einen 80386SX-Mikroprozessor, 6 MB Arbeitsspeicher (8 MB empfohlen), 19 MB Festplattenspeicher für die Vollversion, EGA-Monitor oder Monitor mit höherer Auflösung sowie eine Maus oder kompatible Zeigegeräte (vgl. Abschnitt 2.1.4).

Konzipiert wurde MS-Access als benutzerfreundliches System für DV-Laien und zugleich als leistungsstarkes Werkzeug für Datenbankprogrammierer. Es ist ein Beispiel für die praktische Umsetzung des relationalen Modells.

Neben eigenen Dateien können Daten einer Vielzahl unterschiedlicher Dateiformate, einschließlich Daten aus Tabellenkalkulations-, Textverarbeitungs- und anderen Datenbankprogrammen wie dBase III Plus und dBase IV, Paradox,

FoxPro, Lotus und Btrieve, bearbeitet werden. MS-Access erlaubt zudem den Einsatz als eigenständige Datenbank, als Mehrbenutzerdatenbank in Netzwerken oder als Front-End für den grafischen Zugriff auf SQL-Datenbankserver. Diese Argumente empfehlen es für die integrierte Informationsverarbeitung.

Die folgenden Ausführungen können im Rahmen dieses Buches nur einen ersten Eindruck über das Leistungsvermögen und den Umgang mit MS-Access vermitteln. Genauere und weiterführende Informationen sind dem implementierten Benutzerhilfesystem, den detaillierten Handbüchern bzw. der zahlreichen Sekundärliteratur zu entnehmen. Beschrieben werden im folgenden die Benutzungsoberfläche, die logische Datenorganisation (die physische Organisation bleibt dem Benutzer verborgen und wird deshalb nicht behandelt) und die grundlegenden Funktionselemente, die das Arbeiten mit Datenbanksystemen auszeichnen:

❐ *Benutzungsoberfläche und Datenbankfenster*
MS-Access bietet dem Anwender eine grafische Benutzungsoberfläche, die Ausführung einzelner Funktionen wird über Menü-, Symbol- und Fenstertechnik gesteuert (vgl. Abb. 4.3/1).

Das System verwaltet Datenbanken, die eine oder mehrere Tabellen beinhalten. Zu weiteren Elementen einer MS-Access-Datenbank zählen gespeicherte Abfragen, Eingabemasken (Formulare), Ausgabelisten (Reports) und programmierte Sequenzen (Module), die auf die in den Tabellen gespeicherten Daten zugreifen und diese in geeigneter Weise verarbeiten. Daneben kann der Benutzer über eine einfache Kommandosprache Befehlsfolgen (Makros) erstellen, ohne sich einer Programmiersprache bedienen zu müssen. Die einzelnen im Rahmen einer Datenbank erzeugten Elemente werden im sogenannten Datenbankfenster angezeigt.

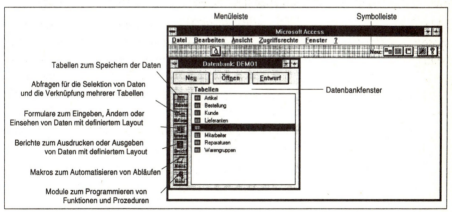

Abb. 4.3/1   *MS-Access-Benutzungsoberfläche und Datenbankfenster*

Die für unter MS-Windows-Anwendungen typische Menüzeile beinhaltet Funktionen zur Neudefinition, zur Manipulation und zum Löschen bestehender Objekte. Besonders häufig gebrauchte Funktionen oder Befehle sind in der Symbolleiste über Schaltflächen erreichbar und können auf Mausklick aktiviert werden.

❏ *Tabellen, Abfragen und Dynasets*
Die Basisdaten werden entsprechend dem relationalen Modell in einer MS-Access-Datenbank als Tabelle gespeichert. Die Spalten und Zeilen repräsentieren die Datenfelder respektive Datensätze der MS-Access-Tabelle (vgl. Abb. 4.3/2).

Relationenmodell	Grafische Darstellung	MS-Access
Relation	Tabelle	Tabelle
Tupel	Zeile	Datensatz
Attribut	Spalte	Datenfeld

Abb. 4.3/2 Begriffsübersicht

Abfragen bilden die wohl häufigste aller Datenbankmanipulationen und geben dem Benutzer ein mächtiges Instrument in die Hand, um sich seinen eigenen Bedürfnissen entsprechend die benötigten Informationen zusammenzustellen.

Eine Abfrage wird unter MS-Access standardmäßig mit Hilfe der *Query-by-Example* (QBE)-Technik formuliert. Durch Ziehen und Ablegen bestimmt der Benutzer die Datenfelder der Tabelle, in denen er suchen möchte. Der eigentliche Inhalt, nach dem gesucht werden soll, wird dabei als *Beispiel* vorgegeben. Ein Vorteil dieser Methode ist, daß der Benutzer hierfür keine spezielle Abfragesprache erlernen muß (vgl. Abb. 4.3/3). Eine weitere Möglichkeit der Formulierung von Abfragen besteht darin, den entsprechenden Befehl in der Standardabfragesprache SQL für relationale Datenbanken direkt einzugeben oder je nach Bedarf zwischen den beiden Darstellungen hin- und herzuschalten.

Das Abfrageergebnis - in Form eines oder mehrerer Datensätze - wird in MS-Access als Dynaset bezeichnet und kann auch aus mehreren zugrundeliegenden Tabellen erzeugt werden. Damit Abfragen immer die aktuellen Daten aufweisen, wird ausschließlich die Abfragebedingung als Objekt gespeichert und nicht das Dynaset selbst.

Das Konzept der Abfragen erlaubt auch auf einfache Weise die Erstellung einer Benutzersicht auf die Datenbank entsprechend dem externen Schema der Drei-Ebenen-Architektur von Datenbanksystemen. Dem Anwender werden dabei nicht die Tabellen in ihrer Gesamtheit zur Verfügung gestellt,

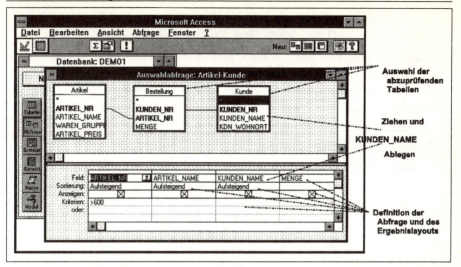

Abb. 4.3/3   Beispiel einer QBE-Abfrage

sondern - in Form von Abfragen - lediglich der für seine individuelle Aufgabenerfüllung notwendige Teil der Daten.

❏ *Formulare und Berichte*
Das tabellarische Format eignet sich in der Regel nur für "Quick&Dirty"-Ein- und Ausgaben. Für das kontrollierte Eingeben bzw. die Präsentation von Daten ist dagegen einem benutzerdefinierten Bildschirmlayout der Vorzug zu geben. Hierfür stehen in MS-Access Formulare und Berichte zur Verfügung. Während Formulare sich v. a. zum Eingeben, Ändern oder Einsehen einzelner Datensätze eignen, können mit Berichten aussagekräftige Datenpräsentationen auf Bildschirm und Drucker gestaltet werden.

❏ *Makros und Module*
Unter einem Makro versteht man Folgen von Aktionen, mit denen sich ohne aufwendiges Programmieren eine oder mehrere Dateimanipulationen und Systemoperationen automatisieren lassen. Dazu gehören beispielsweise das Öffnen von Formularen, das Ausführen von Abfragen etc. Makros können mit bestimmten Ereignissen, die innerhalb von Formularen und Berichten auftreten, etwa mit dem Drücken bestimmter Tasten, Auswahl von Menübefehlen oder dem Anklicken selbstdefinierter Steuerelemente, verbunden werden. Bei Eintreten des betreffenden Ereignisses beginnt MS-Access mit der Ausführung der festgelegten Aktionen.

Sollen komplexere Aufgabenstellungen automatisiert werden, so steht mit ACCESS BASIC eine eigene Programmiersprache zur Verfügung. Die damit erstellten Funktionen und Prozeduren können im Gegensatz zu Makros Steuerstrukturen wie Schleifen oder Unterprogrammaufrufe enthalten und werden vom System für den Interpreter vorübersetzt, was die Ausführungsgeschwindigkeit entscheidend verbessert.

Im Rahmen dieses Kapitels konnte nur ein sehr kleiner Ausschnitt aus dem Leistungsbild von MS-Access vermittelt werden, der die weiter oben dargestellte Datenbanktechnik widerspiegeln soll. Mit Hilfe dieser Datenbanksoftware können Anwender, die über Grundwissen der Wirtschaftsinformatik verfügen, selbständig ihre Probleme angehen und lösen.

4.4 Literatur zu Kapitel 4

Atwood 94   Atwood, T., Der Objekt-DBMS-Standard, Objekt Spektrum 1 (1994) 1, S. 32 ff.

Chen 76   Chen, P.P., The Entity-Relationship Model: Towards a Unified View of Data, ACM Transactions on Database-Systems 1 (1976) 1, S. 9 ff.

Codd 70   Codd, E.F., A Relational Model for Large Shared Data Banks, Communications of the ACM 13 (1970), S. 377 ff.

Date 90   Date, C. J., An Introduction to Database Systems, Vol. 1, Reading/Mass. 1990.

Graham 93   Graham, I., Object Oriented Methods, Reading/Mass. 1993.

Mertens/Griese 93   Mertens, P. und Griese, J., Integrierte Informationsverarbeitung 2, Planungs- und Kontrollsysteme in der Industrie, 7. Aufl., Wiesbaden 1993.

Picot/Reichwald 91   Picot, A. und Reichwald, R., Informationswirtschaft, in: Heinen, E. (Hrsg.), Industriebetriebslehre, 9. Aufl., Wiesbaden 1991.

Schlageter/Stucky 83 Schlageter, G. und Stucky, W., Datenbanksysteme: Konzepte und Modelle, 2. Aufl., Stuttgart 1983.

Stahlknecht 95   Stahlknecht, P., Einführung in die Wirtschaftsinformatik, 7. Aufl., Berlin u. a. 1995.

Taylor 92   Taylor, D.A., Objektorientierte Technologien - ein Leitfaden für Manager, München 1992.

5 Integrierte Anwendungssysteme

Im fünften Kapitel dieses Buches soll ein Eindruck von den vielfältigen Einsatzmöglichkeiten der IV in Betrieben verschiedener Wirtschaftszweige gegeben werden. Dabei wählen wir exemplarisch die in der Praxis wichtigsten AS aus und sind bemüht, die unterschiedlichen Typen von AS, also Administrations-, Dispositions-, Planungs- und Kontrollsysteme, angemessen zur Geltung zu bringen.

In Abschnitt 5.1 behandeln wir Industriebetriebe, während in Abschnitt 5.2 die Vielfalt von Dienstleistungsbetrieben betrachtet wird.

5.1 Anwendungssysteme in der Industrie

Für die Behandlung der AS im Industriebetrieb gilt zunächst die Wertschöpfungskette als Gliederungsprinzip, d. h., wir folgen im wesentlichen dem Produkt von seiner Entwicklung bis zum Versand an den Kunden mit anschließender Fakturierung. In der Systematik lehnen wir uns dabei an das Buch "Integrierte Informationsverarbeitung 1" [Mertens 95] an, wobei der Inhalt jedoch stark gekürzt und vereinfacht werden mußte.

5.1.1 Sektor Forschung und Produktentwicklung

In diesem Bereich können mit der IV vor allem drei Aufgabengebiete bzw. Prozesse unterstützt werden:

1. Produktentwurf
2. Arbeitsplanung
3. Planung sowie Verwaltung von Forschungs- und Entwicklungsprojekten (hier nicht behandelt)

5.1.1.1 Produktentwurf (CAD/CAE)

Im Mittelpunkt des Produktentwurfes steht die computerunterstützte Konstruktion, das sog. *Computer Aided Design* (CAD).

CAD-Systeme kann man zunächst einmal als Übertragung des Konstruktionszeichnens vom Reißbrett auf den Bildschirm ("Intelligentes Zeichenbrett") verstehen. Dadurch verfügt der Konstrukteur über alle Möglichkeiten moderner Computergrafik. So zeichnet das System z. B. Kreise und andere geometrische

Gebilde nach Eingabe der bestimmenden Parameter (beim Kreis: Koordinaten des Mittelpunktes und Radius; bei der Geraden: Koordinaten zweier Punkte) selbsttätig, blendet verdeckte Kanten aus, schraffiert markierte Flächen "auf Knopfdruck" u. v. a. m. Ergebnis der CAD-Prozedur sind im Rechner gespeicherte Zeichnungen bzw. Geometriedaten und die Stückliste des Erzeugnisses (vgl. Abschnitt 5.1.5.2).

Eine wichtige Erweiterung ist das *Computer Aided Engineering* (CAE). Hierbei wird das entworfene Produkt als Modell im Rechner abgebildet. Daraufhin kann man mit diesem Modell simulieren. Beispielsweise wird die Geometrie einer PKW-Karosserie so modelliert. Das System stellt dann mit Hilfe von ingenieurmäßigen Berechnungen fest, welche Auswirkungen eine stärkere Neigung der Windschutzscheibe auf den Luftwiderstand, die Höchstgeschwindigkeit, den Benzinverbrauch und die Aufheizung der Fahrgastzelle haben würde. CAE-Systeme sind außerordentlich schwierige IV-Anwendungen, weil es nicht einfach ist, alle voneinander abhängigen Produkteigenschaften im Rechner zu modellieren. Ein gelungenes CAE-System führt aber auch zu sehr hohen Nutzeffekten. In unserem Beispiel erübrigt sich der Bau von Karosserievarianten, die alle im Windkanal oder gar in aufwendigen Straßenversuchen getestet werden müßten.

Die Tendenz geht dahin, CAD/CAE zu umfassenden Konstruktionsinformationssystemen weiterzuentwickeln. Neben die technischen Berechnungen treten dann sog. Schnell- oder Kurzkalkulationen, mit denen man die Konstruktionsvarianten auf Kostenvorteile untersucht.

Ein weiteres Ziel solcher Systeme ist es, dafür zu sorgen, daß die Zahl der im Betrieb vorkommenden und damit in der Materialwirtschaft zu verwaltenden Teile nicht zu stark wächst. Deshalb unterstützt man den Konstrukteur dabei, aus verschiedenen Datenbanken Informationen über verfügbare Teile, insbesondere Normteile, und über deren Verwendung in anderen Erzeugnissen abzurufen. Dadurch soll schon in der Konstruktionsphase dazu beigetragen werden, daß der Ingenieur im Zweifel bereits vorhandene Bauelemente ("Wiederholteile") verwendet. Auch kann er sich über internationale Netze (Internet) externe Informationen beschaffen, so z. B. über das Verhalten eines Werkstoffes bei starken Temperaturschwankungen.

Unter günstigen Voraussetzungen ist es möglich, den Computer das Produkt weitgehend allein konstruieren bzw. konfigurieren zu lassen, in modernen Lösungen mit Hilfe eines Expertensystems.

PRAKTISCHES BEISPIEL

Zur Montage von hydraulischen Mehrstrompumpen setzt die Otto Eckerle GmbH das Expertensystem MEHRSTROM ein. Es konfiguriert Stücklisten und Arbeitspläne, die zur Montage benötigt werden. Das bisher auf Konstruktionsbüro, Arbeitsvorbereitung, Disposition und Fertigungssteuerung verteilte spezifische Wissen zur Auftragsbearbeitung wird an einer Stelle vereint. Auf diese Weise soll das XPS zur Beschleunigung und Verbilligung der erforderlichen Abläufe beitragen. Das System wird automatisch nach der Auftragsbestätigung angestoßen, dann führt es die notwendigen Berechnungen durch, um sich anschließend direkt mit einem Montageauftrag an eine eigens für den Zusammenbau der Pumpen geschaffene Werkstatt zu wenden.

Dem Konstrukteur in der mechanischen Industrie entspricht in der Chemieindustrie der Syntheseplaner. Das zugehörige Werkzeug ist das *Computer Assisted Synthesis Planning* (CASP). Man findet damit Reaktionswege und Vorprodukte, die für ein Enderzeugnis mit gewünschten Eigenschaften in Frage kommen. Die Rolle der Teile oder Baugruppen im Maschinenbau spielen in der chemischen Industrie Vorprodukte, die in Molekulardatenbanken gespeichert sind, so wie die Teilestammdaten Beschreibungen von Teilen und Baugruppen enthalten (vgl. Abschnitt 5.1.5.2). Auch hier sind Wissensbasierte Systeme hilfreich.

5.1.1.2 Arbeitsplanung (CAP)

Computer Aided Planning (CAP) bedeutet die teilautomatische Gewinnung von Arbeitsplänen (Fertigungsvorschriften) oder ganzen Fertigungsprozessen (CAPP = Computer-Aided Process Planning). Das AS muß aus den Geometrie- und Stücklistendaten, wie sie aus dem CAD (vgl. Abschnitt 5.1.1.1) kommen, und gegebenenfalls aus bereits gespeicherten Arbeitsplänen ähnlicher Erzeugnisse die Fertigungsvorschriften ableiten.

PRAKTISCHES BEISPIEL

RAP ist ein Dialogsystem der Klöckner-Humboldt-Deutz AG zur Rechnerunterstützten Arbeitsplan-Erstellung. Mit dem AS sucht man ähnliche Fertigungsvorschriften, kopiert Ausschnitte aus bisherigen Plänen, recherchiert nach geeigneten Arbeitsplätzen, berechnet Verschnitt und kalkuliert Vorgabezeiten. Nach Eingabe von Beschreibungsmerkmalen (Deskriptoren) listet das AS alle in Frage kommenden Arbeitsplätze auf und nennt deren technische Daten, wie z. B. bei einer Universal-Spitzendrehbank den Umlaufdurchmesser des Schlittens, die größte Drehlänge oder die Art der Werkzeugaufnahme. Aus dieser Auswahlliste kann eine Inventarnummer direkt in den Arbeitsplan übernommen werden.

5.1.2 Sektor Marketing und Verkauf

Die Daten der Kundenanfrage bzw. die vom Vertrieb vorgegebenen Parameter für gewünschte Angebotsaktionen verarbeitet der Programmkomplex Kundenanfrage- und Angebotsbearbeitung. Ergebnisse sind Angebote.

Zur Pflege dieser Angebote benötigt man ein Modul Angebotsüberwachung, das z. B. Hinweise gibt, wenn ein Außendienstmitarbeiter beim Kunden "nachfassen" soll.

Den Kundenauftrag liest man in den Programmkomplex Auftragserfassung und -prüfung ein. Dieser entscheidet, ob er angenommen werden kann, abgelehnt werden muß oder ein Sachbearbeiter einzuschalten ist.

5.1.2.1 Kundenanfrage- und Angebotsbearbeitung

Eine erste Aufgabe dieses AS kann darin liegen, die Entscheidung zu unterstützen, ob man sich überhaupt intensiv mit der Kundenanfrage befassen und ein Angebot ausarbeiten soll (in vielen Branchen erfordert ein Angebot einen Aufwand von mehreren Personenwochen). Beispielsweise stellt das AS Informationen über das bisherige Zahlungsverhalten des Kunden oder die Relation zwischen abgegebenen Angeboten und erhaltenen Aufträgen fest. Die nötigen Informationen findet das AS bei den Kundenstammdaten.

Für die Ausarbeitung eines Angebotes stehen sehr leistungsfähige Hilfsmittel zur Verfügung. Kombiniert man sie, so gelangt man zu geschlossenen *Angebotssystemen*, die ebenfalls den Außendienstmitarbeiter beim Kundenbesuch unterstützen. Man spricht in diesem Zusammenhang auch von *Computer Aided Selling* (CAS).

Wir wollen uns vorstellen, daß der Außendienstmitarbeiter eines Herstellers von Druckmaschinen dem Inhaber eines Copy-Shops in der Nähe einer Universität Geräte (Kopierer, Sortieranlagen) verkaufen will. Er führt einen Laptop mit sich. In der ersten Phase interviewt der Mitarbeiter den Copy-Shop-Besitzer unter Zuhilfenahme einer gespeicherten Checkliste. Er erhebt z. B. die Zahl der täglich zu erstellenden Kopien, Informationen über die Qualitätsansprüche der Kundschaft, die durchschnittliche Dicke der herzustellenden Vorlesungsskripten und Seminararbeiten u. v. a. m.

Unter Verwendung eines sog. *Elektronischen Produktkataloges* werden Erzeugnisse, die zu den Anforderungen des Copy-Shops passen, auf den Bildschirm projiziert, und zwar sowohl als fotografische Darstellungen als auch als Schemaskizzen. Nach der Vorauswahl durch den Kunden stellt das System im *Konfigurationsprozeß* eine Anlage zusammen. Dabei überprüft es viele Bedingungen und gewährleistet so, daß einerseits die vom Kunden verlangten technischen Leistungen (Durchsatz, Qualität, maximale Stellfläche) erbracht werden und andererseits die ausgewählten Komponenten auch zueinander passen.

Mit Hilfe einer gespeicherten Preisliste für die einzelnen Komponenten kalkuliert das AS in der nächsten Phase den Angebotspreis. Da dieser dem Kunden viel zu hoch erscheint, arbeitet das System schließlich einen Leasing-Vertrag mit niedrigen Monatsraten aus und überprüft in seiner Datenbank auch, ob der Copy-Shop-Unternehmer für diese Investition eine Subvention aus einem staatlichen Programm zur Förderung des Mittelstandes beantragen kann. Als besonderen Service berechnet das AS die Rentabilität alternativer Maschinenkonfigurationen im Copy-Shop unter verschiedenen Annahmen, beispielsweise der, daß nach der Investition des schicken Gerätes doppelt so viele Studenten als Kunden gewonnen werden können oder daß der Umsatz um 20 % zurückgeht, weil die Gebühren für die Benutzung der in der Universitätsbibliothek aufgestellten Kopierautomaten gesenkt werden. Die Prozedur endet damit, daß das Angebot ausgedruckt und im Speicher des Laptop festgehalten wird. Am Abend überspielt der Außendienstmitarbeiter unter Verwendung eines Modems (vgl. Abschnitt 2.3.4) alle Angebote und Aufträge zum Zentralrechner seines Unternehmens, des Druckmaschinenherstellers.

Beim Vertrieb von Produkten, die individuell auf Kundenwunsch gefertigt werden, mag es erforderlich sein, mehrere Instanzen einzuschalten. Hier drängen sich WMS auf (vgl. Abschnitt 3.3.1.2).

PRAKTISCHES BEISPIEL

Die INA Wälzlager Schaeffler KG setzt ein WMS in der Anfrage-/Angebotsbearbeitung für kundenindividuelle Wälzlager ein. Die vom Außendienst erfaßte Kundenanfrage und weitere Dokumente sowie Formulare, z. B. ein Produktentwicklungsantrag und gescannte Kundenzeichnungen, bilden die Vorgangsmappe. Diese wird teilautomatisch durch verschiedene Abteilungen, z. B. zur technischen Prüfung, geschleust und dabei sukzessive angereichert. Das WMS integriert zahlreiche AS, u. a. die Know-how-Datenbank TADDY (enthält frühere Konstruktionen und Problemlösungen, an denen man sich bei der Ausarbeitung des Angebots orientieren kann). Ergebnis des Prozesses ist entweder ein kundenindividuelles Angebot oder eine Ablehnung der Kundenanfrage.

5.1.2.2 Angebotsüberwachung

Dieses Programm wertet periodisch die von der Kundenanfrage- und Angebotsbearbeitung bereitgestellten Angebote aus und gibt bei Bedarf *Angebotserinnerungen* an den Vertrieb weiter. Dieser wird daraufhin Kontakt mit dem Kunden aufnehmen.

5.1.2.3 Auftragserfassung und -prüfung

Die Auftragserfassung ist einer der Punkte, an denen sehr viele und sehr wichtige externe Daten in die IV gelangen. Es kommt daher sowohl auf rationelle Erfassung als auch darauf an, die Richtigkeit der Informationen sicherzustellen. Abbildung 5.1.2.3/1 vermittelt einen Überblick über die technischen Alternativen.

Man erkennt neben den konventionellen Möglichkeiten (Eingabe der per Brief (1), Telefon (2), Telefax usw. eingetroffenen Aufträge an einem Bildschirm) vor allem Lösungen, bei denen die Dateneingabe am Sichtgerät entfällt, und auch solche, bei denen die IV des Kunden und die des Lieferanten mehr oder weniger stark integriert sind. So kann der Außendienstmitarbeiter beim Kunden ein beleglesefähiges Formular ausfüllen (3) oder den Auftrag in ein mobiles Terminal eingeben (4). Der Kunde schickt vielleicht eine Diskette (5) mit seinen Auftragsdaten, oder er benutzt das Internet, um seine Orderdaten aufzubereiten und zu senden (6). In einigen Fällen übermittelt ein Bestelldispositionsprogramm (vgl. Abschnitt 5.1.3.1) diese Daten per Datenfernübertragung (DFÜ)

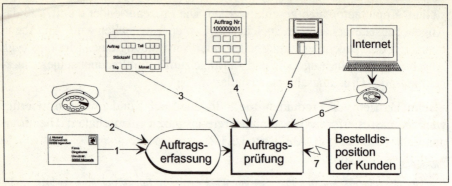

Abb. 5.1.2.3/1   Erfassungsalternativen bei der Auftragsbearbeitung

(7), immer häufiger unter Nutzung der Norm EDIFACT (Electronic Data Interchange for Administration, Commerce and Transport).

PRAKTISCHES BEISPIEL

Die FORD-Werke AG hat ihre zentrale Ersatzteilverwaltung mit dem Bestellwesen der FORD-Händler integriert. Das System trägt den Namen DARTS (Dealer Application Remote Terminal System). Ein Bestelldispositionsprogramm, das auf einem Kleinrechner im Händlerbetrieb läuft, macht Vorschläge, wann und in welchen Mengen Zubehör- und Ersatzteile geordert werden sollen. Der Händler genehmigt oder modifiziert diese Vorschläge und speichert die endgültigen Aufträge in seinem Rechner. Periodisch ruft ein zentraler DARTS-Computer die Bestellungen automatisch von den Rechnern der Händler ab und führt sie gesammelt den Auftragsbearbeitungsprogrammen in der zentralen Ersatzteilverwaltung der FORD-Werke in Köln zu.

Eine wichtige Komponente bilden die verschiedenen *Prüfungen*. Sie müssen sicherstellen, daß möglichst wenige falsche Daten in das integrierte System gelangen. Die *technische* Prüfung ermittelt, ob die gewünschte Variante geliefert werden kann oder ob bei der Konfiguration durch den Außendienstmitarbeiter oder den Kunden ein Fehler unterlaufen ist. Beispielsweise mag für ein medizinisches Gerät, das für den Export in die USA bestimmt ist, ein Netzteil vorgesehen sein, das zwar zum deutschen, nicht aber zum amerikanischen Stromnetz paßt. In der *Bonitätsprüfung* wird festgestellt, ob nach Annahme und Auslieferung des Auftrages der Kunde ein Kreditlimit überschreitet, so daß die Bezahlung gefährdet erscheint. Aufgabe des *Terminprüfungsmoduls* ist es, herauszufinden, ob der im Auftrag angegebene Kunden-Wunschtermin eingehalten werden kann. Dazu ist zunächst die Bestandssituation, beginnend mit den Fertigfabrikaten über die Zwischenfabrikate bis zu den Fremdbezugsteilen, abzufragen. Hat man nicht genügend Vorräte, so muß das System abschätzen, ob die nötigen Produktionsvorgänge rechtzeitig beendet werden können.

Der Programmkomplex Auftragserfassung und -prüfung beendet seine Arbeit mit dem Ausdruck der Auftragsbestätigung und dem Abspeichern der erteilten Aufträge als Transferdaten zum PPS-System (vgl. Abschnitt 5.1.5).

5.1.3 Beschaffungssektor

Die Vorgangskette *"Bestelldisposition"* beginnt mit der Bedarfsermittlung. Hierzu schätzt das Modul *Lagerabgangsprognose* die Zahl der Teile (darunter verstehen wir Roh-, Hilfs- und Betriebsstoffe, Einzelteile sowie Halb- und Fertigfabrikate), die in den einzelnen Planperioden dem Lager entnommen werden. Daraus ergibt sich der Winkel α in Abbildung 5.1.3/1. Das AS führt für jedes Teil einen Lagerbestand, bei dessen Erreichen eine neue Bestellung eingeleitet werden muß (Meldebestand s bzw. Bestelltermin T_B). Schließlich ermittelt es eine günstige Bestellosgröße Q, hilft bei der Auswahl eines Lieferanten, wenn pro Teil mehrere in Frage kommen, und gibt die Bestellungen aus. Soweit diese an die eigene Produktion gehen, werden sie als Transferdaten an die Produktionsplanung überspielt. Handelt es sich um Fremdbezug, so gibt das AS die Bestellungen an die Lieferanten weiter.

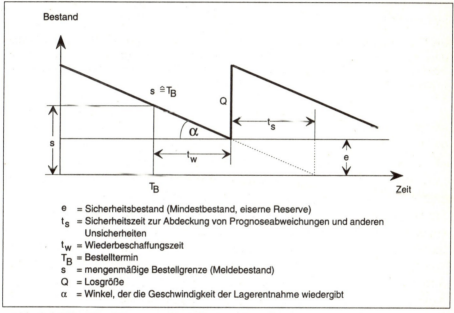

Abb. 5.1.3/1   Ermittlung von Bestellzeitpunkt und -menge

Abbildung 5.1.3/2 zeigt beispielhaft, wie Eingabedaten zu den Materialbewegungen in der integrierten IV entstehen können. Auf die interessanten Besonderheiten einer informationstechnischen Unterstützung lagerloser Produktion (Just-in-Time-Verfahren) wird in dieser elementaren Darstellung nicht eingegangen.

Art der Materialbewegung	Betroffenes Lager	gemeldet von Programm (Abschnitt)
Lieferungen an Kunden	-Fertigerzeugnislager	Versandlogistik (5.1.6.3) oder Fakturierung (5.1.6.4)
Kundenretouren	+Fertigerzeugnislager	personell ausgefertigte Lager- zugangsmeldungen (5.1.4.2)
Lieferungen von Lieferanten	+Rohstoffe, Fremdbezugsteile	Wareneingangsprüfung (5.1.3.3)
Lieferantenzugangs- Retouren	-Rohstoffe, Fremdbezugsteile	personell ausgefertigte Lager- abgangsmeldungen (5.1.3.3)
Zu- und Abgänge in den Werkstätten	+/-Werkstattbestände	Werkstattsteuerung (5.1.5.7)
Inventurdifferenzen	+/-verschiedene Lager	Inventur (5.1.4.3)
Lagerüberweisungen	+/-verschiedene Lager	personell ausgefertigte Meldungen (5.1.4.2)
Legende: Zugang als +, Abgang als -		

Abb. 5.1.3/2   *Materialbewegungsdaten in der integrierten IV (vereinfacht)*

5.1.3.1 Bestelldisposition

Bei der Bestelldisposition handelt es sich im Prinzip um eine "Abprogrammierung" der geometrischen Darstellung von Abbildung 5.1.3/1.

Als erstes bestimmt das System für jedes Teil den *Sicherheitsbestand* e ("eiserne Reserve"). Dies geschieht z. B., indem der Unternehmer die Zahl der Tage t_s festlegt, die er auch dann noch lieferbereit sein möchte, wenn als Folge einer Störung (z. B. Streik beim Lieferanten) der Nachschub ausbleibt. Das AS multipliziert t_s mit dem von ihm selbst beobachteten durchschnittlichen täglichen Lagerabgang und gelangt so zu e. In verfeinerten Versionen wird e mit Hilfe statistischer Methoden vergrößert, wenn die Lagerabgangsprognose mit großen Unsicherheiten behaftet ist (große Differenzen zwischen Prognose und Ist, die das System selbst registriert).

Für die Vorhersage von Lagerabgängen unterscheidet man zwischen Programm- und Bedarfssteuerung. Bei der *programmgesteuerten* Ermittlung errechnet man den Bedarf an Baugruppen und Teilen in Abhängigkeit von dem geplanten Absatz- und Produktionsprogramm. Darauf wird in Abschnitt 5.1.5.2 eingegangen. Bei der *bedarfsgesteuerten* Vorhersage beobachtet das IV-System den Lagerabgang und zieht daraus Schlüsse für den künftigen Bedarf. Kern des Verfahrens ist in vielen Betrieben das exponentielle Glätten erster Ordnung nach der Formel:

$$\overline{M}_i = \overline{M}_{i-1} + \alpha\,(M_{i-1} - \overline{M}_{i-1})$$

Darin bedeuten:

$\overline{M}_i$ = Vorhergesagter Bedarf für die Periode i
$\overline{M}_{i-1}$ = Vorhergesagter Bedarf für die Periode i-1
M_{i-1} = Tatsächlicher Bedarf in der Periode i-1
α = Glättungsparameter ($0 \le \alpha \le 1$)

Man prognostiziert den Bedarf für Periode i dadurch, daß man den "alten" Vorhersagewert für die Periode i-1 um einen Bruchteil α des dabei aufgetretenen Vorhersagefehlers korrigiert. Die Größe von α bestimmt, wie sensibel der Prognoseprozeß auf die jüngsten Beobachtungen reagiert. Je kleiner α gesetzt wird, desto stärker werden die Vergangenheitswerte berücksichtigt. An der Formel erkennt man diese Wirkung z. B., wenn man α so klein wie möglich macht, also Null setzt: Nun nimmt das System den alten Prognosewert auch als neue Vorhersage, d. h., die letzte Beobachtung M_{i-1} spielt überhaupt keine Rolle. Für kompliziertere Bedarfsverläufe (ausgeprägter Trend, Saisonabhängigkeiten und Überlagerung von Trend und Saison) müssen Erweiterungen des exponentiellen Glättens herangezogen werden.

Das Bestelldispositionsprogramm findet den Schnittpunkt der Lagerabgangslinie mit der Parallelen zur x-Achse, die den Sicherheitsbestand e markiert, und geht von diesem Punkt um die Wiederbeschaffungszeit t_w nach links. Damit wird der *Bestelltermin* T_B bestimmt. Dies ist der Zeitpunkt, zu dem bestellt werden muß, damit nach Ablauf der Wiederbeschaffungszeit die georderten Teile rechtzeitig eintreffen. Dem Abszissenwert T_B entspricht der Ordinatenwert s. Dies ist der *Meldebestand*.

Im nächsten Schritt wird eine günstige *Bestellmenge* Q ermittelt. Dabei berücksichtigt das System - z. B. mit Hilfe von Algorithmen des Operations Research - , daß bei zu kleinen Bestellosen auf das einzelne Stück ein zu hoher Anteil an fixen Bestellkosten (etwa Buchungskosten) entfällt, wohingegen bei zu großen Losen die Lagerbestände zu hoch werden. Wenn das Teil von der eigenen Fertigung bezogen wird, ist die Bestellung bei einem Enderzeugnis an das AS Primärbedarfsplanung (vgl. Abschnitt 5.1.5.1) zu transferieren. Bei einem Zwischenprodukt oder Einzelteil gehen die Transferdaten an das AS Materialbedarfsplanung (vgl. Abschnitt 5.1.5.2). Handelt es sich dagegen um Fremdbezug, so ist zu unterscheiden, ob a) nur ein Lieferant in Frage kommt, ob b) das System in einem Modul Lieferantenwahl die Lieferquelle selbst bestimmen kann oder ob c) die Wahl dem Einkaufssachbearbeiter obliegt. In den Fällen a) und b) kann die Rechenanlage die Bestellung ausdrucken und in einem Vormerkspeicher festhalten. Im Fall c) wird dem Einkäufer die Auswahl der Lieferanten auf dem Bildschirm präsentiert. Die Bestellungen können erst dann veranlaßt werden, wenn der Mensch seine Entscheidung in das Gerät eingegeben hat. In manchen Betrieben übermittelt das AS seine Bestellungen per DFÜ an die Rechenanlage der Lieferanten (zwischenbetriebliche Integration).

5.1.3.2 Lieferüberwachung

Das Programm Bestellüberwachung kontrolliert die vom Programm Bestelldisposition angelegten Vormerkdaten "Bestellungen Fremdbezug" in regelmäßigen Abständen. Sind Liefertermine überschritten, so werden Mahnungen an die Lieferanten weitergeleitet. Jede anfallende Mahnung wird bei den Lieferantendaten registriert und kann beim nächsten Dispositionslauf die Lieferantenwahl beeinflussen.

5.1.3.3 Wareneingangsprüfung

Gegenstände der Wareneingangsprüfung sind eine *Mengen-* und eine *Qualitätskontrolle*. Dem AS werden die vom Programm Bestelldisposition aufbereiteten Wareneingangsinformationen zugeführt. Es kann so erkennen, ob eine Lieferung überhaupt bestellt war und ob die gelieferten mit den bestellten Mengen übereinstimmen. Komplikationen ergeben sich, wenn unerwarteterweise eine Teillieferung eingetroffen ist. Es ist möglich, dazu in das AS einige Regeln einzuprogrammieren, die z. B. Informationsflüsse in einem WMS lenken (Abb. 5.1.3.3/1).

Eine elegante Möglichkeit, die *Qualitätsprüfung* mit Hilfe der IV zu rationalisieren und zu verfeinern, liegt in der Verwendung "dynamischer" Stichprobenverfahren [Mertens 95, S. 105 ff.].

---

1. Bei Unter- oder Überlieferung wird der Wareneingang gespeichert und normal weiterverarbeitet, jedoch eine Meldung an einen Einkaufssachbearbeiter gegeben.
2. Bei Unter- oder Überlieferung wird der Wareneingang nur in einem Vormerkspeicher festgehalten, jedoch nicht weiterverarbeitet. Es wird eine Meldung an den Sachbearbeiter gegeben und dessen Reaktion abgewartet.
3. Das System verweigert die Speicherung des Wareneingangs, um Folgefehler zu verhindern. Statt dessen wird ein Sachbearbeiter benachrichtigt.

Abb. 5.1.3.3/1   Beispielhafte Regeln zur Behandlung von Teillieferungen

PRAKTISCHES BEISPIEL

In verschiedenen Werken der IBM ist das System AQUA (Angewandte Qualitätsanalyse) implementiert. Wenn eine Lieferung eintrifft, wird diese an einem Terminal des Wareneingangs dem Rechner gegenüber identifiziert. Das AS legt dann Art und Umfang der Prüfmaßnahmen vollautomatisch fest. Es zieht hierzu Daten darüber heran, wie zuverlässig der Lieferant das Teil in der Vergangenheit hergestellt hat. Ergaben sich wiederholt Beanstandungen, so veranlaßt AQUA, daß viele bzw. größere Stichproben gezogen werden. Erwies sich hingegen der Lieferant als sehr zuverlässig, so "strickt das AS das Stichprobennetz mit größeren Maschen" bis hin zu dem Fall, daß man dem Lieferanten voll vertraut und gar nicht mehr prüft. Allerdings muß das

System bei späteren Lieferungen irgendwann doch wieder Stichproben veranlassen, weil mittlerweile die Qualitätsstandards des Lieferanten gesunken sein mögen.

5.1.4 Lagerhaltungssektor

Damit die Bestände nicht nur nach Mengen, sondern auch nach Werten geführt werden können und eine Wertgrundlage für die Kostenrechnung (Materialkosten) vorhanden ist, muß ein Teil dann, wenn es eingelagert oder aus dem Lager entnommen wird, einen Wert erhalten. Diese Werte werden vom Programm *Materialbewertung* vergeben, die Bestände nach Menge und Wert vom *Bestandsführungsprogramm* aktualisiert. Ein *Inventurprogramm* hilft, die elektronisch fortgeschriebenen Bestände mit den effektiven in Übereinstimmung zu halten.

5.1.4.1 Materialbewertung

Das AS entnimmt den Teiledaten Bewertungsansätze, wie z. B. bei Fremdbezugsmaterial die Preise aus Bestellung oder Lieferung, fest gespeicherte Verrechnungspreise oder neueste Kosten aus der Nachkalkulation (vgl. Abschnitt 5.1.9.1.2). Gegebenenfalls kommt auch eine einfache Bewertungsrechnung, wie z. B. mit geglätteten Durchschnitten (bei jedem Zugang wird ein Durchschnittspreis ermittelt), in Frage. Die automatische Materialbewertung ist verhältnismäßig einfach, jedoch muß man auf eine Vielzahl möglicher Komplikationen achten.

5.1.4.2 Lagerbestandsführung

Die maschinelle Lagerbestandsführung ist im Prinzip sehr einfach. Sie folgt der Formel

Neuer Lagerbestand = Alter Lagerbestand + Zugänge - Abgänge

Wie bei der Materialbewertung, so stellen sich auch bei der Lagerbestandsführung leicht Komplikationen ein, z. B.:

- Neben den "bürokratisch", d. h. mit Hilfe von Entnahme- und Ablieferungsscheinen, verwalteten Lagern gibt es Werkstattbestände, bei denen nicht jede Veränderung durch eine Buchung begleitet wird.
- Es sind Reservierungen zu berücksichtigen, also Teile, die zwar physisch noch am Lager sind, über die aber bereits verfügt wurde, so daß sie nur für einen bestimmten Zweck ausgelagert werden dürfen.

5.1.4.3 Inventur

Am Beispiel der Inventur läßt sich studieren, wie die IV von sich aus menschliche Vorgänge veranlaßt und damit zur Ordnung im Betrieb wesentlich beiträgt. Abbildung 5.1.4.3/1 zeigt Inventuranlässe, die das AS selbst feststellen kann.

Die Inventur geschieht entweder durch hundertprozentige Zählung oder durch Stichproben. Bei der Stichprobeninventur ist es Aufgabe des IV-Systems, mit Hilfe von Methoden der mathematischen Statistik einen geeigneten *Stichprobenumfang* zu ermitteln und die Zählergebnisse hochzurechnen.

1. Überschreitung von vorgegebenen Höchstbestandsgrenzen.
2. Unterschreitung einer Untergrenze (es empfiehlt sich, die Inventur vorzunehmen, wenn wenig Teile am Lager sind, weil dann der Zählaufwand gering ist).
3. Entstehung von Buchbeständen unter Null.
4. Bei einer Teileart hat eine bestimmte Anzahl von Bewegungen stattgefunden (damit ist eine gewisse Wahrscheinlichkeit gegeben, daß sich bei der Verbuchung ein Fehler eingeschlichen hat).
5. Bei einer Teileart ist seit langer Zeit keine Bewegung mehr vorgekommen (möglicherweise gibt es das Teil gar nicht mehr).
6. Steuerung über vom Rechner generierte Zufallszahlen (bei Diebstahlgefahr wird so der wünschenswerte Überraschungseffekt gewährleistet).
7. Auslösung zu bestimmten Stichtagen.

Abb. 5.1.4.3/1   Anlässe einer maschinell ausgelösten Inventur [Mertens 95, S. 117 f.]

5.1.4.4   Unterstützung der Abläufe im Lager

Durch Verbindung von betriebswirtschaftlicher mit technischer IV (Prozeßsteuerung) ergeben sich viele Möglichkeiten einer effizienten Lagerverwaltung. Dazu gehören:

1. IV-Systeme verwalten Hochregallager. Paletten werden in horizontaler und vertikaler Bewegung automatisch an freie Lagerpositionen transportiert. Physisch sind die einzelnen Paletten nicht nach einer bestimmten Ordnung sortiert (sog. *Random-Lagerung*). Dadurch, daß in der Rechenanlage ein Abbild des Lagers gespeichert ist, kann das System aber jederzeit auszulagernde Positionen auffinden.
2. Bei der Lagerentnahme werden die zu einer *Kommission* (Bestell- bzw. Versandvorgang) gehörenden Positionen automatisch von ihrem Lagerplatz geholt, sortiert und an den Packplatz transportiert.

PRAKTISCHES BEISPIEL

Bei der Salamander AG in Kornwestheim steuert eine automatische Warenumschlagsanlage den Versand von bis zu 45.000 Paar Schuhen pro Tag. Jeden Morgen vergleicht der betriebswirtschaftliche Großrechner der Salamander AG zunächst die offenen Kundenaufträge mit den verfügbaren Lagerbeständen. Unter Beachtung bestimmter Parameter (z. B. Mindestgewicht je Sendung) werden die über die Warenumschlagsanlage abwickelbaren Kundensendungen ermittelt. Aus diesen werden wiederum unter Berücksichtigung der Kapazität des logistischen Systems diejenigen Kundensendungen ausgewählt, die an diesem

Tag geliefert werden sollen. Die für die Steuerung des Warenflusses nötigen Informationen über die Lagerentnahmen und Kundensendungen überträgt der betriebswirtschaftliche Computer an einen Prozeßrechner. Dieser regelt den Umlauf der Behälter und sorgt dafür, daß eine Kommission erst verpackt wird, wenn sie vollständig ist. Die versandfertigen Pakete passieren sendungsweise einen Bildschirmarbeitsplatz, über den dem betriebswirtschaftlichen Rechner die Kundennummer und die Paketanzahl mitgeteilt werden. Die Versandinformationen werden gespeichert. Am Abend erstellt das IV-System die Frachtbriefe sowie Abrechnungsunterlagen für Bahn und Post [Mertens 95, S. 221 f.].

5.1.5 Sektor Produktion

Die Informationsverarbeitung im Produktionsbereich ist dadurch gekennzeichnet, daß die betriebswirtschaftliche Datenverarbeitung, die technische Datenverarbeitung und die physischen Produktionsvorgänge miteinander integriert werden müssen. Man bezeichnet ein solches Konzept als *Computer Integrated Manufacturing* (CIM). Auf der (im engeren Sinne begriffenen) betriebswirtschaftlichen Seite haben wir - abgesehen von der Instandhaltungsplanung und -steuerung, die hier ausgespart bleibt - die *Produktionsplanung und -steuerung* (PPS) zu behandeln. Die PPS bildet die Vorgangskette beim Durchlauf von *Aufträgen* ab. Die Vorgangskette, die den Entwurf, die physische Fertigung und die Qualitätskontrolle des *Produktes* verbindet, enthält als Glieder die sog. C-Techniken. Im Kreuzungspunkt *Computer Aided Manufacturing* (CAM) sind die beiden Ketten so miteinander verschränkt, daß eine Trennung in den betriebswirtschaftlichen und den technischen Teil kaum noch erkennbar ist. Die Abbildung 5.1.5/1 soll diesen Sachverhalt verdeutlichen (sie entstand durch eine Kombination zweier Schemata von A.-W. Scheer [Scheer 90, S. 2] und des Projektträgers Fertigungstechnik Karlsruhe). Das Bild gilt in erster Linie für Betriebe, etwa im Maschinenbau, in denen vom Kunden individuell und oft mit gewissen Varianten bestellte Erzeugnisse in Werkstattfertigung produziert werden. Für Industriebetriebe, die vorwiegend ausgesprochene Massenprodukte für einen "anonymen" Markt erzeugen, wie z. B. Waschmittel, oder auch für Einzelfertiger müßten andere Anordnungen der Bausteine gewählt werden.

Ein sehr schwieriges Problem bei der Konzeption von AS im Produktionssektor ist die intensive Wechselwirkung zwischen einzelnen Modulen. Im Grunde genommen müßte man CIM als ein riesiges *Simultanmodell* darstellen. Abbildung 5.1.5/2 zeigt nur ein Beispiel eines Wirkungsverbundes: Erhöht man die Losgröße, so nimmt man höhere Lagerbestände in Kauf. Wegen der insgesamt niedrigeren Rüstzeiten werden aber die Engpässe besser ausgenutzt. Dadurch sinken zunächst die Durchlaufzeiten der Aufträge in der Fertigung. Nach Überschreiten eines Minimalwertes steigen jedoch die Durchlaufzeiten an, weil immer wieder Lose vor Fertigungsaggregaten warten müssen, an denen ein davorliegendes großes Los längere Zeit bearbeitet wird.

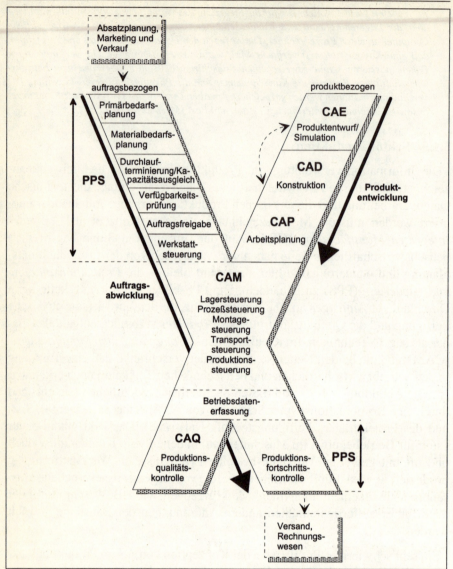

Abb. 5.1.5/1   CIM-Konzept

Da man auch mit den größten heute verfügbaren Rechenanlagen eine Simultanoptimierung von Einflußgrößen, wie den Losen auf verschiedenen Fertigungsstufen, den Produktionsreihenfolgen, der Auswahl von konstruktiven Varianten und von Alternativen bei den Arbeitsplänen, der Bestimmung von Zwischen- und Endterminen usw., nicht beherrschen würde, hat sich im Laufe der Jahrzehnte eine Abarbeitungsreihenfolge der Module ausgeprägt, die in

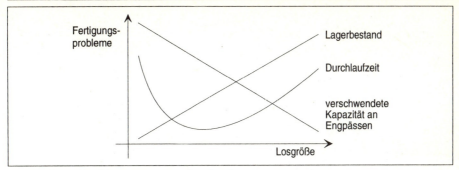

Abb. 5.1.5/2   Wirkungsverbund in der Fertigung

vieler Hinsicht zweckmäßig, wenn auch nicht immer optimal ist. Sie liegt der folgenden Betrachtung zugrunde.

5.1.5.1 Primärbedarfsplanung/MRP II

Die Primärbedarfsplanung gleicht grob die gewünschten Absatz- bzw. Produktionsmengen mit den vorhandenen Fertigungskapazitäten ab. Diese frühzeitige Abstimmung von Kapazitätsangebot und -bedarf soll verhindern, daß die Werkstatt mit unrealistisch geplanten Produktionsaufträgen überlastet wird. Hierzu können z. B. maschinelle Absatzprognosen auf statistischer Basis [Mertens 94] und das in Abschnitt 5.1.11 skizzierte Matrizenmodell herangezogen werden.

Systeme, bei denen derartige Komponenten eine wichtige Rolle spielen, bezeichnet man auch als "Manufacturing Resource Planning" (MRP II). Von MRP II ist MRP I "Material Requirements Planning" - Materialbedarfsplanung - zu unterscheiden (vgl. folgenden Abschnitt). MRP II-Konzepte sind ferner durch eine Vielfalt von Rückkoppelungsschleifen charakterisiert, auf die wir hier nicht näher eingehen können.

5.1.5.2 Materialbedarfsplanung/MRP I

Die von der Auftragserfassung, Absatzplanung oder Primärbedarfsplanung bereitgestellten Endproduktbedarfe müssen unter Verwendung von Stücklisten (Erzeugnisstrukturen) in ihre Bestandteile (*Sekundärbedarf*) zerlegt werden ("Stücklistenauflösung"). Abbildung 5.1.5.2/1 zeigt eine solche Stückliste.

Sie ist als Baukastenstückliste organisiert, d. h., man erkennt (in Gestalt der gestrichelten Rechtecke), aus welchen "untergeordneten" Teilen ein jeweils "übergeordnetes" Teil zusammengebaut wird. Das AS würde also z. B. feststellen, daß pro PKW einschließlich Ersatzrad fünf Räder benötigt werden. Die Baugruppe "Rad" würde es wieder in je eine Felge, einen Reifen und vier Befestigungsschrauben auflösen usw. So werden zunächst die *Bruttobedarfe*

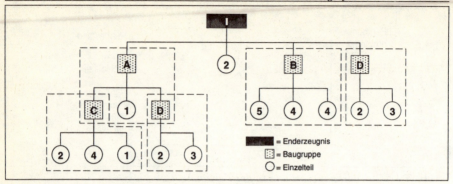

Abb. 5.1.5.2/1 Erzeugnisstruktur eines Produkts

der Baugruppen und Einzelteile errechnet. Stellt man diese den Vorräten gegenüber, so erhält man *Nettobedarfe*. Das AS prüft auch, ob sich durch "Raffen" von Bedarfen für verschiedene Zukunftsperioden kostengünstige Lose ergeben. Bei dieser Materialbedarfsplanung wird der Übergang zur folgenden *Terminplanung* dadurch vollzogen, daß das System die *Vorlaufzeit* berücksichtigt. Es ist dies die Zeit, um die die untergeordnete Komponente früher bereitstehen muß als die übergeordnete, damit die nachgeordneten Teile rechtzeitig zusammenmontiert werden können. Das Resultat der Prozedur sind grobgeplante Betriebs- bzw. Fertigungs- bzw. Produktionsaufträge oder (bei Fremdbezugsteilen) Bedarfe, die an die Bestelldisposition (Abschnitt 5.1.3.1) transferiert werden.

5.1.5.3 Durchlaufterminierung

Während bei der Mengenplanung mit Hilfe der Vorlaufverschiebung die Bereitstellungstermine, also die Zeitpunkte, zu denen ein Teil abzuliefern ist, ermittelt wurden, hat die Durchlaufterminierung die *Starttermine* der einzelnen Arbeitsgänge vorzugeben. Eine Methode dazu ist die *Rückwärtsterminierung*, die von den in der Materialbedarfsplanung geforderten Ablieferungsterminen in Richtung Gegenwart rechnet. Als Beispiel dient in Abbildung 5.1.5.3/1 der Betriebsauftrag M in der Montage, der die Endprodukte der Betriebsaufträge A, B und C benötigt.

Man beachte, daß in dieser Phase keine Wartezeiten, wie sie durch Kapazitätsengpässe entstehen, berücksichtigt werden. Mit anderen Worten: Es wird mit der vereinfachenden Prämisse "Kapazität ist unendlich" gearbeitet.

Besonderheiten treten dann auf, wenn das AS feststellt, daß ein Arbeitsgang schon mehrere Tage oder gar Wochen "vor der Gegenwart" hätte beginnen müssen. (Manche Studentinnen und Studenten gewinnen solche Erkenntnisse bei der Herstellung des Produktes "Examen" auch!) Um zu verhindern, daß dann wegen der späteren Ablieferungstermine die bisherige Produktionspla-

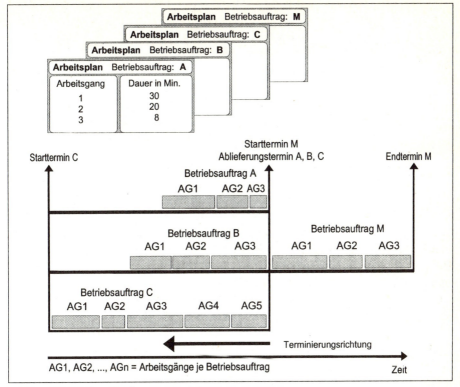

Abb. 5.1.5.3/1   Rückwärtsterminierung

nung revidiert werden muß, wird das AS versuchen, die Durchlaufzeiten gegenüber den Planwerten zu verkürzen. Beispielsweise kann es prüfen, ob für einen Arbeitsgang mehrere Maschinen zur Verfügung stehen, und dann ein Los auf zwei oder mehr Betriebsmittel *splitten*, die sich die Arbeit "teilen". Das System muß dabei mit Hilfe von Parametern, die die Fertigungsleitung vorgegeben hat, abwägen, welche Durchlaufzeitverkürzung mit welchem Aufwand für das zusätzliche Rüsten der zweiten, dritten, ... Maschine erkauft werden darf.

5.1.5.4 Kapazitätsausgleich

Da in der Durchlaufterminierung auf Kapazitäten keine Rücksicht genommen wurde, kann es vorkommen, daß in einzelnen Perioden bestimmte Arbeitsplätze stark über-, andere unterlastet sind (Abb. 5.1.5.4/1).

Hier setzt der Kapazitätsausgleich ein. Sie mögen auf einen Blick erkennen, daß es beispielsweise gilt, den "Gipfel" in Periode 10 in das "Tal" der Periode 9 "zu kippen". Der Mensch sieht dieses aufgrund seiner Mustererkennungsfähigkeiten, in denen er einem Computer nach wie vor deutlich überlegen ist. Daher wird man in vielen Fällen nicht versuchen, den Kapazitätsausgleich zu automatisieren, sondern das Kapazitätsgebirge am Bildschirm eines *Leitstandes*

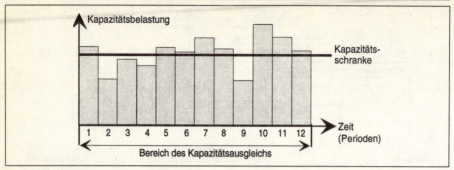

Abb. 5.1.5.4/1   Kapazitätsausgleich

(vgl. Abschnitt 5.1.5.7) zeigen und dazu Informationen liefern, welche einzelnen Produktions- und Kundenaufträge zur Last in einer bestimmten Periode beitragen. Die Umdisposition obliegt dann dem Fertigungsplaner.

5.1.5.5 Verfügbarkeitsprüfung

Es wäre mißlich, wenn der Computer den Start eines Betriebsauftrages in einer Werkstatt auslöste, den diese nicht ausführen könnte, weil in der gleichen Periode eine Maschine zwecks Wartung stillgelegt, Fremdbezugsmaterial aufgrund von Verspätungen beim Lieferanten nicht rechtzeitig eingetroffen oder ein Steuerprogramm (NC-Programm) noch nicht geschrieben ist. Vielleicht hat auch das Personal mit der nötigen Qualifikation an dem betreffenden Tag Urlaub. Aufgabe der Verfügbarkeitsprüfung ist es daher, solche Produktionsaufträge auszusondern, für die irgendwelche Ressourcen fehlen.

5.1.5.6 Auftragsfreigabe

Die Auftragsfreigabe wählt parametergesteuert aus den Aufträgen, die die Verfügbarkeitsprüfung bestanden haben, eine Teilmenge für die eigentliche Produktion aus. Zu selektieren wären also beispielsweise alle Betriebsaufträge, die gemäß Durchlaufterminierung in der Zeitspanne "Freigabetag + zehn Arbeitstage" beginnen müssen.

5.1.5.7 Werkstattsteuerung

Aufgabe der Werkstattsteuerung ist es, eine Bearbeitungsreihenfolge der Aufträge an einem Arbeitsplatz zu finden, die bestimmte Ziele möglichst gut erfüllt. Solche Ziele können *minimale Gesamtdurchlaufzeit* der Lose, *minimale Kapitalbindung*, *maximale Kapazitätsauslastung*, *minimale Umrüstkosten*, *maximale Terminsicherheit* oder auch *einfache Steuerungsverfahren* sein. Da in den einzelnen Branchen, in verschiedenen strategischen Lagen oder unterschiedlichen Konjunkturphasen das Gewicht der Ziele stark schwankt, ergeben sich sehr komplexe Steuerungsaufgaben.

Ansätze zur Steuerung kann man danach gliedern, ob das nächste an einer gerade frei werdenden Maschine zu bearbeitende Los bestimmt werden soll oder ob es mehr darauf ankommt, anstehenden Produktionsaufträgen geeignete Betriebsmittel zuzuteilen, wenn mehrere zur Wahl stehen. Letzteres gilt z. B. in Walzwerken oder auch in der Papierindustrie, dort in Verbindung mit Verschnittproblemen.

Durch Anwendung von *Prioritätsregeln* lassen sich die aktuellen Zielausprägungen verhältnismäßig gut berücksichtigen. Legt man ein rechnergestütztes Steuerungssystem z. B. so aus, daß es unter mehreren vor einem Engpaß wartenden Losen zunächst jenes auswählt, das am besten zum aktuellen Rüstzustand des Betriebsmittels paßt, so werden tendenziell die Umrüstkosten niedrig. Entscheidet man sich hingegen dafür, das Los zu priorisieren, das das meiste Kapital bindet, so werden kapitalintensive Produkte rascher durch die Werkstatt geschleust und im Endeffekt die gesamte Kapitalbindung reduziert.

Wegen der erwähnten Komplikationen ist man in den letzten Jahren zunehmend von Versuchen abgekommen, die Steuerung stark zu automatisieren. Vielmehr wurden in Anlehnung an die Leitwarten in Energieversorgungsunternehmen zum Teil recht leistungsfähige *Leitstände* entwickelt. Mit geeigneten Benutzungsoberflächen wird dem Leitstandspersonal die aktuelle Fertigungssituation (z. B. Kapazitätsauslastung von Engpässen, unbeschäftigte Maschinen, verspätete Aufträge, Sicherheitsbestände, nicht verfügbare Ressourcen (vgl. Abschnitt 5.1.5.5)) angezeigt. In eleganteren Versionen unterbreitet das AS Vorschläge (z. B. solche, die unter Verwendung von Prioritätsregeln errechnet wurden), zeigt Handlungsalternativen auf oder ermöglicht es dem Leitstandspersonal sogar, Dispositions- und Umdispositionsmöglichkeiten zu *simulieren*, um ihren Effekt abzuschätzen.

Die Werkstattsteuerung gibt die für die Produktion notwendigen Dokumente (Laufkarten, Lohnscheine, Materialbelege, Qualitätsprüfscheine u. a.) aus. Es ist zweckmäßig, diese maschinell lesbar zu gestalten (z. B. indem sie einen Magnetstreifen tragen); dann können sie nach Rückkehr aus den Fertigungsstätten wieder in die Rechenanlage eingelesen werden ("Rücklaufdatenträger") (vgl. Abschnitt 5.1.5.10).

5.1.5.8 Computergestützte Produktion/CAM

Der Begriff CAM (Computer Aided Manufacturing) umfaßt nicht nur die IV-Unterstützung der physischen Produktion im engeren Sinne, sondern auch Systeme, die die Funktionen *Transportieren*, *Lagern*, *Prüfen* und *Verpacken* automatisieren helfen. Im CAM werden *numerisch gesteuerte Maschinen*

(CNC-, DNC-Maschinen) verwaltet sowie *Fertigungszellen* und *Flexible Fertigungssysteme* (FFS), *Prozesse* (z. B. in der chemischen Industrie), *Roboter* (RC = Robot Control) und verschiedenartige *Transportsysteme* gesteuert. Hinzu kommt die *Verwaltung von Lagern*, insbesondere von Pufferlagern in der Fertigung.

Die Stellung von CAM als Informationsverarbeitung bei der Fertigungsdurchführung innerhalb der industriellen IV wird durch zwei Merkmale charakterisiert [Mertens 95, S. 184 ff.]:

1. Es wird angestrebt, mit CAM den Materialfluß über mehrere Phasen zu begleiten (vgl. Abb. 5.1.5.8/1). Ein umfassendes CAM-System rüstet Betriebsmittel automatisch mit Werkzeugen, erfaßt deren Stillstands- und Bearbeitungszeiten, erkennt verbrauchte oder defekte Werkzeuge und wechselt diese aus. Weiterhin werden die Werkstücke bzw. das Material entsprechend den Produktionsplänen den Lagern entnommen, den Betriebsmitteln in günstiger Reihenfolge zugeführt (z. B. in einem FFS so, daß möglichst wenig Rüstvorgänge erforderlich sind) und die physischen Fertigungsprozesse gesteuert (z. B. das Setzen eines Schweißpunktes durch einen Roboter oder die Drehgeschwindigkeit eines Bohrers). Darüber hinaus werden *Fahrerlose Transportsysteme* (FTS) dirigiert, das Fertigerzeugnis verpackt und für den Versand bereitgestellt. Man gelangt so zur "menschenarmen Fabrik", in der der Mensch lediglich kontrollierende Tätigkeiten ausübt.

Die Koordination obliegt oft einem Leitrechner bzw. einem *Produktionsleitsystem*, das aus mehreren vernetzten Rechnern bestehen kann. Ein Leitsystem als CAM-Komponente ist nicht mit einem Leitstand als Teil eines PPS-Systems (vgl. Abschnitt 5.1.5.7) gleichzusetzen.

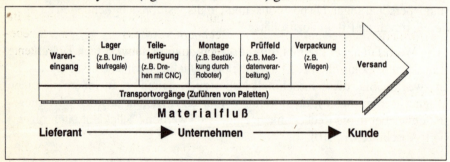

Abb. 5.1.5.8/1   *CAM und Materialfluß*

2. Nicht nur bei der Einbettung von CAM in die Informationsarchitektur des Industriebetriebes (vgl. Abb. 5.1.5/1), sondern auch *innerhalb* des CAM-Komplexes konstruiert man sehr oft mehrstufige *Hierarchien*. Das Beispiel in Abbildung 5.1.5.8/2 stellt vereinfacht die IV-Architektur der BMW AG

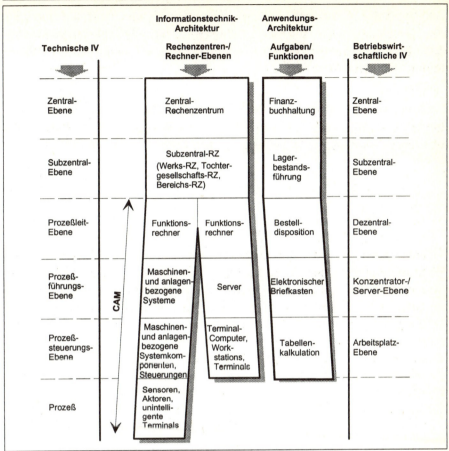

Abb. 5.1.5.8/2　　*Hierarchien innerhalb des CAM-Komplexes/*
　　　　　　　　　　Informationsarchitektur

dar. Wesentlich für die Verwirklichung von CAM ist eine intensive In-
formationsübertragung zwischen Rechnern verschiedener Hierarchieebe-
nen und Fertigungs-, Transport-, Lager- sowie eventuell Prüfaggregaten.

5.1.5.9　Qualitätssicherung/CAQ

Die Sicherung der Produktionsqualität wird häufig auch mit dem Begriff
Computer Aided Quality Assurance (CAQ) umschrieben. In einem weiteren
Verständnis umfaßt CAQ zudem die Steuerung der Produktqualität im Ent-
wurfsstadium (vgl. Abschnitt 5.1.1.1), die Güteprüfung im Wareneingang (vgl.
Abschnitt 5.1.3.3) und die Wartung oder Reparatur der ausgelieferten Geräte
oder Maschinen beim Kunden.

In modernen Lösungen veranlaßt ein AS individuelle *Prüfungen* (elektrische
Messungen, Oberflächenprüfungen, physikalisch-chemische oder biologisch-

mikrobiologische Untersuchungen). Wenn nicht durchgehend alle Produkte geprüft werden, sondern die Rechenanlage Auflagen aufgrund von *Stichproben* macht, erreicht man neben einer Rationalisierung auch den u. U. wünschenswerten Überraschungseffekt.

Das Prüfpersonal oder im Grenzfall auch Prüfautomaten geben das Resultat der Kontrollmaßnahmen an das IV-System zurück, das daraus Berichte über die aktuelle Qualitätssituation zusammenstellt. Es kann im praktischen Fall wichtig sein, daß das System automatisch den Meister möglichst rasch warnt, wenn sich an einer bestimmten Stelle des Produktionsprozesses (z. B. weil ein Werkzeug abgenutzt ist oder das Dorf, in dem der Arbeiter lebt, ein Volksfest feiert) die Fehler zu häufen beginnen ("Frühwarnsystem").

5.1.5.10 Betriebsdatenerfassung

Bei der *Betriebsdatenerfassung (BDE)* werden aus der Fertigung zurückkehrende Meldungen (z. B. Zeit-, Mengen-, Lohn-, Materialentnahme-, Qualitätskontrolldaten) in die Rechenanlage eingelesen und bei den Vormerkdaten der veranlaßten Produktionsaufträge gebucht. Die Herausforderung bei der Weiterentwicklung der BDE-Systeme liegt zum einen darin, möglichst viele Daten automatisch zu erfassen, z. B. von Fertigungsaggregaten, Transportgeräten oder Prüfautomaten (*Maschinendatenerfassung* = MDE) oder unmittelbar aus einem Prozeß (*Prozeßdatenerfassung* = PDE). So ist es beispielsweise möglich, die Menge des in einem pharmazeutischen Unternehmen hergestellten Granulates an einer mit dem Rechner gekoppelten Wiegestation festzustellen.

Zum anderen ist es wichtig, die - gerade bei MDE und PDE - große Flut der eintreffenden Daten weitgehend automatisch auf Richtigkeit und Plausibilität zu prüfen, denn ähnlich wie die Auftragserfassung (vgl. Abschnitt 5.1.2.3) ist auch die BDE ein wichtiger Eingangspunkt in die integrierte IV, so daß Irrtümer bei der Erfassung leicht zahlreiche Folgefehler auslösen.

5.1.5.11 Produktionsfortschrittskontrolle

Das AS Produktionsfortschrittskontrolle nutzt die BDE-/MDE-/PDE-Daten, um den Fertigungsfortschritt zu erkennen. Drohen Terminversäumnisse, so wird es *Mahnungen* ausgeben.

5.1.6 Sektor Versand

Sobald Produkte beim Fertigerzeugnislager eingetroffen sind oder vom Programm Produktionsfortschrittskontrolle gemeldet wird, daß die Fertigstellung bevorsteht, nimmt der Programmkomplex *Zuteilung* eine geeignete Zuordnung von Fertigerzeugnissen zu Kundenaufträgen vor. Die *Lieferfreigabe* stellt fest, ob Teillieferungen versandt werden sollen. Der Programmkomplex *Versandlogistik* ermittelt eine geeignete Versandart und druckt die Lieferdokumente. Die Daten der Lieferscheine werden dem Programmkomplex *Fakturierung* übergeben, der daraufhin die Rechnung schreiben kann.

5.1.6.1 Zuteilung

Zuteilungsüberlegungen sind immer dann anzustellen, wenn keine vollständige Kundenauftragsfertigung von der untersten Produktionsstufe an vorliegt. Im einfachsten Fall sortiert das AS bei jedem Lauf die neu eingetroffenen Kundenaufträge nach Lieferterminen und innerhalb der Liefertermine nach kunden- oder auftragsgrößenabhängigen Prioritäten. Dann werden aus den vorhandenen effektiven Lagerbeständen die anstehenden Kundenaufträge so lange bedient, wie der Vorrat reicht [Mertens 95, S. 218 ff.].

Für viele praktische Zwecke genügt diese einfache Prozedur nicht. Beispielsweise sind für besonders wichtige Kunden Lagerbestände auch dann zu reservieren, wenn die Auslieferung erst viel später fällig ist, oder man muß verhindern, daß sehr kleine Stückzahlen (etwa bei einem Strickwarenhersteller nur einzelne Größen eines Pullovers bestimmter Farbe) zugeteilt werden, wenn die ergänzenden Positionen vorerst nicht eintreffen. Für derartige Zuteilungsprogramme muß der Wirtschaftsinformatiker u. U. sehr komplizierte Regelwerke entwickeln.

5.1.6.2 Lieferfreigabe

Aufgabe dieses AS ist es zu überprüfen, ob die vom Zuteilungsprogramm zu den Kundenbestellungen akkumulierten Lieferpositionen zum Versand gebracht werden können. Einfach ist dies, wenn rechtzeitig vor dem bestätigten Liefertermin der Kundenauftrag komplett lieferbereit ist. Schwerer hat es ein solches Dispositionssystem, wenn zum spätestmöglichen Lieferzeitpunkt nur ein Teil des Kundenauftrages versandbereit und nun eine Entscheidung fällig ist, ob Teillieferungen expediert werden können und sollen. Abbildung 5.1.6.2/1 enthält beispielhafte programmierbare Regelungen. Die freigegebenen Lieferungen werden als Vormerkdaten an die Versandlogistik übergeben.

5.1.6.3 Versandlogistik

Bei der Versandlogistik entstehen viele schwierige Dispositionsprobleme, die sich zudem in den Branchen sehr unterscheiden. Ein komplizierter Fall liegt vor, wenn gleichzeitig Kunden zu beliefern und Außenlager zu bevorraten sind, wobei als Lieferquelle verschiedene Produktionsstätten und/oder Zentrallager in Frage kommen und schließlich zwischen mehreren Verkehrsträgern (z. B. Lkw, Flugzeug, Schiff) und logistischen Dienstleistern (z. B. eigener Fuhrpark,

1. Eine Teillieferung erfolgt, wenn ein Prozentsatz p der Bestellung versandfertig ist (es wäre z. B. Unsinn, wenn in einem Unternehmen, das fototechnische Papiere herstellt, eine zufällig vorhandene angebrochene Packung von fünf Stück als Teillieferung eines Kundenauftrages von 2.000 Stück versandt würde).
2. Eine Lieferung, die strenggenommen eine Teillieferung ist, wird als volle Befriedigung des Kundenauftrages betrachtet, wenn die Restmenge ≤ r % ist.
3. Ob eine Teillieferung erfolgt, wird in Abhängigkeit von einem im Kundenstammsatz gespeicherten Merkmal entschieden (möglicherweise hat sich der Kunde Teillieferungen verboten).
4. Ob eine Teillieferung erfolgt, wird mit Hilfe eines Modells bestimmt, das die Datenkonstellation bei der Versandlogistik, etwa die Auslastung von Versandkapazitäten, berücksichtigt.

Abb. 5.1.6.2/1   Programmierbare Entscheidungen über Teillieferungen
[Mertens 95, S. 222 f.]

Spedition, Post, Paketdienst) zu wählen ist. Obwohl es sich im Prinzip um einen Problemkomplex handelt, der nach Simultanoptimierung verlangt, muß man in praxi einzelne Programmodule hintereinanderschalten. Solche Bausteine sind:

1. Auswahl der Auslieferungslager
2. Bündelung von Sendungen zu Ladungen
3. Ermittlung der Fahrtroute
4. Zuteilen der Tour zu Fahrzeugen und Fahrern

Naturgemäß bergen diese in der Praxis übliche sequentielle Behandlung und die damit verbundene Aneinanderreihung von Suboptima die Gefahr in sich, infolge gegenläufiger Zielsetzungen bei den Lösungen der Teilprobleme das Gesamtoptimum beträchtlich zu verfehlen. In eleganten AS wird daher versucht, in mehreren Iterationen zu einer besseren Disposition zu gelangen; beispielsweise werden die Versandmengen (z. B. Teillieferungen) modifiziert.

5.1.6.4 Fakturierung

Das Fakturierungsprogramm erstellt die Kundenrechnungen aus den Auftrags- und Versanddaten sowie aus den Kunden- und Teilestammdaten. Dabei sind die unterschiedlichen Abzüge (z. B. Rabatte, Boni) und Zuschläge (z. B. für Kleinaufträge, Verpackung, Transport) zu berücksichtigen.

5.1.7 Kundendienstsektor

Im Kundendienstsektor geht es vor allem um die Unterstützung der Geschäftsprozesse "Wartung/Reparatur" und "Beschwerdemanagement". Wir gehen für die folgende Betrachtung beispielhaft von einem Unternehmen aus, das Maschinen baut, welche dem Kunden in individuellen Varianten geliefert werden.

5.1.7.1 Wartung/Reparatur

Ein System zur Unterstützung von Wartung und Reparatur beinhaltet u. a. folgende Funktionen:

1. Überwachung von Terminen der vorbeugenden Wartung
2. IV-gestützte Hilfen zur Zustandsdiagnose der ausgelieferten Erzeugnisse (hier spielen auch Expertensysteme (vgl. Abschnitt 3.3.2.2) eine Rolle; in günstig gelagerten Fällen können unter Verwendung der Datenübertragung Ferndiagnosen gestellt werden)
3. Rechnergestützte Ermittlung von Abhilfemaßnahmen
4. Auswahl geeigneter Außendienstmitarbeiter nach Spezialkenntnissen, aktueller Auslastung und geographischer Nähe; ggf. werden diese vom Rechner im Internet verständigt

Verwandt damit sind sog. Help-Desk-Systeme: der "Helfer" im Industriebetrieb bespricht am Telefon die Störungsmeldung des Kunden, erfragt die vom Kunden beobachteten Symptome, gibt diese in den Computer ein, der zugleich die besonderen Merkmale der ausgelieferten Maschine (elektronische Produktbeschreibung) aus seinem Speicher holt und - evtl. wiederum wissensbasiert - Hinweise zur Störungsbeseitigung liefert.

5.1.7.2 Reklamation

Bei der Kundenreklamation droht die Gefahr, daß die Beschwerde im Unternehmen von Instanz zu Instanz wandert und deshalb der Kunde sehr lange auf eine Antwort warten muß. Reklamiert der Abnehmer beispielsweise eine von einem Chemieunternehmen fehlerhaft ausgelieferte Folie, so mag es sein, daß Verantwortliche aus dem Labor, dem Einkauf, der Fertigung, des Versandes, der Rechtsabteilung und der Buchhaltung (letztere wegen evtl. fälliger Rückstellungen) um ihre Stellungnahme gebeten werden müssen. In solchen Fällen bietet es sich an, WMS (vgl. Abschnitt 3.3.1.2) einzusetzen. Ferner können Know-how-Datenbanken, in denen technische Lösungen zu ähnlichen Problemen der Vergangenheit beschrieben sind, wertvolle Hilfen leisten.

5.1.8 Sektor Finanzen

Im Vergleich zu anderen Sektoren gibt es im eigentlichen Finanzierungssektor (ohne Rechnungswesen) nur wenige Administrations- und Dispositionssysteme.

Eine wichtige, wenn auch schwierige Aufgabe ist die Finanz- und Liquiditätsdisposition. Es geht darum, die voraussichtlichen Einnahmen- und Ausgabenströme vorherzusagen und, abhängig vom Saldo, über die Anlage freier Mittel oder die Aufnahme von kurzfristigen Krediten zu entscheiden. Vor allem in internationalen Unternehmen bedient man sich hierzu eines *Cash-Manage-ment-Systems* (vgl. Abschnitt 5.2.4.3).

Aufgabe des Rechners ist es vor allem, die Massenzahlungen zu prognostizieren. In der integrierten IV stehen hierzu die folgenden Daten bereit: Absatzplan, Auftragsbestand, Forderungsbestand, Bestand an Verbindlichkeiten, Bestellobligo, Kostenplan, regelmäßig wiederkehrende Zahlungen (z. B. Lohn- und Gehaltszahlungen oder Mieten), Investitionsplan.

5.1.9 Sektor Rechnungswesen

In diesem Bereich haben wir zunächst zwischen den Programmen für die *Kosten-* und *Leistungsrechnung* und denen für die *Buchhaltung* zu unterscheiden. Hauptanwendungsgebiete der IV bei der Kosten- und Leistungsrechnung sind die Kostenstellen- und die Kostenträgerrechnung.

Die Buchhaltungsprogramme übergeben die Daten der Kostenarten, mit deren Hilfe das Kostenstellenrechnungsprogramm den *Betriebsabrechnungsbogen* (BAB*)* aufbauen kann. Die dort ermittelten Durchschnittsansätze, z. B. für Lohn- und Maschinenstundenkosten, bilden zusammen mit Stammdaten aus dem Produktionssektor (Stücklisten, Arbeitspläne) die Grundlage für die Kostenträgerrechnung.

5.1.9.1 Kosten- und Leistungsrechnung

5.1.9.1.1 Kostenstellenrechnung

Die IV-gestützte Kostenstellenrechnung ist weitgehend eine Nachbildung der personellen Vorgehensweise. Für die Maschinenstundensatzrechnung ergibt sich der Vorteil, daß in CIM-Konzeptionen die Maschinenlaufzeiten durch Integration mit den Programmen des Produktionssektors vergleichsweise genau und rationell ermittelt werden können (vgl. Abschnitt 5.1.5). Ähnliches gilt für die Sollkosten, die sich z. B. durch Multiplikation der in der BDE genau registrierten Istzeiten (vgl. Abschnitt 5.1.5.10) mit Sollpreisen errechnen. Schließlich ist es im Rahmen der integrierten IV möglich, neben den Kostenabweichungen auch solche der Verbrauchsmengen sowie der Leistungen zu ermitteln und so Hinweise zur Interpretation der Soll-Ist-Abweichungen zu liefern. Insgesamt erlaubt es die integrierte IV, der Kostenstellenrechnung sehr differenzierte Daten anzubieten. Diese gestatten es wiederum, individuelle Einzelkosten- und Deckungsbeitragsrechnungen zu praktizieren.

5.1.9.1.2 Kostenträgerrechnung

❏ Vorkalkulation
Für die *Vorkalkulation* stehen im Rahmen einer integrierten Konzeption drei Datengruppen zur Verfügung:

1. die Teilestammdaten,
2. die Stücklisten und
3. die Arbeitspläne mit den Arbeitsgängen, den zu benutzenden Betriebsmitteln und den zugehörigen Zeiten.

Das Vorkalkulationsprogramm durchwandert unter Verwendung der im Kostenstellenrechnungsprogramm ermittelten neuesten Istkosten pro Leistungseinheit (z. B. pro Fertigungsminute) die Stückliste "von unten nach oben", vom Einzelteil zum Fertigerzeugnis, und fügt Bauteil für Bauteil zusammen. Abbildung 5.1.9.1.2/1 zeigt diese Prozedur schematisch.

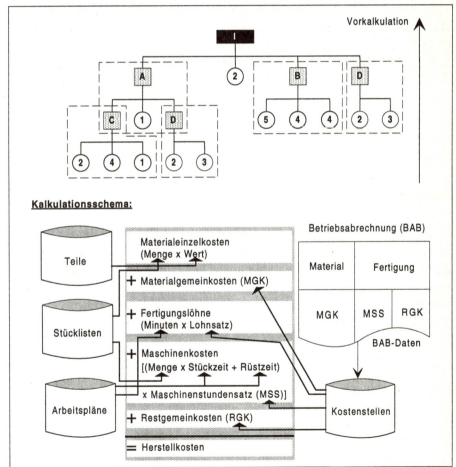

Abb. 5.1.9.1.2/1 Vorkalkulation

❑ Nachkalkulation

Auch das *Nachkalkulationsprogramm* bedient sich vieler Daten aus dem
Produktionsbereich. Die aus der BDE und der Entgeltabrechnung in ma-
schinenlesbarer Form angelieferten Daten der Materialbewegungen und der
Lohnscheine bringen die Einzelkosten, die auf den Kostenträgerkonten
verbucht werden. Soweit man Gemeinkosten überhaupt berücksichtigen
will, geschieht dies durch Zuschläge auf die Einzelkosten oder dadurch, daß
die vom BDE-System registrierten Zeitverbräuche maschinell (etwa über
Maschinenstundensätze) bewertet werden.

5.1.9.2 Lieferantenrechnungskontrolle

Die Lieferantenrechnungskontrolle ist erneut ein gutes Beispiel dafür, wie in
einer integrierten IV der größte Teil der Daten maschinell bereitgestellt wird,
und zwar [Mertens 95, S. 268]: die Preise in den Stammsätzen der Teile, die
lieferantenabhängigen Konditionen in den Lieferantenstammdaten, die Bestell-
daten in den Vormerkspeichern *Bestellungen*, die Daten des Wareneingangs in
den Vormerkspeichern *Wareneingang* und die eingelesenen Lieferantenrech-
nungen.

Das AS kann bei den Vormerkdaten eine Reihe von Prüfungen durchführen,
insbesondere auf:

1. Übereinstimmung zwischen Bestell- und Liefermengen
2. Übereinstimmung zwischen gelieferten und fakturierten Mengen
3. Übereinstimmung zwischen Preisen und Konditionen der Angebote und
    denen der Lieferung
4. rechnerische Richtigkeit der Lieferantenrechnung

Das System gibt bei Differenzen eine Meldung auf den Bildschirm eines
Sachbearbeiters aus, der über die weitere Behandlung der Rechnung zu befinden hat. Bei ungeklärten Beschwerden kann er z. B. die Rechnung sperren.

5.1.9.3 Hauptbuchhaltung

Die Struktur der Hauptbuchhaltungsprogramme ist durch die Methodik der
doppelten Buchführung vorbestimmt. Ein großer Teil der Input-Daten wird von
anderen Programmen angeliefert, so u. a. verdichtete Buchungssätze vom
Debitoren- und vom Kreditorenbuchhaltungsprogramm, Materialbuchungen
durch das Materialbewertungsprogramm.

Charakteristisch für eine integrierte IV sind die sehr guten *Abstimmungsmög-
lichkeiten*, die die Sicherheit der Buchhaltung erhöhen (z. B. zwischen den
Haupt- und Nebenbuchhaltungen oder zwischen dem Debitorenkonto, der
Fakturierung und der Summe der Vormerkposten *Debitoren*).

Auch die Eingabe der noch personell zuzuführenden Buchungsvorgänge ist rationalisiert, beispielsweise dadurch, daß der Buchhalter von Position zu Position geleitet und sofort auf fehlerhafte Eingaben aufmerksam gemacht wird.

5.1.9.4 Nebenbuchhaltung

5.1.9.4.1 Debitorenbuchhaltung

Die Debitorenbuchhaltung führt den Vormerkspeicher *Debitoren*. Vom Fakturierprogramm als Transferdaten übermittelte *Geschäftsvorfälle* verbucht das AS auf den Debitorenkonten. Bei Überschreitung von Fälligkeitsterminen werden mit Hilfe gespeicherter Textkonserven versandfertige *Mahnungen* ausgegeben. Entsprechend der Mahnstufe (erste, zweite, ... Mahnung) benutzt das Programm dabei unterschiedlich "strenge" Formulierungen. Eingehende *Kundenzahlungen* werden registriert und die zugehörigen Vormerkspeicher gelöscht.

5.1.9.4.2 Kreditorenbuchhaltung

Das Kreditorenbuchhaltungsprogramm ist dem für die Debitorenbuchhaltung sehr ähnlich. Jedoch ist ein Modul vorzusehen, mit dem die *Zahlungen zum optimalen Zeitpunkt* vorgenommen werden. Hierzu empfiehlt es sich, einen Parameter einzubauen, mit dessen Hilfe die Unternehmensleitung allgemeine Richtlinien zum Zahlungsverhalten geben kann. Dann wird in Abhängigkeit von der Liquiditätslage mit oder ohne Inanspruchnahme von Skonto bezahlt.

5.1.10 Sektor Personal

Im Personalsektor wollen wir vier Programmtypen unterscheiden:

1. Zeitverwaltungsprogramme
2. Abrechnungsprogramme
3. Meldeprogramme
4. Veranlassungsprogramme

5.1.10.1 Arbeitszeitverwaltung

Mit Hilfe einer IV-Lösung lassen sich die *Anwesenheitszeiten* rationell und sehr genau erfassen. Insbesondere können die beiden Hauptanforderungen an *Gleitzeitsysteme* "Ausreichende Information des Mitarbeiters über den Stand seines Zeitkontos" und "Übernahme der Arbeitszeiten in die Entgeltabrechnung" leichter erfüllt werden. Derartige Module gewinnen in dem Maße an Bedeutung, wie die Betriebe immer vielfältigere Arbeitszeitmodelle einführen.

PRAKTISCHES BEISPIEL

Der Arbeiter führt einen mit einem Magnetstreifen versehenen, maschinenlesbaren Werksausweis mit. Dieser wird beim Kommen und Gehen in ein Zeiterfassungsterminal gesteckt. Das elektronische System entnimmt die Personalnummer und speichert sie zusammen mit der Uhrzeit. Dabei überprüft das AS den Kommt-Geht-Rhythmus und macht den Arbeitnehmer ggf. auf Unstimmigkeiten aufmerksam, beispielsweise wenn er am Vorabend vergessen hat, sein "Geht" dem DV-System zu melden. Gleichzeitig können dem Mitarbeiter die aufgelaufene Anwesenheitszeitsumme im Monat und der Soll-Ist-Saldo angezeigt werden.

5.1.10.2 Entgeltabrechnung

Unter der Bezeichnung Entgeltabrechnung kann man die Programme zur Lohn-, Gehalts-, Ausbildungsbeihilfe- und Provisionsabrechnung zusammenfassen. Ihre Struktur ist weitgehend durch gesetzliche und tarifliche Vorschriften determiniert.

Aufgaben der Entgeltabrechnungsprogramme sind u. a. die Ermittlung der *Bruttoentgelte* aufgrund von Leistungs- und Anwesenheitszeiten oder Mengen- bzw. Deckungsbeitrags- bzw. Umsatzleistungen (bei der Provisionsabrechung), die Bestimmung von *Zuschlägen*, wie z. B. Feiertagszuschlägen, die Berechnung von *Nettolöhnen* und *-gehältern* unter Berücksichtigung der *Steuern*, *Sozialabgaben* und sonstigen Abzüge und die Feststellung privatrechtlicher *Lohnabzüge*, z. B. bei der Tilgung von Arbeitgeberdarlehen. Die Problematik der Entgeltabrechnungsprogramme liegt weniger darin, sie zu entwickeln; vielmehr ist wegen laufender Änderungen, die der Gesetzgeber oft erst sehr spät beschließt und im Detail bekanntgibt, die Pflege außerordentlich aufwendig.

5.1.10.3 Meldeprogramme

Im Personalsektor fallen, zum Teil aus gesetzlichen Gründen, zahlreiche Meldungen an, die oft nur Ausdrucke bestimmter Felder der Personaldatenbasis darstellen. Beispiele sind die Beschäftigungsstatistik gemäß Gewerbeordnung und Mitteilungen über Lohn- und Gehaltsänderungen an die Mitarbeiter.

5.1.10.4 Veranlassungsprogramme

Kurz vor der Fälligkeit von Maßnahmen (z. B. medizinische Routine-Untersuchung, Ablauf der Arbeitserlaubnis bei "Nicht-EU-Ausländern") druckt der Computer aufgrund in der Personaldatenbank festgehaltener Informationen Veranlassungen aus oder stellt sie im Sinne einer Aktionsorientierten Datenverarbeitung (AODV) in die Elektronischen Briefkästen der Betroffenen.

5.1.11 Beispiel eines computergestützten Planungssystems

Als Beispiel eines computergestützten Planungssystems wählen wir die kombinierte Absatz- und Produktionsplanung. Wir gehen davon aus, daß ein vorläufiger Absatzplan bereits erarbeitet wurde (evtl. mit Rechnerunterstützung [Mertens/Griese 93, S. 205 ff.]). In der nächsten Phase sind die bis dahin geplanten Absatzmengen den Produktionskapazitäten gegenüberzustellen (vgl. dazu auch die Ausführungen über Primärbedarfsplanung in Abschnitt 5.1.5.1).

Hierzu entnimmt das rechnergestützte Planungssystem der Arbeitsplandatei die Produktionsvorschriften für alle eigengefertigten Teile und wandelt sie in die Kapazitätsbedarfsmatrix (Vorstufe) um (vgl. Abb. 5.1.11/1). In ihr sind in den Spalten die Einzelteile und in den Zeilen die Betriebsmittel sowie die manuellen Arbeitsplätze eingetragen. Die Matrixelemente enthalten die zur Herstellung einer Einheit des Teils mit dem jeweiligen Betriebsmittel (an dem manuellen Arbeitsplatz) erforderlichen Zeiten. Mit Hilfe der Stücklisten kann ein ähnliches Brücken- bzw. Verdichtungsprogramm aus der Zusammensetzung der Enderzeugnisse die Gesamtbedarfsmatrix generieren. Da auch Montageprozesse Kapazität beanspruchen, müssen sie als fiktive Teile definiert werden. Durch Multiplikation der beiden Matrizen gewinnt man eine weitere Kapazitätsbedarfsmatrix, die in den Spalten die Fertigerzeugnisse, in den Zeilen jedoch die Betriebsmittel und Arbeitsplätze enthält. Die Elemente sind jetzt die Kapazitätsbelastungen der Betriebsmittel und Arbeitsplätze durch die Herstellung einer Einheit des Enderzeugnisses. Man beachte, daß die Einzelteile durch die Matrizenmultiplikation "herausgekürzt" worden sind. Dieser Vorgang ist in Abbildung 5.1.11/1 schematisch dargestellt. Durch Multiplikation der letzten Matrix mit dem Vektor des Absatzprogrammes geht man von der auf eine Einheit des Enderzeugnisses bezogenen Betrachtung zum gesamten Absatzplan über und erhält die Kapazitäten, die bei den einzelnen Betriebsmitteln und manuellen Arbeitsplätzen zur Realisierung des bisherigen Absatzplanes erforderlich sind.

Ergeben sich nun beträchtliche Über- oder Unterschreitungen, so sind Alternativrechnungen und -planungen anzustellen, wobei sowohl Absatzzahlen als auch Produktionskapazitäten verändert werden. (Produktionskapazitäten kann man beispielsweise durch Investitionen oder Desinvestitionen bei einzelnen Betriebsmitteln, zusätzliche Schichten und Überstunden oder auch Einschaltung von Auftragsfertigern ("Verlängerte Werkbank") an den Absatzplan anpassen.) Bei den Alternativrechnungen unterscheidet man sog. *What-if-* von *How-to-achieve-Rechnungen.* Bei den ersteren modifiziert man ein Eingabedatum, beispielsweise werden die geplanten Absatzmengen einer Erzeugnisgruppe um 10 % reduziert; das AS stellt die Auswirkungen auf die Fertigungskapazitäten fest. Bei How-to-achieve-Analysen gibt man ein Ziel vor; z. B. soll das AS die

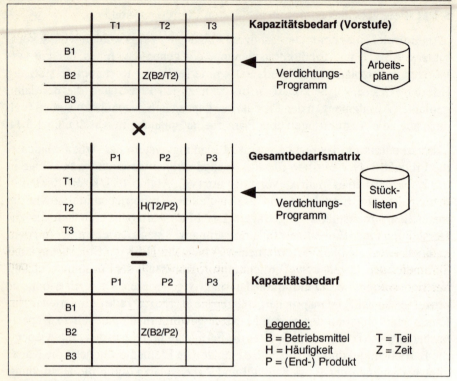

Abb. 5.1.11/1   Ermittlung der Kapazitätsbedarfsmatrix

Absatzmenge bei einer Produkthauptgruppe X so lange reduzieren, bis die Kapazitätsüberschreitung bei Betriebsmittel Y verschwindet.

Nach einer Reihe von Schritten, bei denen Rechner und menschliche Planer zusammenarbeiten, sei ein Absatzplan gefunden worden, der von den Fertigungskapazitäten her realisierbar ist. Aufgabe des IV-Systems ist es nun, Vorschläge zu unterbreiten, wie die auf Unternehmensebene gefundenen Absatzzahlen für die einzelnen Produkte auf die unteren Ebenen (z. B. Verkaufsgebiet/Ressort und dann Bezirke) heruntergebrochen werden. Dabei kann die Maschine z. B. die gleichen Proportionen verwenden, die in der Vorperiode beobachtet wurden. Das Resultat sind Absatzpläne für einzelne Produkte in den Bezirken und damit Planvorgaben für die Außendienstmitarbeiter. Diese werden bei den Stammdaten der Angestellten gespeichert und sind dort die Grundlage für Soll-Ist-Vergleiche oder auch für die Berechnung von erfolgsabhängigen Entgelten. Das Planungssystem kann man aus der Mengen- in die Wertsphäre weiterführen. Beispielsweise werden die geplanten Absatzmengen mit Durchschnittspreisen multipliziert, um die voraussichtlichen Umsatzerlöse zu schätzen.

5.1.12 Beispiel eines computergestützten Kontrollsystems

Als Beispiel eines Kontrollsystems wollen wir die Vertriebsüberwachung herausgreifen. Wir können damit an das im letzten Abschnitt skizzierte Planungssystem anschließen.

Abbildung 5.1.12/1 zeigt das Schema einer Verdichtung [Mertens/Griese 93, S. 43 ff.]. Wir haben uns vorzustellen, daß auf der untersten Ebene der Vertreter eine Computerausgabe (als Ausdruck oder am Bildschirm) erhält, in der eine Zeile für jedes Erzeugnis erscheint, das er in der Kontrollperiode (beispielsweise im letzten Monat) verkauft hat. In der Zeile werden die Planumsätze, Istumsätze, Deckungsbeiträge, Provisionen und andere Informationen ausgeworfen. Die Summenzeile enthält u. a. den Umsatz, den er in seinem Bezirk über alle Artikel hinweg erreicht hat. Auf der nächsthöheren Verdichtungsebene werden die Summenzeilen aller Vertreterblätter zu den Einzelzeilen des Verkaufsgebietes, und auf der übernächsten Verdichtungsebene entstehen aus den Summenzeilen aller Verkaufsgebiete die Einzelzeilen eines Reports an den Vertriebsleiter des Gesamtunternehmens.

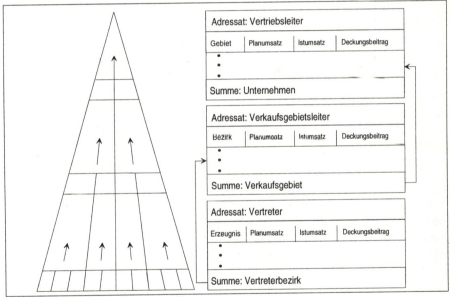

Abb. 5.1.12/1   Verdichtungsschema

Die reine Verdichtungsprozedur, wie wir sie bis hierhin beschrieben haben, führt zu der Gefahr, daß die Empfänger der Berichte zu viele Informationen erhalten ("Zahlenfriedhöfe"). Infolgedessen gilt es, das Kontrollsystem so zu gestalten, daß es die Verantwortlichen auf die bemerkenswertesten Datenkonstellationen aktiv hinweist. Hierzu dienen die in Abschnitt 3.3.2.1.1 erwähnten Techniken.

5.2 Anwendungssysteme im Dienstleistungsbereich

5.2.1 Überblick

5.2.1.1 Besonderheiten der Anwendungssysteme

Im Dienstleistungsbereich, oft auch als tertiärer Wirtschaftssektor bezeichnet, sind schon heute weit mehr als die Hälfte aller Erwerbstätigen beschäftigt, und sein Beitrag zum Sozialprodukt nimmt ständig zu. Typische Dienstleistungsbetriebe sind Banken, Versicherungen, Handels-, Transport-, Verkehrs-, Touristik- und Beratungsunternehmen. Weiterhin rechnet man das Gaststätten- und Beherbergungsgewerbe, die freien Berufe, die Unterhaltungs- und Freizeitbranche, das Bildungs- und Gesundheitswesen, die öffentliche Verwaltung sowie bestimmte Formen des Handwerks, wie z. B. Wäschereien, Friseursalons oder Reparaturbetriebe, zu diesem Sektor.

Zur allgemeinen Charakterisierung von Dienstleistungsbetrieben gegenüber Industrieunternehmen sind drei zentrale Merkmale zu nennen:

– Der Hauptbestandteil des Outputs, d. h. des "Dienstleistungsproduktes", ist immateriell.
– Beim Produktionsprozeß muß ein sogenannter *externer Faktor* mitwirken; dies ist meist der Kunde selbst oder ein Objekt aus seinem Besitz.
– Der Absatz erfordert i. a. den direkten *Kontakt mit dem Kunden*.

Bei der Erstellung von "Dienstleistungsprodukten" kann man aus betrieblicher Sicht grob drei Phasen unterscheiden:

– Realisierung der *Leistungsbereitschaft* durch Kombination interner Produktionsfaktoren, z. B. Bereitstellung von Transportmitteln, Hotelbetten oder einer Infrastruktur für Finanztransaktionen
– *Leistungsvereinbarung* mit dem Kunden, z. B. die Ausfertigung von Kredit- und Versicherungsverträgen oder die Buchung einer Reise
– *Leistungsdurchführung*, z. B. die Auszahlung eines Kredits, die Versicherungsleistung im Schadensfall oder der Flug zu einem Reiseziel

Alle drei Komponenten gehören zur angebotenen Dienstleistung, wobei Leistungsvereinbarung und -durchführung in der Regel im direkten Kundenkontakt bzw. in direkter Verbindung mit einem Objekt des Kunden stattfinden. Bedingt durch die Immaterialität der eigentlichen Dienstleistung treten an die Stelle von Lager- und Transportproblemen Fragen des Zugangs zu und der direkten Nutzung von Angeboten durch den Kunden.

Als Produktionsfaktor steht neben menschlicher Arbeitsleistung und Betriebsmitteln, wie z. B. Telefon oder PC, die Information als immaterieller "Werkstoff" im Vordergrund. Während es bei der industriellen Fertigung um die Planung und Steuerung von Materialflüssen geht, ist die Erzeugung von Dienstleistungen meist mit der Beschaffung, Verknüpfung, Bearbeitung, Weiterleitung von Information und der Bearbeitung von Dokumenten als Informationsträger verbunden.

Neben der Verwaltung von großen Datenbeständen liegt deshalb eine Hauptaufgabe der AS im Dienstleistungsbereich in der Steuerung von Informationsflüssen. Diese *Informationslogistik* benötigt ausgebaute Kommunikationsstrukturen. Dies betrifft sowohl den innerbetrieblichen wie auch den zwischenbetrieblichen Informationsaustausch und insbesondere die Kommunikation zwischen Leistungsanbieter und Kunden.

5.2.1.2 Basisarchitektur der Anwendungssysteme

Bei der Informationsverarbeitung in Dienstleistungsbetrieben können einige branchenunabhängige Basiskonzepte bzw. -komponenten herausgeschält werden. Allgemein sind bei der IV-Architektur die Bereiche *Front-Office* und *Back-Office* unterscheidbar (vgl. Abb. 5.2.1.2/1). Systeme im Front-Office-Bereich sind durch eine direkte Beteiligung des Kunden und eine oft entsprechend intensive Dialogaktivität gekennzeichnet. Im Back-Office werden Aufgaben ohne unmittelbaren Kundenkontakt abgewickelt.

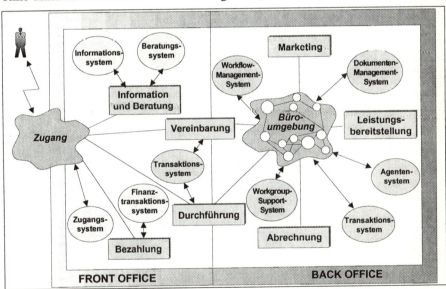

Abb. 5.2.1.2/1   Basiskomponenten der IV-Architektur

Der Kunde schafft sich einen *Zugang* zum IV-System des Leistungsanbieters, indem er z. B. am Arbeitsplatz oder von zu Hause aus mit einem Dialoggerät eine Kommunikationsverbindung zum System herstellt oder ein Selbstbedienungsterminal benutzt. Eine wichtige Aufgabe ist dabei die Prüfung der Authentizität des Kunden. Dies geschieht neben der Verwendung von Kennummern oder Paßwörtern immer häufiger mit Ausweiskarten, die neben Identifikationsmerkmalen oft noch eine Vielzahl weiterer Daten enthalten und im Fall "intelligenter" Chipkarten auch interaktive Prüfmechanismen ermöglichen.

Aus der Immaterialität und häufigen Individualität der Dienstleistung folgt ein hoher Erklärungsbedarf des "Endproduktes". Über *Informationssysteme* können Angebots- bzw. Leistungsdaten abgerufen, ausgewertet und aufbereitet werden, wie z. B. bei Börsen- oder Reiseinformationssystemen. Zur Informationspräsentation nutzt man mehr und mehr Multimediatechniken. Eine weitergehende Unterstützung bieten *Beratungssysteme*, die eine Bewertung der bereitgestellten Informationen vornehmen können, z. B. durch Experten- oder Expertisesysteme (vgl. Abschnitt 3.3.2). Wenn ein Nachfrager über Informations- und Kommunikationssysteme die Angebote mehrerer Dienstleister abrufen und vergleichen kann und damit umgekehrt mehrere Unternehmen einer bestimmten Branche ihre Produkte einem breiten Kundenkreis zugänglich machen, so spricht man von *Elektronischen Märkten*. Beispiele sind computergestützte Wertpapierbörsen oder überregionale Reisevertriebssysteme.

Der Aufwand für ein Unternehmen, ein Spektrum von Dienstleistungen für potentielle Nachfrager anzubieten, ist oft hoch. Die *Leistungsbereitstellung* ist vielfach mit hohen Fixkosten verbunden. Man denke z. B. an die Vorhaltung von Hotelbetten oder Flugzeugen für Reisedienstleistungen. Das Angebot muß deshalb besonders genau geplant werden. Sehr häufig findet man hier Yield-Management-Systeme. Sie dienen der Maximierung des Ertrags (englisch: yield), indem sie für die "verderblichen" Dienstleistungsprodukte versuchen, Leerkapazitäten zu vermeiden und allgemein Angebotskapazitäten zu optimieren. Ausgefeilte Yield-Management-Systeme existieren z. B. bei Fluggesellschaften, Autovermietungen, in Krankenhäusern oder Hotelbetrieben (vgl. Abschnitt 5.2.6.3).

Eine Besonderheit bei der *Vereinbarung* und *Durchführung* von Dienstleistungen ist, daß der externe Faktor (vgl. Abschnitt 5.2.1.1) stark interaktiv in die Prozesse eingebunden ist. Im Front-Office-Bereich werden hierzu oft *Transaktionssysteme* (vgl. Abschnitt 3.3.1.1) eingesetzt. Bei fortgeschrittener Automatisierung kann der Kunde am Selbstbedienungsautomaten oder über ein Kommunikationsnetz direkt mit der IV des Anbieterunternehmens interagieren und dabei sowohl einen individuellen Leistungswunsch konfigurieren wie auch die Durchführung steuern und im Dialog begleiten. Häufig ist diese Vollautomatisierung aber auch nicht gegeben bzw. nicht sinnvoll oder nicht machbar. In diesen Fällen sind im Back-Office-Bereich des Dienstleistungsunternehmens Vorgänge in einer *Büroumgebung* abzuwickeln. Dies geschieht vielfach arbeitsteilig, d. h., mehrere Mitarbeiter kooperieren bei der Erstellung des "Dienstleistungsproduktes". Als IV-Hilfsmittel werden hierzu allgemein auf der Basis von vernetzten Arbeitsplatzrechnern und Servern Büroinformations-, Kommunikations- und Kooperationssysteme eingesetzt. Konkrete Unterstützung zur Abwicklung von Vorgängen bieten *Transaktions-*, *Workflow-Management-* und *Workgroup-Support-Systeme* (vgl. Abschnitt 3.3.1). Man strebt dabei einen papierlosen Dokumentenfluß an, d. h., es werden Unterlagen in elektronischen Vorgangsmappen eingeholt, bearbeitet, abgelegt und weitergeleitet. Die oft umfangreichen Dokumentenmengen werden von *Dokumenten-Management-Systemen* archiviert, verwaltet und über Suchmechanismen wieder bereitgestellt (vgl. Abschnitt 3.3.1.3).

Die Hardware-Konfigurationen einer *Büroumgebung* umfassen einerseits vernetzte Arbeitsplatzrechner wie PCs, Laptops, Notebooks usw., andererseits Unternehmens- oder Abteilungsrechner, die wiederum als reine Server in einem lokalen Netzwerk fungieren oder auch als Multi-User-Stationen eine Reihe von Terminalanschlüssen bereitstellen können. Die Bearbeitung von Büroaufgaben wird durch Standardsoftware unterstützt, z. B. in Form von Textverarbeitung zur Erstellung von Briefen, Tabellenkalkulation für Berechnungen, Desktop-Publishing zur Dokumentenbearbeitung sowie Datenbankverwaltung zur Archivierung und Abfrage von Informationen. Oft findet man Client-Server-Architekturen mit verteilter Daten- und Softwarehaltung. Am Schreibtisch präsentiert man dem Benutzer eine "integrierte" Arbeitsumgebung.

5.2.2 Anwendungen im Handel

5.2.2.1 POS- und Warenwirtschaftssysteme im Einzelhandel

Angenommen, Sie kaufen in einem Supermarkt und bezahlen an der Kasse, also dem Punkt, an dem der Kauf juristisch zustande kommt (*Point-of-Sale* (POS)). Das Kassensystem (POS-System) liest den auf den eingekauften Gegenständen angebrachten Balkencode, der europaweit genormt ist und deshalb die Bezeichnung Europäische Artikelnummer (EAN) trägt (Abb. 5.2.2.1/1).

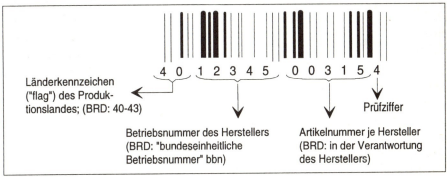

Abb. 5.2.2.1/1   Beispiel einer EAN

Dieser Datenerfassungsvorgang löst in einer ausgereiften, integrierten IV eine ganze Reihe von Folgemaßnahmen aus (Abb. 5.2.2.1/2):

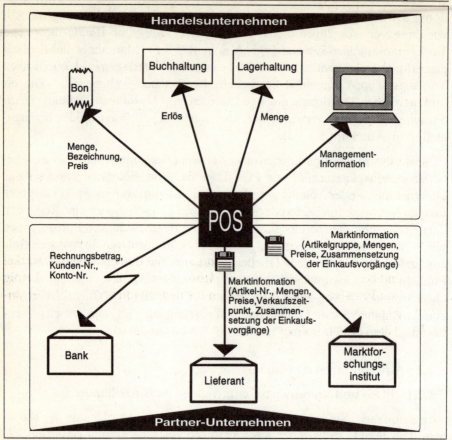

Abb. 5.2.2.1/2   Informationsflüsse vom POS-Punkt

1. Innerbetrieblich

    a) Im Speicher der Rechenanlage werden Artikelbezeichnung und Preis
        herausgesucht und für den Ausdruck eines Bons benutzt.
    b) Die *Erlöse* sind zu *verbuchen*.
    c) Die verkauften Waren werden *vom Lagerbestand abgebucht*. Wird der
        Meldebestand unterschritten (vgl. Abschnitt 5.1.3), so ist eine *Nachbe-
        stellung* beim Lieferanten oder im Zentrallager einer Filialkette fällig.
    d) Es werden verschiedene *Management-Informationen* für die Leitung
        des Betriebes aufbereitet.

Ein solches POS-System stiftet innerbetrieblich beträchtliche Nutzeffekte,
insbesondere:

–   Die *Preise* werden *nur noch am Regal* ausgezeichnet, nicht mehr am
    einzelnen Artikel. Dies spart Arbeit nicht nur bei der Erstauszeichnung,
    sondern vor allem bei Preisänderungen (der Preis braucht nur noch

einmal im Speicher der Rechenanlage und am Regal modifiziert zu werden).

– Der *Kassiervorgang* wird *beschleunigt.* Bei POS-Banking reduzieren sich die Verwaltung des Bargelds (Zählen, Aufbewahren, Transportieren) und das damit verbundene Risiko.

Dem stehen auch Nachteile gegenüber: Der Kunde kann an der Kasse die auf dem Bon ausgewiesenen Preise nicht kontrollieren, denn er findet den Preis nicht auf dem Artikel, sondern nur am Regal. Aus dem gleichen Grund wird ein Kunde A getäuscht, wenn z. B. Kunde B eine Büchse aus dem Regal nimmt und sie dann aus Versehen an einen falschen Platz (mit anderer Preisauszeichnung) zurückstellt.

2. Überbetrieblich

a) Lieferanten, mit denen entsprechende Vereinbarungen bestehen, erhalten *Informationen über den Verkauf* der von ihnen gelieferten Artikel und benutzen diese zu ihrer *Marktbeobachtung,* z. B. über den Erfolg von Produkten, für die gerade im lokalen Rundfunk eine Werbekampagne läuft.

b) Ähnliche Informationen übergibt man *Marktforschungsinstituten,* mit dem Unterschied, daß es sich hierbei nicht nur um die Artikel *eines* Lieferanten handelt.

c) Falls ein POS-Banking-System eingerichtet ist (vgl. Abschnitt 5.2.4.4.1), wird der *Zahlungsbetrag* vom Bankkonto des Kunden *abgebucht.*

Das integrierte IV-System im Handelsbetrieb bezeichnet man als *Warenwirtschaftssystem* (WWS). Es spielt dort eine ähnliche Rolle wie CIM im Industriebetrieb (vgl. Abschnitt 5.1.5). Ein WWS kann man sich aus folgenden Modulen zusammengesetzt vorstellen:

1. Das *Wareneingangsmodul* erfaßt die angelieferte Ware. Soweit diese mit dem EAN-Code ausgezeichnet ist, kann sie mit einem optischen Belegleser so aufgenommen werden wie am POS. Das Modul zählt die eingetroffenen Mengeneinheiten zusammen, vergleicht mit den Daten der Bestellung, bewertet die Ware und bucht sie mengen- und wertmäßig zu.

2. Das *Warenausgangsmodul* übernimmt die oben skizzierten Aufgaben beim und nach dem Verkauf.

3. Dem Modul *"Disposition und Bestellwesen"* obliegen ähnliche Funktionen, wie sie bei der Lagerhaltung im Industriebetrieb in Abschnitt 5.1.4 beschrieben wurden.

4. Das Modul *"Marketing- und Management-Information"* erlaubt besonders differenzierte Analysen. Beispielsweise macht man im Zusammenhang mit

dem sogenannten In-Store-Marketing Experimente mit der Zuordnung von Artikeln zu Regalen, mit der Positionierung konkurrierender Produkte (Beispiele: zwei miteinander im Wettbewerb stehende Marken erscheinen nebeneinander oder an verschiedenen Orten, es wird in einer Woche nur der eine, in der nächsten Woche der zweite Artikel angeboten) oder mit der Werbung (z. B. per Lautsprecher); das System hilft dann festzustellen, ob sich die getroffenen Maßnahmen kurzfristig in Veränderungen des Absatzes niederschlagen.

Es läßt sich automatisch erfassen, welche Artikel in einem Einkaufsakt miteinander gekauft werden. Daraus gewinnt man Erkenntnisse zur gegenseitigen Ergänzung von Gütern oder zur Preisgestaltung (Zahnpasta und Zahnbürste als Set anbieten?).

In sehr großen Handelsunternehmen, vor allem im Versandhandel, werden ähnlich wie im Industriebetrieb die *physischen Warenbewegungen automatisiert*. Beispielsweise steuern Automaten Paletten zu den Lagerorten, wählen die zu entnehmende Ware aus, führen die zu einer Bestellung gehörenden Positionen zusammen und befördern sie zu einem Verpackungsplatz.

5.2.2.2 Beratungssysteme im Einzelhandel

Recht reizvoll, aber noch am Beginn ihrer Entwicklung sind Beratungssysteme im Einzelhandel. Sie sollen bei klärungs- und erklärungsbedürftigen Waren die bedarfsgerechte Auswahl aus dem Angebot erleichtern und das Verkaufspersonal von Beratungsaufgaben entlasten. Das Extrem ist die *"Selbstberatung"* an einem "Point-of-Information" (POI) als Pendant zur Selbstbedienung. Bei anspruchsvollen Beratungsaufgaben kommen Expertensysteme in Frage.

PRAKTISCHE BEISPIELE

Verschiedene Küchengeschäfte haben ein Dialogsystem, in das die Wünsche der Kunden und bestimmte Bedingungen (z. B. die Abmessungen der Küche, Lage der Fenster, Richtung der Türöffnung) eingegeben werden. Das Anwendungssystem positioniert die ausgewählten Küchenmöbel und -geräte im Raum. Mit Hilfe einer Maus kann der Kunde die Möbel auf dem Bildschirm verschieben. Schließlich zeigt ihm die Maschine eine dreidimensionale Darstellung, so daß er sich eine Vorstellung von seiner künftigen Küche machen kann. Gleichzeitig wird der Preis des gewählten Küchenensembles berechnet. Per Hardcopy kann dem Kunden das Angebot, bestehend aus einer Zeichnung und einer Preiszusammenstellung, ausgegeben werden.

IRIS 2000 ist ein Programm zur Brillenglasberatung beim Augenoptiker. Der Verkäufer ordnet den Kunden einem bestimmten Typus (sportlich, elegant u. a.) zu und eruiert die Anforderungen (z. B. Lichtverhältnisse, Bildschirmarbeitsplatz). Von diesen Angaben schließt das AS auf die Bedeutung der jeweiligen Glaseigenschaften (z. B. Bruchfestigkeit, Gewicht, Beschlagneigung, optische Abbildungsqualität, Preis). Das Beratungssystem liefert als Ergebnis ein Ranking der alternativen Gläser, schlägt die optimale Vergütung vor und kalkuliert für jede der Kombinationen den Verkaufspreis. Der Optiker hat darüber hinaus die Möglichkeit, eine detaillierte

Beschreibung der empfohlenen Gläser anzufordern. Falls der Kunde mit den Vorschlägen nicht einverstanden ist, kann er das Ergebnis modifizieren.

5.2.2.3 Database-Marketing im Versandhandel

Grundidee des Database-Marketing ist es, in einer Datenbank alle Informationen zu speichern, die für Direkt-Marketingaktivitäten von Bedeutung sein können. Im Falle eines Versandhauses werden Werbemittel nach gezielter Auswertung aus der Datenbank an speziell definierte Zielgruppen versendet.

PRAKTISCHES BEISPIEL

Beim Großversandhaus Quelle ist eine Kundendatei mit mehreren Millionen Sätzen, jeweils bestehend aus einigen hundert Datenfeldern, Ausgangsbasis. Für jede Werbeaktion werden bis zu 100 Zielgruppen mit bestimmten Eigenschaften festgelegt, die jeweils eine bestimmte Kombination von Katalogen bzw. Prospekten erhalten. Eine Zielgruppe für den Versand eines "Reaktivierungsprospektes" mit junger Mode kann man u. a. mit folgenden Kriterien bestimmen: Einzelbesteller, max. 30 Jahre, Kunde seit mindestens drei Jahren.

5.2.3 Anwendungen im Transportwesen

Auch Betriebe des Güterverkehrs haben mit Industriebetrieben viele Funktionen und damit Programme gemeinsam. Dazu gehören die Erfassung von Aufträgen, die Fakturierung, die Buchhaltung, die Kosten- und Leistungsrechnung sowie die Entgeltabrechnung. Es finden sich die folgenden Besonderheiten:

1. Die Transportbetriebe haben in ihrer *Disposition* sehr komplizierte *logistische Zuordnungsprobleme* zu lösen. Dazu gehören

   a) die *Zuweisung von Sendungen zu Ladungen, wobei die Ladung auf die zu fahrende Tour abzustimmen ist,*
   b) die *Zuordnung von Fahrzeugen zu Touren,*
   c) die *Zuordnung von Fahrern zu Fahrzeugen/Touren* sowie
   d) die *Entscheidung, ob ein Auftrag mit dem eigenen Fuhrpark ausgeführt oder an einen anderen Transporteur weitergegeben* werden soll.

   Die Transportbetriebe verfügen in diesem Bereich über Programme, die auf Heuristiken oder Simulationen beruhen. Zum Teil disponiert ein Sachbearbeiter im Bildschirmdialog, wobei ihm die Maschine nur Daten (z. B. die vorliegenden Aufträge und die maximale Beladung von Fahrzeugen) zeigt.

2. Es findet ein *intensiver Datenaustausch* mit den Geschäftspartnern statt. Ziel ist es, die Informationen nicht den physischen Gütertransporten nacheilen zu lassen, wie es bei ungenügender Automation häufig vorkommt, wo Dokumente oft erst beim Empfänger eintreffen, wenn die Ware schon dort ist. Vielmehr soll der Grundsatz "Information vor Gütern" durchgesetzt werden, damit die Empfänger frühzeitig ihre Dispositionen treffen können.

Abbildung 5.2.3/1 zeigt in vereinfachter Form den Datenaustausch in einem Verbundsystem, an dem ein Versender, z. B. ein Industrieunternehmen, ein Versandspediteur, ein Transporteur, dem vom Versandspediteur die Waren übergeben werden, und ein Empfängerbetrieb (z. B. ein Handelshaus) beteiligt sind. Der Transporteur oder Frachtführer (z. B. die Deutsche Bahn AG) besorgt dabei den physischen Gütertransport. Übermittelt werden die folgenden Informationstypen:

a) *Warenbestellungen* (1) vom Empfänger an den Versender.

b) *Transportaufträge* vom Versender zum Versandspediteur (2a) und vom Versandspediteur zum Transporteur (2b).

c) *Informationen* über zu versendende Güter (Ladegutangebote) bzw. verfügbare Versandkapazitäten (Laderaumangebote) (3).

d) *Auskünfte über den Status* eines Versandvorgangs (Versandbereitschaft, augenblicklicher Standort des Transportes usw.) zwischen dem Versandspediteur und dem Transporteur (4a) sowie zwischen Versandspediteur und Empfänger (4b). Diese Informationen übermitteln sich die Auftrags- bzw. Bestellüberwachungsprogramme der Geschäftspartner, sobald sie Meldungen über vollzogene Aktionen (z. B. Abfahrt, Ladungsübergabe) oder Störungen erhalten.

e) Das *Bestellüberwachungsprogramm* beim Empfänger bestätigt dem Versender den Eingang der bestellten Ware (4c).

f) In unserem Beispiel soll der Versender die Fracht bezahlen. Infolgedessen stellt ihm der Versandspediteur die *Frachtrechnung* (5a) aus. Der Transporteur erhält eine *Gutschrift* für den von ihm erledigten Teilauftrag (5b).

g) Schließlich übermittelt der Versender dem Empfänger die *Rechnung* für die gelieferte Ware (6).

3. Der Datenaustausch zwischen Logistik-Dienstleistungsunternehmen und ihren Auftraggebern aus Industrie und Handel ist ähnlich ausgeprägt, wenn der Dienstleister die Lagerhaltung für den Partnerbetrieb übernimmt. Beispielsweise werden dann die eintreffenden Kundenbestellungen vom Computer eines liefernden Industriebetriebes direkt zum Rechner des Lagerhauses geleitet, der diese Bestellungen abwickelt sowie auf der Grundlage eines Lagerdispositionsverfahrens (vgl. Abschnitt 5.1.3.1) Aufträge zur Wiederauffüllung des Lagers generiert und an das PPS-System des Fertigungsbetriebes sendet.

4. Die IV ermöglicht es, *Funktionen neu* zu *verteilen*.

PRAKTISCHES BEISPIEL

Die Krupp Hoesch Stahl AG setzt das Transportabwicklungs- und Informationssystem TABIS ein. Dieses disponiert die Sendungen, die die Transportdienstleister nur noch ausführen müssen. Da TABIS die Leistungen kennt, kann es sich quasi selber die Rechnung darüber schreiben. Somit

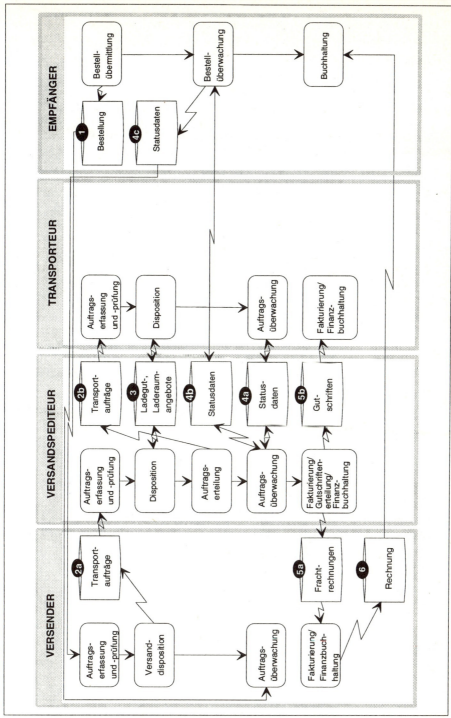

Abb. 5.2.3/1   Zwischenbetriebliche Integration im Transportgewerbe

erübrigt sich für den Spediteur die Fakturierung, allerdings muß er die Gutschrift kontrollieren. Krupp spart die Frachtrechnungsprüfung ein. Wir haben es hier mit einem Beispiel zu tun, das charakteristisch dafür ist, wie die IV Geschäftsprozesse verändert (Business-Process-Reengineering).

5.2.4 Anwendungen im Bankwesen

5.2.4.1 Kontenverwaltung

Eine wesentliche Basisaufgabe der integrierten AS im Bankbetrieb ist die Pflege der sehr großen Zahl unterschiedlicher Konten für Privat- und Firmenkunden, wie z. B. Kontokorrent-, Spar-, Termingeld- oder Darlehenskonten und Wertpapierdepots. Die IV unterstützt hier u. a.:

– Anlage eines Kontos mit Erfassung der Kunden- und Konditionsdaten
– Änderung der Basisdaten
– Verbuchung von Belastungen und Gutschriften
– Guthabenzinsberechnung
– Kontrolle des Dispositionskredits bzw. Überziehungslimits
– Sollzinsberechnung
– Gebührenberechnung für Kontenbewegungen
– Tilgungsbelastung für Darlehenskonten
– Erstellung von Kontoauszügen

Das Management der Bank erhält regelmäßig verdichtete Auswertungen der Kontendaten als Entscheidungsgrundlage für die Geschäftspolitik. Hierzu gehören z. B.:

– Aggregation der Kontensalden
– Übersicht über die Saldenentwicklung, aufgegliedert nach verschiedenen Kontenarten und anderen Kriterien
– Liste der überzogenen Konten, eventuell unter Berücksichtigung einer Toleranzschwelle
– Angabe der aktuellen Darlehensaußenstände
– Aufsummierung der anstehenden Guthabenzinsen
– Berechnung der fälligen Darlehenszinsen und Tilgungsraten
– Umsatz- und Erfolgsübersichten der Bankfilialen, über verschiedene regionale Stufen aggregiert
– Ausnahmemeldungen, wie z. B. Informationen über die Kündigung von Konten mit hohen Guthaben durch den Kunden oder Hinweise auf Liquiditätsprobleme

5.2.4.2 Zahlungsverkehrssysteme

Die Abwicklung des Zahlungsverkehrs erfolgt mit Hilfe verschiedener computerunterstützter Verfahren, deren wesentliche Varianten in Abbildung 5.2.4.2/1 einander gegenübergestellt sind.

Merkmale	Anwendungsbereiche	Vorteile	Nachteile
Maschinelle Belegverarbeitung			
- Prüfung und Sortierung der Belege mit maschineller Hilfe - Erfassung der Zahlungsverkehrsdaten am Terminal oder mittels Belegleser	- Massenzahlungsverkehr (Daueraufträge, Lastschriften) - Individualzahlungsverkehr (Überweisungsaufträge)	- Schnelle und kostengünstige Umsatzdatenerfassung von Belegen mittels Codierzeile - Verringerung der Erfassungsfehler	- Physischer Transport der Belege - In der Regel mehrmalige Datenerfassung - Engpässe an Medio und Ultimo - Mögliche Sortier- und Transportprobleme bei Clearing-Stellen
Belegloser Datenträgeraustausch			
- Erfassung der Zahlungsaufträge auf Datenträgern (Magnetband/Diskette) - Beleglose Weiterleitung und Verarbeitung der Zahlungsvorgänge bis hin zum letztbeauftragten Kreditinstitut mittels Datenträger	- Primär Massenzahlungsverkehr (Daueraufträge, Lastschriften) - Sekundär Individualzahlungsverkehr (Überweisungsaufträge)	- Abbau von Spitzenbelastungen in der Datenerfassung - Direkte Übernahme der Daten in das AS der Bank - Kein Belegtransport - Einsparung von Druck- und Papierkosten - Beschleunigung der Abwicklung	- Physischer Transport der Datenträger - Informationsprobleme für Zahlungsempfänger
Elektronische Zahlungsverkehrssysteme			
- Einmalige Erfassung relevanter Daten eines Zahlungsauftrages beim erstbeauftragten Institut bzw. direkt beim Kunden - Weiterleitung durch Datenfernübertragung an das Empfängerinstitut	- Grundsätzlich für alle Zahlungen anwendbar	- Möglichkeit der Direktverbuchung auf dem Kundenkonto bei einmaliger Datenerfassung - Beleg- und datenträgerlose Abwicklung - Beschleunigung der Abwicklung	- Evtl. hohe Installationskosten - Evtl. hoher Aufwand für Datenerfassung beim erstbeauftragten Institut oder Kunden - Informationsprobleme für Zahlungsempfänger

Abb. 5.2.4.2/1   Computerunterstützter Zahlungsverkehr

5.2.4.2.1 Belegloser Datenträgeraustausch

Die konventionelle beleggebundene Abwicklung des Zahlungsverkehrs wird durch maschinelle Belegerkennung und -sortierung sowie durch immer ausgefeiltere Schriftenlesesysteme unterstützt. Ziel aller Automatisierungsbestrebungen ist jedoch die vollkommen papierlose Bearbeitung von Überweisungen, Lastschriften, Scheckeinreichungen und anderen beleggebundenen Vorgängen. Bei dem computerunterstützten Zahlungsverkehr unterscheidet man zwischen beleglosem Datenträgeraustausch und elektronischen Zahlungsverkehrssystemen, die Datenkommunikationsnetze nutzen.

Bei einer Verwendung von Datenträgern erzeugen die Anwendungssysteme des Firmenkunden, wie z. B. Entgeltabrechnungs-, Finanzdispositions- oder Buchhaltungsprogramme, keine ausgedruckten Bankbelege mehr. Die Ausgabedaten werden von einem Zahlungsverkehrsprogramm in einem vorgegebenen Format auf einen Datenträger, wie z. B. Diskette oder Magnetband, geschrieben. Hierzu existieren Standards wie das sogenannte Datenträgeraustauschformat (DTA). Eine typische Zahlungsverkehrsdatei ist aufgebaut aus:

- einem Dateivorsatz, der Absender, Empfänger, Erstelldatum und andere organisatorische Angaben enthält
- einer Reihe von Zahlungsaustauschsätzen, die Einzelheiten über auszuführende Zahlungen beinhalten
- einem Dateinachsatz, der Abstimmungs- und Kontrolldaten, wie z. B. Anzahl der Datensätze und Prüfsummen, umfaßt

Die Inhalte der von den Unternehmen eintreffenden Datenträger werden im Bankrechner geprüft, zusammengeführt und in Finanztransaktionen umgewandelt. Man spricht auch von *Magnetband-Clearing* bzw. *Disketten-Clearing*.

5.2.4.2.2 Elektronische Zahlungsverkehrssysteme

Die Verwendung von Datenkommunikationsnetzen und -diensten ermöglicht heute eine Informationsübermittlung ohne Datenträger. Auf diesem Weg können Finanztransaktionen unterschiedlicher Quellen an einen Bankrechner weitergegeben werden. Anwendungssysteme in Unternehmen, Electronic-Cash-Terminals, Schalterterminals bei Banken oder Geld- und Kassenautomaten (vgl. Abschnitt 5.2.4.4.1) liefern Daten über das Netz an den Rechner der beauftragten Bank. Darüber hinaus besteht die Möglichkeit der Kontoabfrage, Buchung sowie Depotverwaltung auch für Privathaushalte, z. B. über T-Online. Man spricht dann von *Tele-Banking* oder *Home-Banking*. Insgesamt verwendet man den Begriff *Electronic Funds Transfer System* (*EFTS*) (vgl. Abb. 5.2.4.2.2/1).

Zur Realisierung des Zahlungstransfers innerhalb des gleichen Bankunternehmens ist der Bankrechner über Switching-Stellen mit den anderen Rechenzentren verbunden. Finanztransaktionen zwischen verschiedenen Banken, die dem gleichen Giro-Netz angehören, werden in einer Clearing-Stelle zusammengeführt, verrechnet und weitergeleitet. Für Giro-Netz-übergreifende Transaktionen sind die Clearing-Stellen miteinander verbunden.

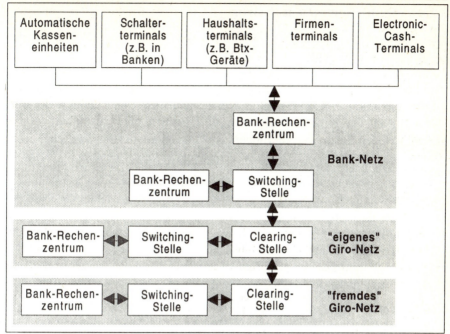

Abb. 5.2.4.2.2/1   Electronic Funds Transfer System (EFTS)

Sichere Zahlungssysteme über das Internet ermöglichen es, weltweit über Datennetze zu shoppen und zu bezahlen. Es wird dabei z. B. mit sogenannten signierten Münzen gearbeitet, die auf Festplatte oder Chipkarte gespeichert sind. Daneben versucht man, die sichere Bezahlung mit Hilfe einer verschlüsselten Übertragung von Kreditkartennummer und Geldbetrag zu verwirklichen.

5.2.4.2.3 Das System SWIFT

Ein EFTS, das speziell zur rationellen Abwicklung des Zahlungsverkehrs zwischen Banken insbesondere auf internationaler Ebene eingerichtet wurde, ist das System *SWIFT* (*Society For Worldwide Interbank Financial Telecommunication*). Hierzu werden standardisierte Nachrichtentexte ausgetauscht, die Finanztransaktionen beschreiben. SWIFT ist als hierarchisches Kommunikationsnetzwerk realisiert. Auf der obersten Ebene übernehmen länderübergreifende "System Control Centers" die Steuerung und Kontrolle des gesamten Netzwerkes. Darunter arbeiten eine Reihe von nationalen "Slice Processors", die als Netzknoten Nachrichten kontrollieren, speichern und weiterleiten sowie Leistungsabrechnungen und Statistiken erstellen. Die Bankterminals sind mit "Regional Processors" verbunden, die ankommende Transaktionsdaten in das System einschleusen bzw. entsprechende Nachrichten ausliefern.

5.2.4.3   Cash-Management-Systeme

Cash-Management-Systeme (CMS) unterstützen ein Unternehmen bei der Kontrolle und Optimierung des die eigenen Konten betreffenden Zahlungsverkehrs. Der Finanzdisponent erhält aktuelle Übersichten über Kontenstände und -umsätze, anstehende Zahlungsaufträge und Devisentermingeschäfte sowie allgemeine Zins- und Geldmarktinformationen. Es können mehrere Konten eines Unternehmens automatisch auf ein Sammelkonto zusammengeführt (*Pooling*) oder Zahlungsforderungen und -verbindlichkeiten zwischen verschiedenen Unternehmenseinheiten verrechnet (*Netting*) werden.

Über diese verwaltungstechnischen Aufgaben hinaus dienen Cash-Management-Systeme auch der Liquiditätsdisposition. Auf der Basis einer Abschätzung zukünftiger Zahlungsein- und -ausgänge werden Soll- und Habenstände der Konten prognostiziert und eventuell Ausgleichsbuchungen veranlaßt. Bei verbleibenden Unterdeckungen wird versucht, durch günstige Kreditaufnahme die Sollzinsen zu minimieren, bei Haben-Beständen schlägt das System vorteilhafte Anlagestrategien vor.

Derartige Softwarelösungen werden von Banken als zentrale Dienstleistung angeboten. Daneben findet man immer häufiger CMS-Softwarepakete im Unternehmen, die über Kommunikationsnetze Kontendaten vom Bankcomputer abrufen können. Fortgeschrittene Systeme verbinden die betriebsinterne Buchhaltung mit dem Zahlungsverkehrs- und Cash-Management-System, um auf diese Weise sämtliche Zahlungsströme integriert kontrollieren zu können (*Treasury-Workstations*). Weiterhin existieren sogenannte *Third-Party-Systeme*. Hierbei nutzen mehrere Banken das Anwendungssystem eines Cash-Management-Dienstleisters, indem sie die notwendigen Kontendaten übermitteln und im Gegenzug fertig aufbereitete Berichte für ihre Kunden erhalten.

5.2.4.4   Kundenselbstbedienung

5.2.4.4.1   Formen des Online-Kundenservice

Beim sogenannten *Electronic-Banking* im Sinne einer Computerunterstützung der Schnittstelle zwischen Bank und Kunde können zwei Stufen unterschieden werden. Die erste umfaßt den *Online-Schalterservice*, bei dem der Bankmitarbeiter Informations- und Transaktionswünsche unmittelbar über ein Schalterterminal abwickeln kann. Dadurch reduzieren sich vor allem die Kundenbedienzeiten.

Die zweite Automatisierungsstufe besteht darin, dem Kunden die Durchführung bestimmter Transaktionen völlig selbst zu überlassen, indem diese auf *Selbstbedienungsgeräte* verlagert wird. So sind z. B. Kontoauszugsdrucker weit verbreitet, die den Abruf von Kontoständen und Umsätzen über variable Zeiträume zulassen. Man verlagert das Bargeschäft auf Geldautomaten, wobei deren Funktionalität Schritt für Schritt um die Automatisierung von Einzahlungen, die Ausgabe von Reisezahlungsmitteln und Schecks oder die Bearbeitung von Sparbüchern erweitert werden soll.

Der Ausbau der Telekommunikation bietet darüber hinaus die Möglichkeit, die Abwicklung von Bankgeschäften in die eigene Wohnung zu verlegen (*Home-Banking*, vgl. Abschnitt 5.2.4.2.2). Trotz zunächst zögerlicher Akzeptanz des Mediums Btx gibt es im verbesserten neuen Dienst T-Online heute mit über 1,4 Millionen Online-Konten bereits weit mehr Konten als Anwender. Die Bankdienstleistungen reduzieren sich bei T-Online allerdings im wesentlichen auf die klassische Kontenführung. Echtes Online-Banking mit Angeboten von z. B. Aktienkursen, dem Wertpapier- und Optionenhandel über Anlage- und Investitionsberatung bis hin zu virtuellen Aktienbörsen bieten in den USA bereits über 100 Banken. Die deutschen Banken folgen und verzeichnen eine große Akzeptanz. Das Feedback ist zur Zeit meist nur über Electronic-Mail möglich, echtem Home-Banking stehen noch fehlende Sicherheitsstandards im Wege.

Der Zugang des Kunden zu einem sprachgesteuerten Selbstbedienungssystem erfolgt über jedes gewöhnliche Telefon. Ein Sprachcomputer analysiert die Anweisungen und wiederholt die Eingabe akustisch, so daß der Kunde die automatische Spracherkennung überprüfen kann, und stellt eine Datenverbindung zum Hauptrechner her. Es besteht die Möglichkeit, mittels eines Tastentelefons auch Zahlen einzugeben. Durch ein derartiges Selbstbedienungssystem können Auskünfte, z. B. über Angebote der Bank oder Kontoinformationen, eingeholt sowie Transaktionen, wie etwa Überweisungen, durchgeführt werden.

Das *POS-Banking* erlaubt die bargeldlose Begleichung von Zahlungen direkt am POS-Terminal des Handels- oder sonstigen Dienstleistungsunternehmens (vgl. Abschnitt 5.2.2.1). Man spricht deshalb auch von Electronic-Cash-Systemen. Hierzu kontrolliert zunächst das POS-System die Identität des Kunden, indem eine Verbindung zum Bankrechner über eine Vermittlungsstelle hergestellt oder der Prüfmechanismus einer Chipkarte aktiviert wird. Anschließend erfaßt das System die für den Zahlungsvorgang notwendigen Daten [Beutelspacher 91]. Diese werden über Datenträger oder Datenfernübertragung an die "Hausbank" übermittelt, die die Beträge dem Unternehmenskonto gutschreibt und die Kundenkonten per Lastschriftverfahren belastet.

5.2.4.4.2 Sicherheitsvorkehrungen

Bei der Kundenselbstbedienung ist die Sicherung des Systemzugangs von besonders hoher Bedeutung. Folgende Kontrollen sind gebräuchlich:

❐ *Paßwortkontrolle*

Die Eingabe eines Paßwortes in Verbindung mit einer *Benutzerkennung* gehört zu den einfachsten Sicherungseinrichtungen. Dies bedeutet jedoch keinen hundertprozentigen Zugriffsschutz. Es kommt immer wieder vor, daß Paßwörter erraten, errechnet, ausgespäht oder abgehört werden. Für besonders sensible Transaktionen, wie z. B. Überweisungen oder Lastschriftaufträge, ist deshalb häufig die Angabe von zusätzlichen geheimen *Transaktionsnummern* notwendig, die der Bankcomputer vordefiniert. Der Kunde erhält diese Nummern auf vertrauliche Weise und kann jede nur einmal verwenden.

❐ *Passive Ausweiskarte*

Insbesondere bei Automaten und Selbstbedienungsterminals werden zur Berechtigungsprüfung maschinell lesbare Ausweiskarten eingesetzt. Passive Karten, wie z. B. die Euroscheckkarte, enthalten eindeutige Identifikationsdaten sowohl des Benutzers als auch der Karte selbst. Der Karteninhaber muß sich am Automaten durch die Eingabe einer *persönlichen Identifikationsnummer* (PIN) identifizieren. Die Software des Gerätes prüft daraufhin sowohl die Authentizität des Benutzers als auch die Echtheit der Karte. Hierzu werden die z. B. auf einem Magnetstreifen oder einem Halbleiterchip gespeicherten Daten gelesen und von einem Prüfprogramm weiterverarbeitet.

❐ *Aktive Ausweiskarte*

Sogenannte "intelligente" Karten sind mit einem Mikroprozessorchip ausgestattet. Dieser kann selbständig Kontrollalgorithmen abwickeln und aktiv mit Automaten oder Terminals interagieren. Man spricht auch von *Smart-Card*. Die Weiterentwicklung zur *Super-Smart-Card* bietet zusätzlich eine eingebaute Tastatur und ein kleines LCD-Display. So ist es ihrem Benutzer auch möglich, Informationen aus dem Kartenchip abzufragen oder Aufträge einzuspeichern und zu sammeln, die die Karte dann bei einem späteren Kontakt mit einem Automaten selbständig ausführt.

5.2.4.5 Kreditbearbeitung

Im Kreditbereich werden neben den operativen Tätigkeiten des Tagesgeschäftes im wesentlichen folgende Aufgaben durch IV-Systeme unterstützt:

– Kundenberatung, Kreditprüfung und Kreditüberwachung
– Steuerung des Kreditgeschäftes (Kreditmanagement)

Eine wichtige Aufgabe der Informationsverarbeitung im Aktivgeschäft ist die Kreditwürdigkeitsprüfung. Man kann hierbei zwischen Privat- und Firmenkrediten unterscheiden.

5.2.4.5.1 Privatkredite

Ein standardisiertes Verfahren zur Beurteilung von Privatkrediten ist das *Credit-Scoring*. Man geht davon aus, daß zwischen bestimmten soziodemographischen Kundenmerkmalen und dem Kreditrisiko ein indirekter Zusammenhang besteht. Die Ausprägungen der Merkmale, wie z. B. Einkommenshöhe, Dauer des derzeitigen Beschäftigungsverhältnisses, berufliche Qualifikation oder bisheriges Zahlungsverhalten, werden mit bestimmten Punktzahlen gewichtet. Der Rechner bestimmt zunächst für eine größere Stichprobe schon abgewickelter Kredite einerseits die Punktesumme pro Kredit und andererseits den Gewinn bzw. Verlust, der der Bank durch diesen Kredit entstanden ist.

Man berechnet dann im nachhinein, wieviel Gewinn bzw. Verlust entstanden wäre, wenn alle Kredite unterhalb einer vorgegebenen Punktegrenze, dem sogenannten *Ausscheidungsfaktor*, abgelehnt worden wären. Bei einer zu tief angesetzten Grenze wird der Gewinn durch sehr viele "schlechte" Kredite vermindert bzw. ein Verlust erzielt, bei einem zu hohen Ausscheidungsfaktor kommen dagegen zu wenige "gute" Kredite zum Tragen. Es kann somit der Ausscheidungsfaktor bestimmt werden, bei dem für die vergangenen Kredite der Gewinn maximal geworden wäre. Dieser errechnete Punktwert wird als Akzeptanzgrenze bei der Beurteilung aktueller Kreditanträge herangezogen und kann in bestimmten zeitlichen Intervallen angepaßt werden. Das Credit-Scoring-Verfahren ist allerdings nur bei weitgehend homogenen Kundengruppen, wie sie hauptsächlich bei Konsumenten- und Hypothekenkrediten gegeben sind, sinnvoll anwendbar.

5.2.4.5.2 Firmenkredite

Zur Beurteilung der Kreditwürdigkeit von Firmenkunden führt man in der Regel eine Unternehmensanalyse durch. Ein wichtiges Hilfsmittel hierzu ist die computergestützte Analyse und Beurteilung des Jahresabschlusses.

Die erstellte Auswertung beginnt üblicherweise mit einer *Kurzübersicht* über besondere Positionen und Positionsgruppen aus Bilanz und GuV-Rechnung, wie Gesamtergebnisse, Ausschüttungen oder Entnahmen. Strukturzahlen legen Größenverhältnisse zwischen bestimmten Positionen offen. Beispiele sind die Eigenkapital-, Umlaufvermögens- und Personalaufwandsquoten oder der Verschuldungsgrad. Andere *betriebswirtschaftliche Kennzahlen*, wie z. B. Liquiditätsgrade oder Rentabilitäten, gestatten darüber hinaus weitere Aussagen zur finanziellen Situation. Die *Bewegungsbilanz* zeigt den Cash-Flow, die Mittelverwendung und die Mittelherkunft, nach Innen- und Außenfinanzierung getrennt, auf. Wertvolle Informationen liefert eine Zeitraumbetrachtung, d. h. die Entwicklung von Einzelergebnissen im *Periodenvergleich*. Die Gegenüberstellung der Ergebnisse mit Durchschnittszahlen der betreffenden Branche erfolgt im *Branchenvergleich*.

Die meisten Kennzahlen werden aus den Daten der Bilanz und der GuV-Rechnung ermittelt. Daneben verwendet man für weitere interessante Werte, wie z. B. den "Pro-Kopf-Umsatz", Bezugsgrößen, die nicht dem Jahresabschluß zu entnehmen sind (Mitarbeiterzahl, Absatzmengen usw.).

Derartige Analysesysteme werden zum Teil zu sogenannten *Expertisesystemen* weiterentwickelt. Diese können nicht nur relevante Kennzahlen errechnen und Vergleiche anstellen, sondern aus den Resultaten auch Schlüsse ziehen und damit eine automatische Ergebnisbewertung durchführen. Durch Integration einer Textgenerierungskomponente, die vorgefertigte Textbausteine und variable Analysedaten zusammenfügt, entstehen schriftliche Expertisen, die auf Stärken und Schwächen des untersuchten Unternehmens eingehen und diese mit den extrahierten Zahlen untermauern. Hierzu müssen Entscheidungsregeln, heuristische Vorgehensweisen und Erfahrungswissen von Experten abgebildet werden, so daß derartige Anwendungssoftware vielfach in Form von Expertensystemen realisiert ist.

5.2.4.6 Anlageabwicklung

5.2.4.6.1 Anlageberatung

Neben der Verwaltung von Geldanlagen durch unterschiedliche Anlagekonten erwartet der Bankkunde zunehmend computergestützte Beratungsleistungen. Hierzu steht eine Vielzahl von Wertpapier- bzw. Börseninformationssystemen zur Verfügung. Nach dem Herunterladen zentral gespeicherter Daten auf einen PC werden dort eingesetzte Analyseprogramme mit den notwendigen Informationen versorgt, um entsprechende Kauf- und Verkaufsempfehlungen geben zu können. Auch hier ist der zunehmende Einsatz von Expertensystemen festzustellen. Bei zu weitgehender Automatisierung besteht jedoch die Gefahr von computergesteuerten Kettenreaktionen, die zu extremen Kurssprüngen und schwer kontrollierbaren Marktstörungen führen können.

Der Handel mit Wertpapieren, das Fonds- und Vermögensmanagement werden oft unter dem Begriff *Investment-Banking* zusammengefaßt. Hiervon ist die Unterstützung der Abwicklung von Investitionsvorhaben, wie z. B. der Anschaffung von Maschinen, Firmenfahrzeugen oder Unternehmensgebäuden, zu unterscheiden. Auch dort werden Anwendungssysteme eingesetzt, die z. B. Finanzierungsmodelle unter Berücksichtigung von Kauf, Miete und Leasing durchrechnen oder die Inanspruchnahme öffentlicher Förderprogramme abprüfen. Ziel ist, vorhandene Mittel optimal für geplante Investitionen zu nutzen und benötigte Kredite günstig zu gestalten.

5.2.4.6.2 Elektronische Börse

Für den Börsenhandel stehen eine Vielzahl von Systemen zur Verfügung bzw. werden entwickelt, z. B. das Börsen-Order-Service-System BOSS, die Deutsche Terminbörse DTB, das Inter-Banken-Informationssystem IBIS, das Kursinformationssystem KISS, das Elektronische Handelssystem EHS und das Europäische Wertpapier-Informationssystem Euroquote.

Alle Systeme liefern Informationen über die aktuellen Kurse, Währungen, Zinssätze usw. Bei einigen dieser Systeme besteht die zusätzliche Möglichkeit des direkten An- und Verkaufs der Wertpapiere. Am Beispiel des Optionsscheinhandels an der Deutschen Terminbörse (DTB) sollen der Aufbau und die Funktionsweise einer Elektronischen Börse näher vorgestellt werden (vgl. Abb. 5.2.4.6.2/1).

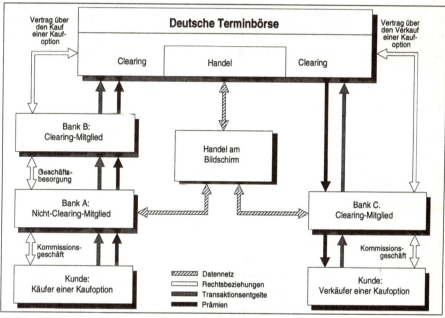

Abb. 5.2.4.6.2/1   Struktur einer Elektronischen Börse

Mit Hilfe des Datennetzes der Elektronischen Börse besteht eine Kommunikationsverbindung zwischen allen teilnehmenden Banken. Der Verkaufsvorgang erfolgt online und wird in der Elektronischen Börse gespeichert. Der eigentliche Käufer bzw. Verkäufer tritt nicht in Aktion, sondern wird durch die Bank A bzw. die Bank C repräsentiert. Es besteht deshalb nur indirekt eine Rechtsbeziehung zwischen dem Käufer und dem Verkäufer. Der Kaufvertrag wird über die Bank A und evtl. auch über die Bank B mit der Elektronischen Börse geschlossen, die ihrerseits wiederum einen Vertrag über die Bank C mit dem Verkäufer schließt.

Die Zahlungen gelangen vom Kunden über Bank A und Bank B zur Clearing-Stelle der Deutschen Terminbörse. Dort erfolgt eine Verrechnung mit anderen Transaktionen der Bank C. Der Differenzbetrag wird an Bank C überwiesen, die wiederum den Verkaufserlös dem Verkäuferkonto gutschreibt.

5.2.5 Anwendungen im Versicherungswesen

5.2.5.1 Abwicklungsunterstützung

5.2.5.1.1 Erstbearbeitung

❒ **Erstdatenerfassung**
Neben der Unterstützung der reinen Datenerfassung wird anhand des Namens und der Adresse überprüft, ob es sich bei dem Kunden um einen Neukunden handelt. Eventuelle Kundenbeziehungen werden abgespeichert. Im Rahmen der Erfassungsprüfung findet eine Format- und Plausibilitätskontrolle statt. Daraufhin werden automatisch eine Vertrags- und Partnernummer vergeben. Bei fehlenden Daten sind Formschreiben an den Antragsteller abrufbar.

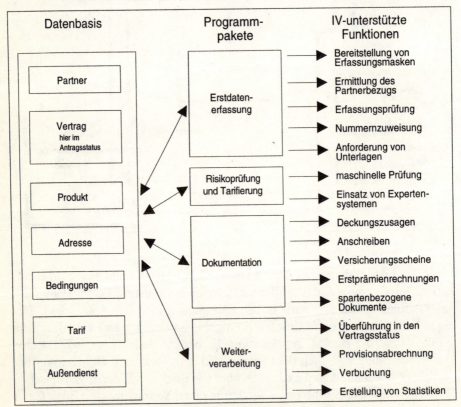

Abb. 5.2.5.1.1/1   IV-Einsatz bei der Vertragserstellung

☐ **Risikoprüfung und Tarifierung**

Sogenannte Underwriting-Systeme sollen eine konsistente Risikoprüfungs-
politik innerhalb der Gesellschaft sicherstellen. Dies geschieht z. B., indem
Empfehlungen, wie ein spezifisches Risiko zu tarifieren ist, archiviert und
alle Entscheidungen der Underwriter festgehalten werden. Ferner unterstützen sie den Underwriting-Spezialisten bei der Entdeckung neuer Risikozu-
sammenhänge. In diesem Bereich bietet sich auch der Einsatz Wissensba-
sierter Systeme an.

☐ **Weiterverarbeitung**

Nach der Dokumentation (dem Ausdruck aller Dokumente und Anschreiben, die mit der Erstbearbeitung zusammenhängen) wird der Schwebezu-
stand des Vertrages durch Vergabe einer eindeutigen Schlüsselnummer
aufgehoben. Provisionen des Außendienstes werden berechnet.

5.2.5.1.2 Versicherungsfall

☐ **Schadenserfassung**

Ausgangspunkt der Schadensbearbeitung ist die Meldung des Schadens.
Über eine Maske werden alle schadensrelevanten Vertrags- und Partnerda-
ten zusammen mit dem Schlüssel zur Verknüpfung (Versicherungsschein-
nummer, Partnernummer) eingegeben. Eine Schadensnummer wird automatisch vergeben. Über verbundene Textverarbeitungsprogramme werden
Formbriefe veranlaßt.

☐ **Schadensfolgebearbeitung**

Deckungsprüfungsprogramme überprüfen anhand des Vertrages, der Bedingungen und des Tarifes, ob Versicherungsschutz besteht oder Leistungs-
ausschlußgründe in Frage kommen. Zur Entschädigungsberechnung wird
z. B. in der Kfz-Versicherung anhand der eingegebenen Daten sowie aus
gespeicherten Werten für Ersatzteile und Arbeitsstunden der Entschädi-
gungswert berechnet. Für Rechtsauskünfte wird auf externe Datenbanken,
wie z. B. JURIS, zurückgegriffen.

☐ **Schadensabschlußbearbeitung**

Der Programmkomplex "Auszahlung der Versicherungsleistung" erstellt je
nach Zahlungsart die entsprechenden Belege oder Datenträger. Buchungsdaten werden direkt den Buchhaltungsprogrammen zur Verfügung gestellt.
Die Schadensfalldaten sind noch eine gewisse Zeit im direkten Zugriff und
werden dann archiviert. Daten, die im direkten Zugriff zu halten sind, wie
z. B. Schadensnummer, Höhe der Entschädigung und eventuell die Kennziffer der Mikrofilmrolle (bei Verfilmung), bleiben in der Datenbank. Vom
Schadensverlauf abhängige Bestandsdaten (z. B. Schadensfreiheitsrabatt
bei der Kfz-Versicherung) werden angepaßt.

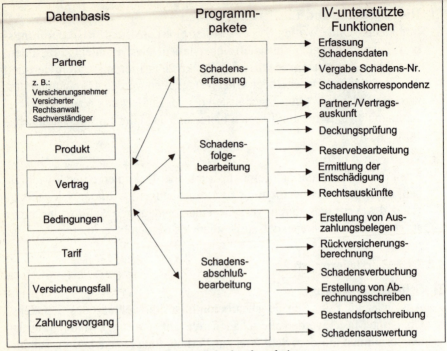

Abb. 5.2.5.1.2/1   IV-Einsatz bei der Schadensbearbeitung

Periodische Auswertungen der erfaßten Daten nach beliebigen Merkmalen zeigen Schadensentwicklungen nach Versicherungszweigen, Risikogruppen und Vertriebsbereichen für Zwecke der betrieblichen Planung, Risikokalkulation und Tarifberechnung auf.

5.2.5.2   Außendienstunterstützung

Bei der Akquisition von Versicherungsanträgen wird nach wie vor großer Wert auf den persönlichen Kontakt gelegt. Die Möglichkeiten zur Selbstbedienung entwickeln sich im Versicherungswesen langsamer als im Bankbereich. Die Nutzung des Internet scheint jedoch einen neuen Abschnitt im Vertrieb von Versicherungen einzuläuten. Der Kunde kann Angebote z. B. zur Kfz- und Hausratversicherung anfordern oder aber ein Beratungsgespräch vereinbaren. Die Antwort auf seine Anfrage erhält er wahlweise per Post oder Electronic-Mail. Im Zentrum der IV-Unterstützung steht die Forderung, direkt beim Kunden auf Basisdaten flexibel zugreifen und vor Ort Varianten von Versicherungsleistungen durchrechnen zu können. Dies ist heute durch tragbare PCs in Verbindung mit der Nutzung öffentlicher Kommunikationsdienste möglich. Ein typischer Ablauf könnte wie folgt aussehen:

- Der Außendienstmitarbeiter wertet die gespeicherten Kundenprofile aus und erkennt, daß der Kunde XY eine Lebensversicherung mit einer relativ niedrigen Summe abgeschlossen hat und keine Berufsunfähigkeitszusatzversicherung (BUZ) besitzt. Darüber hinaus ist gespeichert, daß der Kunde Berufskraftfahrer und verheiratet ist und vor kurzem Vater wurde.
- Der Mitarbeiter erstellt interaktiv aus Textbausteinen, in die die recherchierten Daten integriert werden, ein individuelles Anschreiben an den Kunden, in dem er ihn um die Vereinbarung eines Termins bittet.
- Der Rechner verwaltet die vereinbarten und geplanten Termine und gibt gegebenenfalls Erinnerungs- oder Nachfaßhinweise aus.
- Während des Kundenbesuchs werden mit Hilfe des Laptops verschiedene Alternativen zur Aufstockung der Versicherungssumme durchgerechnet und mögliche Modelle einer BUZ präsentiert.
- Nachdem sich im Verlauf der Modellrechnungen die Vorstellungen des Kunden präzisiert haben, gibt das System einen detaillierten Vorschlag aus.
- Bei Annahme des Vorschlags werden die Anträge für die Erweiterung der Lebensversicherung und die BUZ ausgedruckt.
- Nach Unterschrift des Kunden schließt der Außendienstmitarbeiter den Laptop z. B. per Akustikkoppler an das Telefon an und übermittelt die Daten an den Zentralcomputer zur Prüfung der Anträge.
- Falls diese Prüfung in der Zentrale automatisch geschehen kann, wird die Annahmebestätigung sofort zurückübermittelt, und der Kunde bekommt anschließend die Versicherungspolicen über den am Laptop angeschlossenen Drucker ausgefertigt.

In der Regel werden die wichtigsten Tarifwerke sowie die Stammdaten der Kunden des betreffenden Agenturbezirks lokal auf dem Laptop verfügbar sein. Mit entsprechenden Programmpaketen zur Beratung, Tarifberechnung und Antragsbearbeitung können dann die gängigen Fragestellungen behandelt werden. Die Kundenstammdaten werden oft durch weitere Profilinformationen angereichert, welche auch "weiche" Daten zur persönlichen Situation, der Versorgungs- und Finanzlage enthalten können, die der Außendienstmitarbeiter aus den persönlichen Gesprächen gewonnen hat.

Ähnlich wie im Bankbereich übernehmen Anwendungssysteme neben operativen auch mehr und mehr Beratungsaufgaben. So findet man z. B. Expertensysteme sowohl zur Unterstützung des Außendienstmitarbeiters auf Gebieten, auf die er nicht spezialisiert ist, wie auch des Sachbearbeiters im Innendienst, der Schadensersatzansprüche zu prüfen und zu beurteilen hat.

5.2.6 Anwendungen in der Touristik

5.2.6.1 Reiseinformationssysteme

Neben zahlreichen CD-ROM-Platten mit multimedialen Informationen über unterschiedlichste Städte und Gebiete werden zunehmend auch komplexe dialogorientierte Auskunfts- und Beratungssysteme angeboten. An Selbstbedienungsterminals können interaktiv z. B. mit Hilfe eines berührungsempfindlichen Bildschirms (Touch-Screen) Auskünfte über Unterbringungsmöglichkeiten, Wetterverhältnisse, Ferienaktivitäten usw. in Bild, Ton und Text abgerufen werden. Auf Wunsch stellt das System eine Telefonverbindung zum ausgewählten Hotel oder zum Verkehrsverein her. Adressen und Wegbeschreibungen können vor Ort ausgedruckt werden.

Immer mehr Städte oder Gebiete nutzen das Internet, um Informationen über sich zu vermitteln, und bieten somit auch Restaurationsbetrieben, kulturellen Veranstaltern usw. eine Möglichkeit, sich zu präsentieren. Bei den Reisemittlern sind es vor allem Anbieter von Last-Minute-Reisen, die auf diesem Weg an Privatkunden herantreten. Will der Kunde eine Reise aus dem Angebot im Internet buchen oder sucht er nähere Informationen, so muß er meist noch auf konventionelle Medien (z. B. Telefon) zurückgreifen.

Im folgenden werden weitere fortgeschrittene Beispielsysteme skizziert.

❑ **Deutsche Bahn AG**

Die elektronische Fahrplan- und Verkehrsauskunft (EVA) verfügt über 80.000 Zug-, Bus-, S-Bahn- und Schiffsverbindungen, wobei 10.000 Bahnhöfe zu einem Netz von ca. 64 Millionen möglichen Verbindungen verknüpft werden können. Die Daten beinhalten den kompletten von der Bahn betriebenen deutschen Nah- und Fernverkehr, die Bahnverbindungen in alle größeren Städte Europas und zukünftig komplette Fahrpläne auch einzelner europäischer Länder. Neben diesen ausführlichen Informationen können die Fahrpreisauskünfte direkt und klassenbezogen ausgegeben werden. Anschließend werden Ticket und/oder Platzkarte elektronisch bestellt. Die Zusendung erfolgt konventionell über Brief, die Abrechnung per Nachnahme oder Einzugsermächtigung.

❑ **Fluggesellschaften**

Seit Anfang der neunziger Jahre kann über T-Online auf einen Lufthansa-Online-Flugplan zugegriffen werden, wobei eine direkte Verbindung zum AMADEUS-Rechner hergestellt wird. Dieser Zugriff beinhaltet auch die Anzeige der Verfügbarkeiten aller Verbindungen und weitergehende Fluginformationen (Reisezeit usw.). Die Reservierung von LH-Flügen erfolgt mittels manueller Eingabe in eine Mailbox. Diese Reservierungsaufträge werden mit einem Zeitverzug von der LH-Zentralreservierung ausgelesen. Der Endkunde wird zum Schluß per Electronic-Mail über die durchgeführte

Reservierung informiert. Über das Internet bieten die meisten Fluggesellschaften dem Privatkunden das gesamte Dienstleistungsspektrum von Angeboten, Tarifberechnungen bis hin zu Flugbuchungen an.

❏ **Audiotex**

Unter Audiotex versteht man Sprachdienstleistungen, bei welchen der Endkunde über das Telefonnetz auf Datenbankfunktionalitäten zugreift. Er kann Sprachinformationen z. B. über Reiseangebote und Buchungsbestätigungen abrufen. Mittels digitalisierter Aufnahme der Spracheingabe der Anrufer können Buchungen und Kreditkartennummern gespeichert werden. Eine Dialogsteuerung ist durch die Spracheingabe oder Telefontastatur des Anrufers möglich.

❏ **Selbstbedienungsautomaten**

Neben den ursprünglichen Informationsterminals im Flugverkehr, die lediglich Informationen über Abfahrtszeiten, Reiseziele, Last-Minute-Flüge usw. anbieten, werden in letzter Zeit auch Ticketautomaten installiert, an welchen der Kunde, der für einen Linienflug bereits eine Buchung durchgeführt und bezahlt hat, sein Ticket abholen kann. Eine weitergehende Automatisierung soll die Identifizierung und Bezahlung des Kunden mit Kreditkarten ermöglichen, wobei gleichzeitig ein automatischer Check-in durchgeführt wird.

5.2.6.2 Integrierte Reisevertriebssysteme

Neben regional oder national begrenzten Reservierungs- und Buchungssystemen, bei denen über ein Medium wie T-Online oder START mit den verschiedenen AS der einzelnen Anbieter kommuniziert wird, sind umfassende *globale Computergestützte Reisevertriebssysteme (CRS)* entstanden. Ein Beispiel hierfür ist AMADEUS (vgl. Abb. 5.2.6.2/1). Dieses System gewährleistet neben Flug-, Bahn-, Schiffs- und Mietwagenbuchungen auch den Zugriff auf viele andere Dienstleistungen außerhalb des Verkehrssektors, wie z. B. Reservierungen für Hotels, Theater-, Messe- und Sportveranstaltungen oder Visa- und Wetterinformationen.

❏ **Angebotsdarstellung**

Die Angebotsdarstellung globaler Systeme unterliegt internationalen Wettbewerbsregeln, da in der Vergangenheit willkürliche Verzerrungen vorkamen. Die Bildschirmpositionen dürfen einzelne Leistungsanbieter nicht bevorzugen. Neben dem Flugangebot können Hotels, Mietwagen und eine Vielzahl von weiteren Dienstleistungen abgefragt und gebucht werden.

❏ **Reservierung/Buchung**

Die Kommunikation zwischen einem CRS und dem Leistungsanbieter kann mit Hilfe von fünf unterschiedlichen Verfahren durchgeführt werden, die

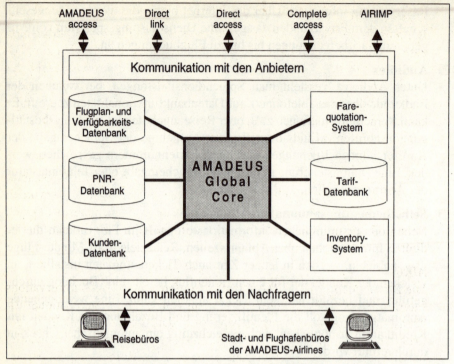

Abb. 5.2.6.2/1   Globales Reisevertriebssystem AMADEUS

sich hinsichtlich der Sicherheit der Buchung und des Ortes für die Speicherung des *Passenger Name Record* (PNR) voneinander unterscheiden. Im PNR werden vom CRS sämtliche Einzelleistungen einer Reisebuchung in einem normierten Datenformat festgehalten.

AMADEUS access
AMADEUS bietet die Möglichkeit, Leistungsangebote in einem zentralen Informationssystem zu verwalten und laufend zu aktualisieren. Damit ist es nicht mehr notwendig, vom Reisebüro aus auf die Rechner der angeschlossenen Leistungsträger zuzugreifen. Bei einer Reservierung bzw. Buchung wird der PNR jeweils in beiden Systemen aufgebaut, was eine unmittelbare Veränderung der Verfügbarkeiten bewirkt.

Direct link
Hier wird zur Abfrage von Informationen und zur Buchung von Reiseleistungen direkt zu den Reservierungssystemen der angeschlossenen Leistungsträger durchgegriffen. Somit besteht eine unmittelbare technische Verbindung zu den jeweiligen Anbietern, deren Systeme sich hinsichtlich Benutzungsoberflächen und Dialogformen unterscheiden. In dem entsprechenden angefragten System erfolgt auch der Aufbau des PNR.

Direct access

Bei diesem Verfahren wird ähnlich wie beim Direct link eine Verbindung zum Rechner des Leistungsanbieters hergestellt. Im Unterschied zum Direct link muß sich das Reisebüro jedoch nicht um die Befehlssprache des angefragten Systems kümmern. Die Transaktionen werden unter einer einheitlichen Benutzungsoberfläche in das Reservierungssystem eingegeben und von dort an den jeweiligen Zielrechner weitergeleitet. Der PNR wird wie bei Direct link im angefragten System aufgebaut.

Complete access

Dieses Verfahren wird benutzt, um eine Verbindung zu den Leistungsanbietern des Hotelbereichs und der Autovermietungen herzustellen. Es wurden hier Systeme implementiert, die Verfügbarkeits- und Buchungsmeldungen vom Format des Reisevertriebssystems in die jeweilige Systemsprache übersetzen.

AIRIMP

Die Bezeichnung AIRIMP (Air Traffic Conference and IATA Reservations Interline Message Procedure) steht für ein von der IATA (International Air Transport Association) vorgegebenes, standardisiertes Protokoll für die Datenübermittlung zwischen Luftverkehrsgesellschaften untereinander und mit den einzelnen Reservierungssystemen. Die Kommunikation erfolgt mit Hilfe automatisierter Telexe, die über ein weltweites Nachrichtenverbindungssystem für den gewerblichen Luftverkehr ausgetauscht werden. Dieses Verfahren wird immer dann angewandt, wenn zu den Leistungsanbietern keine höherwertige Verbindung besteht.

❒ **Tarifierung**
Durch Aufruf der Transaktion "Automatic Pricing" wird der Tarif des Fluges berechnet und dem PNR hinzugefügt.

❒ **Ticketing**
Im Rahmen des Ticketing werden dem PNR Optionen bezüglich der Bezahlungsart oder der Abholungs-/Versandart des Tickets zugeführt.

❒ **Zusatzinformationen**
Der Reisemittler gibt zum vollständigen Aufbau des PNR verschiedene Elemente wie Name und Telefonnummer der Passagiere, Sitzplatz-, Essens- und andere Wünsche ein, bevor der PNR geschlossen und nach Vergabe eines eindeutigen Schlüssels in der Datenbank gespeichert wird.

5.2.6.3 Yield-Management-Systeme

Wegen des exakt terminierten Leistungsabsatzes und des hohen Fixkostenblocks versuchen viele Fluggesellschaften, ihre Ertragslage durch Yield-Management-

Systeme zu optimieren. Die Konzeption des Yield-Managements beruht auf der Annahme, daß ein Dienstleistungsprodukt zu unterschiedlichen Zeitpunkten eine unterschiedliche Wertigkeit besitzt. Ein Geschäftsreisender ist bereit, mehr für sein Ticket zu bezahlen, wenn er dafür die Möglichkeit hat, kurzfristig zu buchen bzw. umzubuchen. Der Privatreisende legt sich meist Wochen oder Monate im voraus auf einen bestimmten Flug fest, bekommt dafür aber auch erheblich günstigere Tarife. Es stellt sich somit die Frage, ob bzw. wann eine konkrete Nachfrage abzulehnen ist, da sich die zur Verfügung stehende Kapazität eventuell später zu einem höheren Preis verkaufen läßt. Ziel eines Yield-Management-Systems ist es hierbei, mit Hilfe von Nachfrageprognosen ein gewinnoptimales Angebotsverhältnis von teuren und preisgünstigen Platzkapazitäten zu ermitteln. Konkurrenzverhalten und Tarifänderungen können diesen Optimierungsvorgang zusätzlich beeinflussen. Das Ergebnis dieser Berechnung wird den Reisevertriebssystemen in Form von Verfügbarkeiten der Buchungsklassen mitgeteilt. Ähnliche Systeme können auch im Mietwagenbereich und in der Hotellerie eingesetzt werden.

5.2.7   Anwendungen in Gastronomie und Hotellerie

5.2.7.1   Gastronomiesysteme

5.2.7.1.1   Front-Office-Unterstützung

Der Schwerpunkt des Computereinsatzes im Gastronomiebetrieb liegt in der Unterstützung des Gästeservices. Beim *Master-Slave-Konzept* vernetzt man mehrere elektronische Registrierkassen, die als reine Erfassungskassen (Slaves) verwendet werden, mit einer zentralen Hauptkasse (Master). Als Peripherie findet man meist Rechnungs- und Bondrucker. Die Master-Kasse steuert und kontrolliert alle angeschlossenen Geräte. Eine typische Vorgangsabwicklung gestaltet sich rechnergestützt etwa so (vgl. Abb. 5.2.7.1/1):

- Aufnahme der Bestellung und Eingabe der Artikel über Funktionstasten oder Codes
- Bonausdruck für die Bedienung
- Automatische Weiterleitung der Bestellung an Küche und Theke sowie dortiger Bonausdruck
- Servieren der Speisen und Getränke
- Automatische Erstellung der Gastrechnung mit allen Artikeln im Klartext
- Bezahlung
- Weiterleitung der Rechnungsdaten an das Back-Office-System

Fortgeschrittene Systeme sehen für die Aufnahme der Bestellung schon mobile Datenerfassungsgeräte vor, die wie Taschenrechner in der Hand gehalten und bedient werden können. Zukünftig ist auch eine bargeldlose Bezahlung

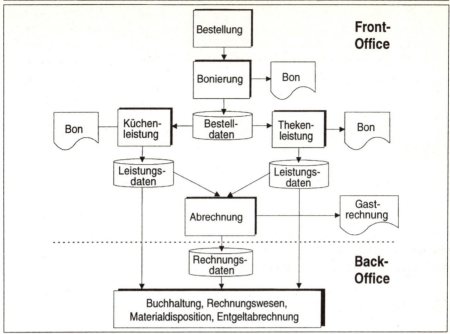

Abb. 5.2.7.1/1   Computerunterstützte Vorgangsabwicklung in der Gastronomie

mittels Scheck- oder Kreditkarte denkbar, die wie bei einem POS-System abgewickelt wird.

Die besonderen Vorteile der computergesteuerten Registrierkassen liegen in der automatischen Auswertung und der Bonkontrolle. Man hat hierzu unterschiedlichste Software zur Verfügung, die permanent gespeichert oder bei Bedarf von Diskette geladen werden kann. So sind auf Knopfdruck Kellner-, Artikel- und Spartenumsatzstatistiken, Kassenkontrollberichte, Mehrwertsteuerausweise und Bedienungsgeldabrechnungen abrufbar.

5.2.7.1.2 Back-Office-Unterstützung

In der Regel sind im Back-Office-Bereich nach dem Tagesgeschäft folgende Tätigkeiten durchzuführen:

– Umsätze der einzelnen Bedienungen abrechnen
– Gesamtumsatz durch den Geschäftsleiter abrechnen, um den Verkaufsbericht und das Warenbewegungsbuch zu erstellen und die Kasse zu kontrollieren
– Bonkontrolle durchführen, um richtige Preisregistrierung und Spartenzuordnung festzustellen

Daneben sind in Gastronomiebetrieben die üblichen kaufmännischen Funktionen zu unterstützen, wie z. B. Finanzbuchhaltung, Entgeltabrechnung oder

Materialwirtschaft, insbesondere hier die Disposition und Überwachung des Nahrungsmittel- und Getränkeeinkaufs.

Für diese Aufgaben steht eine differenzierte Datenbasis zur Verfügung:

– Artikelspeicher mit Kurztext, Preis, Steuerschlüssel und Bonart pro Artikel
– Spartenspeicher für die aufgelaufenen Umsätze einzelner Artikel bzw. Artikelgruppen
– Kellnerspeicher für die individuelle Umsatzzuordnung
– Rechnungsspeicher für eine Vielzahl offener Gästerechnungen
– Speicher für die permanente Bestandskontrolle
– Weitere Einzelspeicher für Kredite, Storno, Nachlässe, Mehrwertsteuer usw.

5.2.7.2   Hotelsysteme

5.2.7.2.1   Front-Office-Unterstützung

❏ **Reservierung**
Bei einer Reservierung durch das Hotelpersonal müssen zunächst aktuelle Daten über Auslastung und Verfügbarkeit der Kapazitäten abgerufen werden. Nachdem die Wünsche des Kunden eingegeben wurden, schlägt das System alle in Frage kommenden Zimmer vor. Auf Knopfdruck wird dann der Status des gewählten Zimmers für den gewünschten Zeitraum auf "reserviert" gesetzt. Eine Reservierungsbestätigung und das Formular zur Aufnahme der Stammdaten des Gastes bei Ankunft werden automatisch ausgedruckt. Eine Alternative zu dieser Vorgehensweise ist die Reservierung über ein CRS (vgl. Abschnitt 5.2.6.2), wobei der Kunde bzw. Reisemittler direkt mit dem System kommuniziert.

❏ **Check-in**
Bei Ankunft des Gastes im Hotel legt das System automatisch ein Gastkonto an, in dem für die gesamte Aufenthaltsdauer Belastungen und Entlastungen gegenübergestellt werden. Der Zimmerstatus wechselt zu "belegt". Die noch zu ergänzenden Stammdaten des Gastes überträgt ein Programm vom Aufnahmeformular in die Stammdaten oder fragt sie papierlos direkt am Bildschirm ab. Ferner können dem Gast automatisch Telefon- und Videoanlage zugänglich gemacht sowie ein Meldeschein gedruckt werden.

❏ **Service**
Die Inanspruchnahme und Erfassung von Serviceleistungen kann durch Hard- und Softwarekomponenten erheblich vereinfacht werden. Codekarten als Schlüssel steigern nicht nur die Sicherheit, sondern sind auch als interne maschinenlesbare Kredit- und Buchungskarten verwendbar. Die anfallenden Daten im Restaurant- und Barbereich werden online mit Hilfe

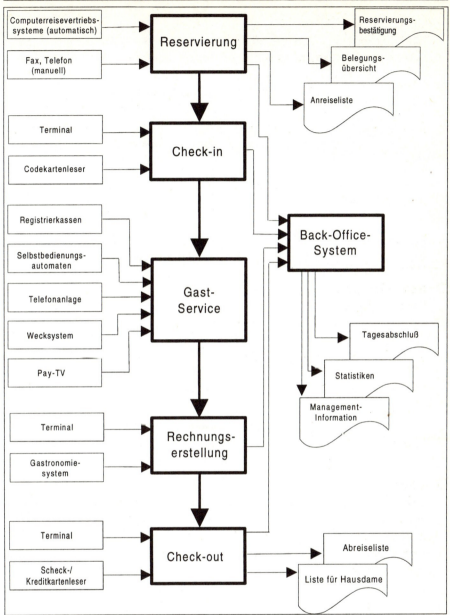

Abb. 5.2.7.2/1 Computerunterstützte Vorgangsabwicklung im Hotel

der computergesteuerten Registrierkassen weitergegeben. Ein Informations- und Unterhaltungsangebot über TV- und Video-Kommunikationsanlagen (aktueller Kontostand des Gastes, Electronic-Mail usw.) ergänzt die computerunterstützte Kundenbetreuung.

❏ **Check-out**

Ein integriertes System ermöglicht es durch Online-Verbindungen zu Sub-
systemen wie Restaurantkassen, Telefonanlagen usw., daß das Gastkonto
ständig auf dem aktuellen Stand ist. Somit kann zu jedem Zeitpunkt eine
vollständige Rechnung ausgegeben werden. Der Check-out-Vorgang bei
Abreise eines Hotelgastes wird so erheblich erleichtert und beschleunigt,
die Buchungsdaten werden sofort an das Rechnungswesen weitergeleitet.
Telefon- und Videoanlage sind ab dem Check-out-Termin automatisch
gesperrt, der Zimmerstatus wird auf "frei" gesetzt.

5.2.7.2.2 Back-Office-Unterstützung

❏ **Statistik**

Wichtige Komponenten eines Hotelinformationssystems sind verschiedene
Auswertungs- und Statistikfunktionen. Tägliche Umsatzlisten, Monatsab-
rechnungen, Belegungsstatistiken usw. können auf Knopfdruck auf dem
Bildschirm oder über Drucker ausgegeben werden.

❏ **Warenwirtschaft**

In bezug auf Speisen und Getränke in einem Hotel sind der Anschluß von
Kassensystemen und die dadurch mögliche laufende Inventur von großer
Bedeutung. Die Erfassung der Verkäufe durch die Restaurant-Kassensyste-
me in Verbindung mit der Stücklistenauflösung liefern umfangreiche Ana-
lysen für Kostensenkungen im Lagerhaltungsbereich sowie für gezielte
Verkaufsaktionen.

❏ **Rechnungswesen**

In einer integrierten Konzeption bestehen sehr gute Abstimmungsmöglich-
keiten, die die Sicherheit und Aktualität der Buchhaltung erhöhen. Ein
erheblicher Teil der anfallenden Buchungsdaten wird von den Programm-
komponenten in maschinell lesbarer Form geliefert. So können Vormerkspeicher automatisch geführt und überwacht werden (Mahnungen).

❏ **Korrespondenz, Textverarbeitung**

Nicht nur der briefliche Kontakt zu Gästen des Hotels (Einladungen,
Grußkarten, Marketing, Serienbriefe), sondern auch hausinterne Schrift-
stücke können mit entsprechender Textverarbeitungssoftware bausteinartig
bzw. weitgehend automatisiert zusammengestellt werden.

5.2.8 Anwendungen im Personenverkehr

Zu den Anbietern von Dienstleistungen im Personenverkehr zählen hauptsächlich Flug-, Bahn-, Bus- und Schiffahrtsunternehmen, die sich in privater oder
in öffentlicher Hand befinden können. Anwendungssysteme unterstützen dort

sowohl die längerfristige Verkehrsplanung wie auch die kurzfristige Verkehrssteuerung. Bei der Verkehrsplanung werden beispielsweise Optimierungsmodelle eingesetzt, um einen möglichst günstigen Aufbau von Verkehrsnetzen zu errechnen oder bedarfsgerechte Termin- und Einsatzpläne von Verkehrsmitteln aufzustellen. Auf der Basis vorhandener oder geplanter Verkehrswege werden Erreichbarkeits- und Versorgungsgradanalysen sowie Belastungsprognosen durchgeführt. Ziele sind dabei u. a. die Minimierung von Transportzeiten und -kosten, die Maximierung der Kapazitätsauslastung oder die Optimierung der Erträge bei vorgegebenen Kapazitätsgrenzen und differenzierten Tarifsystemen, z. B. durch den Einsatz von *Yield-Management-Systemen.*

Bei der Verkehrssteuerung müssen Verkehrsflüsse online überwacht und optimiert sowie Störungen erkannt und beseitigt werden. Beispiele hierfür sind computergesteuerte Betriebsleitsysteme im öffentlichen Personennahverkehr oder die rechnerunterstützte Zugüberwachung im Fernverkehr.

5.2.8.1 Steuerung des Nahverkehrs

Im Nahverkehr fragt ein zentrales System den Standort jedes einzelnen Fahrzeugs in Zeitintervallen von z. B. 15 Sekunden per Funk ab und vermerkt diesen in einem gespeicherten 10-m-Wegeraster. Ergibt ein Soll-Ist-Vergleich zwischen Fahrplan und Standort eine Abweichung oberhalb einer vorgegebenen Toleranzschwelle, so wird die Störung per Funk an das *Integrierte Bordinformationssystem (IBIS)* übermittelt und so dem Fahrzeugführer mitgeteilt. Zudem bekommt die Leitstelle auf einem *Elektronischen Leitstand* eine grafische Übersicht aller Beeinträchtigungen angezeigt (vgl. Abb. 5.2.8.1/1). Ein Dispositionssystem kann daraufhin bei üblichen Störungen automatisch Maßnahmen einleiten, wie z. B. bei Verzögerungen entsprechende Fahrgastinformationen an

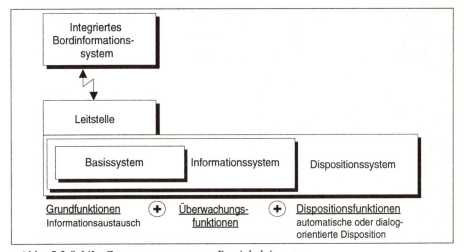

Abb. 5.2.8.1/1 Computergesteuertes Betriebsleitsystem

Haltestellen anzcigen, Warteanweisungen für Anschlußtransportmittel geben oder Zusatzzüge anfordern. Bei unüblichen oder gravierenden Störungen werden die Maßnahmen zur Störungsbehebung im Dialog entwickelt. Das AS in der Leitstelle erlaubt darüber hinaus Offline-Auswertungen, wie z. B. Betriebs- und Störungsstatistiken oder Fahrzeitanalysen, deren Ergebnisse wiederum in Planungssysteme eingehen können.

5.2.8.2 Steuerung des Fernverkehrs

Im Fernverkehr gibt es vor allem für Bahnstrecken mit starker Belastung die sogenannte *Rechnergestützte Zugüberwachung* der Deutschen Bahn AG, mit deren Hilfe der Verlauf jeder einzelnen Zugfahrt zentral disponiert und kontrolliert wird. Mit entsprechenden Sensoren ausgestattete Mikrocomputer in den Stellwerken melden Zugidentifikation, Gleisbelegung und Fahrstraßenstellung an ein zentrales Rechnersystem. Die Daten werden auf einem Leitstand, dem sogenannten Streckenspiegel-Monitor, veranschaulicht. Die Systeme der verschiedenen Zugüberwachungszentralen geben die Informationen bei regional übergreifenden Zugverläufen gegenseitig weiter. Hierdurch wird es möglich, die Kapazität des Gleisnetzes zu erhöhen, d. h. die Züge ohne Verminderung der Sicherheit dichter aufeinanderfolgen zu lassen.

5.2.9 Anwendungen in der Medizin

Das Spektrum der Anwendungen im medizinischen Bereich reicht von Einzelplatzlösungen in Arztpraxen bis hin zu umfassenden integrierten Systemen in einem Großklinikum. Darüber hinaus haben viele andere Unternehmen im Dienstleistungssektor einen Bezug zum Gesundheitswesen, wie z. B. Apotheken, Krankentransportbetriebe oder die öffentlichen und privaten Krankenversicherungen. Die folgende Darstellung konzentriert sich auf Krankenhäuser und Kliniken. Hier kann man drei große Einsatzgebiete unterscheiden:

– Klinikadministration
– medizinische Versorgung
– medizinische Forschung

5.2.9.1 Klinikadministration

Im Vordergrund stehen folgende Systemkomponenten:

❑ *Patientenverwaltung*
Patientenaufnahme stationär und ambulant, Erfassung und Pflege der Patientenstammdaten, Belegungs-, Verlegungs- und Entlassungsdokumentation, Anfertigung von Statistiken

❏ *Patientenabrechnung*
Bearbeitung von Kostenübernahmeanträgen, Abrechnung von stationären, ambulanten und Gutachten-Patienten, Erstellung von Rechnungen für Krankenkassen und Einzelpersonen, Erfassung der Nebenkosten bei Chefarztliquidationen, Berücksichtigung von Fallpauschalen und Sonderentgelten gemäß Gesundheitsstrukturgesetz

❏ *Leistungserfassung*
Erfassung der Leistungen der Funktionsstellen in Kliniken und Instituten, Erstellung der vorgeschriebenen Leistungsnachweise, statistische Auswertungen

❏ *Kostenrechnung*
Aufzeichnung der entstandenen Kosten, Zuordnung der Leistungsnachweise zu Kostenstellen nach dem Kostenverursachungsprinzip, Erstellung der Betriebsabrechnung

Überdies sind weitere kaufmännische Funktionen zu unterstützen, wie z. B. Finanzbuchhaltung, Personalwesen, Anlagen- und Materialwirtschaft (Medikamente, Nahrungsmittel, Wäsche, Instrumente usw.).

Die skizzierten Teilsysteme stehen in enger Beziehung zueinander. Man bemüht sich, integrierte Gesamtsysteme zu realisieren, bei denen ein Vorgang mit den zugehörigen Daten von Teilkomponente zu Teilkomponente zur automatischen Weiterbearbeitung durchgereicht wird. So können beispielsweise bei einer Entlassung Daten aus der Patientenverwaltung an die Patientenabrechnung übergeben werden. Diese gibt die Rechnungsdaten an die Finanzbuchhaltung weiter. Die gebuchten Geschäftsvorfälle gelangen anschließend zur Kostenrechnung. Letztere wiederum liefert die Basis für die Budgetierung und das Controlling. Für das Klinikadministrationssystem wird deshalb eine Integration der Datenbasen, z. B. unter der Verwaltung eines einheitlichen Datenbanksystems, angestrebt.

Auf die vom Administrationssystem verwalteten Patientenstammdaten, die u. a. auch Basisinformationen zu den bisherigen Klinikaufenthalten beinhalten, greifen auch die Systeme der medizinischen Versorgung und Forschung zu. Eine weitere wichtige Schnittstelle zum klinischen Bereich stellen die Leistungsdaten dar. Diese müssen vor Ort, d. h. auf der Station oder in den Leistungsstellen der einzelnen Kliniken bzw. Institute, erfaßt und in das Administrationssystem eingebracht werden.

5.2.9.2 Klinikbetrieb

In dem Bereich der medizinischen Versorgung stehen diagnostische und therapeutische Leistungen im Vordergrund. Diese werden zum einen auf der Station, zum anderen durch besondere Leistungsstellen erbracht.

5.2.9.2.1 Ärztliche Behandlung

❐ **Diagnose**

Diagnosesysteme unterstützen auf der Basis notwendiger, hinreichender oder ausschließender Symptome bzw. Befunde die Entscheidungsfindung darüber, welche Krankheit zu diagnostizieren ist. Zusätzlich quantifizieren ausgereiftere Systeme die Sicherheit der Diagnose sowie den erwarteten diagnostischen Gewinn von weiteren Untersuchungen. In diesem Bereich bietet sich der Einsatz von Expertensystemen an.

Man unterscheidet hierbei:

– Screening-Systeme, die der systematischen Erfassung von Patientendaten mit dem Ziel dienen, Hinweise auf Krankheiten oder Prädispositionen zu finden
– Labordiagnosesysteme, die die Interpretation von Laborergebnissen unterstützen
– Konsultationssysteme, die eine vom Arzt gestellte Diagnose oder gewählte Therapie entweder bestätigen oder differente diagnostische bzw. therapeutische Möglichkeiten vorschlagen
– Systeme zur Kritik der medizinischen Vorgehensweise, die Entscheidungshilfen bei der Beurteilung der diagnostischen oder therapeutischen Vorgehensweise bieten
– Elektronische Lehrbücher der Medizin
– Patientenmanagementsysteme, die Hilfestellung bei Entscheidungen über die sofortige oder spätere Einweisung ins Krankenhaus oder den Zeitpunkt einer Operation geben

❐ **Therapie**

Im Operations- und Intensivbereich werden Überwachungssysteme eingesetzt, die kontinuierlich die erfaßten medizinischen Datenströme überwachen.

In fortgeschrittenen Konzepten kann der Arzt bei der Visite über Pen-Computer alle relevanten Patientendaten abrufen. Durch das Antippen von Textbausteinen erstellt er Befunde direkt am Krankenbett. Sämtliche neu erfaßten Daten werden in die Elektronische Krankenakte übernommen.

Auch bei der Berechnung von Diätplänen, der Dosierung von Medikamenten und Infusionen werden IV-Systeme eingesetzt.

❑ **Ärztliches Sekretariat**
Im ärztlichen Sekretariat werden diejenigen IV-Komponenten verwendet, die den Arzt bei seiner Dokumentation und seinem Schriftverkehr unterstützen sowie ihn mit Informationen versorgen.

Wichtige Dokumente sind dabei:

– die Krankengeschichte der Patienten
– Befundberichte
– Arztbriefe
– Leistungsaufzeichnungen bzw. medizinische Dokumentationen

5.2.9.2.2 Pflegebereich

Das Pflegepersonal wird hauptsächlich bei allen administrativen Aufgaben unterstützt. Hierzu gehören Dokumentationen, Verrechnungen, Anforderungen usw. Im Rahmen der Dokumentation der Krankengeschichte wird zunehmend eine Pflegedokumentation unterstützt, in der patientenbezogen alle Informationen aus Visitenbuch, Dienstübergabebuch, Medikamentenplan usw. zusammenfließen, damit das Pflegepersonal auf alle Informationen aus ähnlichen Fällen zurückgreifen kann. Ein weiterer typischer Einsatzbereich für IV-Systeme ist das Erstellen von Einsatzplänen, Betten- und OP-Vergabeplänen auf der Station.

5.2.9.2.3 Klinikkommunikation

❑ **Anforderung und Rückmeldung von Leistungen**
In der Mehrzahl der Fälle werden Befunde spezialisierter diagnostischer Einrichtungen angefordert. Hierzu müssen z. B. Labor-, Röntgen- oder Hygieneuntersuchungen durchgeführt werden. Zur konventionellen Leistungsanforderung existiert eine sehr große Vielfalt unterschiedlich gestalteter Vordrucke. Die Leistungsstelle dokumentiert die bearbeiteten Anforderungen und leitet die Befunde an die auftraggebende Station zurück.

❑ **Vereinbarung von Terminen**
Es existieren zwei prinzipielle Vorgangsvarianten: Bei der einen vereinbart das Stationspersonal zunächst den Termin mit der Leistungsstelle. Zum gegebenen Zeitpunkt wird die konkretisierte Leistungsanforderung abgesendet bzw. dem Patienten zur Untersuchung mitgegeben. Bei der anderen Variante beginnt der Vorgang mit der Leistungsanforderung. Die Leistungsstelle teilt später der Station den voraussichtlichen Untersuchungstermin mit und ruft den Patienten kurzfristig ab.

❑ **Organisation von Transporten**
Für Untersuchungen am Patienten ist der Patient selbst, für Laborbefunde,

Gewebeuntersuchungen usw. sind entsprechende Präparate zu transportieren. Hierzu sind Transportmittel und -dienste anzufordern sowie Ziel-, Rückleitungs- und sonstige Begleitinformationen weiterzugeben.

Es wird deutlich, daß zwischen Station und Leistungsstellen eine rege Datenkommunikation und eine weitgehende Synchronisation von Tätigkeiten stattfinden müssen. Eine zentrale Rolle spielen deshalb *Kommunikationsnetze*, über die verteilte Systeme Informationen austauschen können. Da in den Leistungsstellen vielfach bildgebende Verfahren eingesetzt werden, wie z. B. bei Röntgen-, radiologischen und histologischen Untersuchungen, sind an zukünftige Datenübertragungs- und Archivierungssysteme hohe Kapazitätsanforderungen zu stellen.

Konzepte für die Informationstechnikarchitektur (vgl. Abschnitt 6.3) sehen verteilte *Abteilungssysteme* (Department-Systems), wie z. B. Laborautomaten, Computertomographen oder Bestrahlungsrechner, sowie Bürosysteme zur Dokumentation und Textverarbeitung bzw. Arztbriefschreibung in den Stationen vor. Diese Department-Systems können ihrerseits wiederum in Form lokal vernetzter Arbeitsplatzrechner mit zugehöriger Spezialperipherie realisiert sein. Dadurch entstehen verteilte medizinische Datenbasen mit Befunden, Diagnosen und therapeutischen Daten. Über das Klinikkommunikationsnetz können die Abteilungssysteme auch Informationen mit dem Administrationssystem austauschen. Insbesondere gilt dies für Patienten- und Leistungsdaten (vgl. Abb. 5.2.9.2.3/1).

Bei gegebenen technischen Voraussetzungen sind die Erstellung und Übermittlung von "elektronischen" Formularen möglich. Ein Vorgangsunterstützungssystem steuert und kontrolliert die Abwicklung und Übermittlung der Anforderungen und Rückmeldungen.

5.2.9.3 Medizinische Forschung

Die in den verteilten Datenbasen abgelegten medizinischen Informationen sind für die klinische Forschung von großem Wert. Daten über den Krankheits- und Behandlungsverlauf werden in Form einer *Basisdokumentation* als Elektronische Krankenakte zusammengeführt. Oft erfaßt man getrennt davon besondere patienten- und krankheitsfallbezogene Daten. Es entstehen spezialisierte Datenbanken zur *wissenschaftlichen medizinischen Dokumentation*. Durch computergestützte Selektion, Zusammenführung und statistische Auswertungen können neue Erkenntnisse über Krankheitsverläufe, Behandlungswirkungen oder die Ausbreitung von Krankheiten gewonnen werden.

Basisdaten aus der Dokumentation, wie Hauptdiagnosen nach dem ICD-Schlüssel (International Classification of Diseases) oder Untersuchungs- und

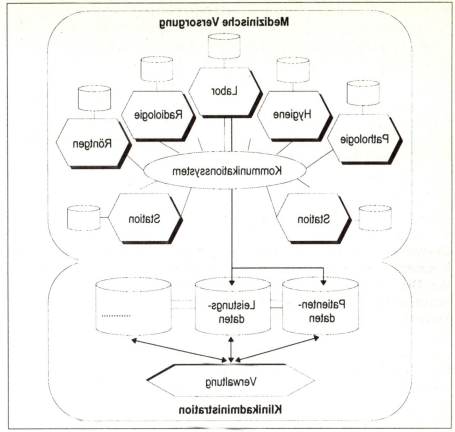

Abb. 5.2.9.2.3/1   Integrierte IV im Klinikbereich

Therapiemaßnahmen nach GOÄ-Positionen (Gebührenordnung für Ärzte), können in das Administrationssystem überführt werden.

Bei derartig komplexen verteilten Systemen, an denen Benutzer aus unterschiedlichsten Bereichen partizipieren, ist es besonders wichtig, eine effiziente und sichere Zugriffskontrolle auf die einzelnen Datenbestände sicherzustellen. Ganz allgemein muß man bei der Entwicklung von Anwendungs- und Kommunikationssystemen im medizinischen Bereich besondere Vorkehrungen zum Datenschutz treffen (vgl. Abschnitt 7.3).

5.2.10 Anwendungen in der öffentlichen Verwaltung

5.2.10.1 Aufgaben

Die Funktionsfähigkeit der Wirtschaft hängt wesentlich von einer effizienten öffentlichen Verwaltung ab. Unternehmen haben vielfältige Aufgaben in Abstimmung bzw. Kooperation mit öffentlichen Stellen abzuwickeln. Daneben kommt jeder Bürger in nahezu allen Lebensbereichen mit Ämtern und Behörden in Berührung. Die vielfältigen Verwaltungstätigkeiten lassen sich unterschiedlich klassifizieren, wie z. B. nach der Aufbauorganisation in verrichtungs-, objekt- oder zielgruppenorientierte. Die folgende Übersicht ist eher funktional ausgerichtet:

❐ *Datenverwaltung*
An verschiedensten Stellen müssen sehr große Datenmengen gespeichert und gepflegt werden. Man denke z. B. an Einwohnermeldeamt, Kfz-Zulassungsstelle, Gewerbeaufsichtsamt, Polizei, Liegenschaftskataster.

❐ *Auskunftserteilung*
Auf die Datenbasen wird einerseits zugegriffen, um für bestimmte Geschäftsvorfälle Informationen zu selektieren, Auskünfte zu erteilen oder Bescheinigungen auszustellen. Hierzu gehören z. B. Informationen über die Eigentumsverhältnisse bei Grundstücken oder das Versenden von Wahlbenachrichtigungen. Andererseits muß ein gezielter Informationsaustausch zwischen Behörden gewährleistet werden. Zum Beispiel ist bei der Anmeldung an einem neuen Wohnort die Abmeldung bei der bisherigen Meldebehörde sicherzustellen.

❐ *Antragsbearbeitung*
Es handelt sich meist um standardisierte und formalisierte Vorgänge, die in großer Zahl abzuwickeln sind, wie z. B. die Bearbeitung von Anträgen auf Wohngeld, Rundfunkgebührenbefreiung, die Ausstellung von diversen Ausweisen. Dabei fallen nicht nur einfache Routinetätigkeiten, sondern oft auch komplexe Aufgaben an, wie beispielsweise bei der Erstellung eines Steuerbescheides.

❐ *Finanzwesen*
Viele Bearbeitungsvorgänge sind mit der Erhebung von Gebühren verbunden. Hierzu muß einerseits ein Kassenwesen für die Bargeschäfte in der Behörde, andererseits ein zentrales Finanzwesen unterstützt werden. Auch hier sind sehr große Mengen von Rechnungen, Zahlungsaufforderungen, Buchungen und Mahnungen zu erstellen. Man denke nur an die verschiedensten Steuern und Kommunalabgaben.

Wenn Verwaltungsvorgänge abzuwickeln sind, bei denen ein persönlicher Kontakt mit dem Bürger besteht, verfolgt man das Ziel, möglichst viele Dienstleistungen durch den gleichen Sachbearbeiter am Schalterterminal anzubieten. Damit sollen dem Bürger zusätzliche Wege und der damit verbundene Zeitverlust erspart werden. Man spricht auch von einem "Bürgeramt" [Krause 90].

5.2.10.2 Kfz-Zulassungswesen

Ziele eines Systems zur Unterstützung des Kfz-Zulassungswesens sind:

– der Aufbau einer Fahrzeugdatei
– die bildschirmgestützte Abwicklung des gesamten Zulassungsgeschäftes
– die automatische Terminverwaltung
– der Datenträgeraustausch mit externen Stellen

Der Bürger muß dabei keinen Antrag ausfüllen, sondern wendet sich mit seinen Papieren direkt an den Sachbearbeiter. Dieser gibt im Bildschirmdialog die benötigten Daten ein, die er aus Personalausweis, Fahrzeugbrief und Versicherungsdoppelkarte entnehmen kann. Die technischen Daten sind bereits gespeichert, so daß der Fahrzeugschein sofort ausgedruckt werden kann. Automatisch werden nun die Daten für andere Ämter, z. B. das Finanzamt, gesammelt und später weitergeleitet.

Das Verfahren ist in drei Hauptbereiche eingeteilt:

Im *Zulassungsgeschäft* erfolgen die Erstzulassung, Umschreibung, Abmeldung und Wiederzulassung von Fahrzeugen sowie die Bearbeitung von Fahrzeugdiebstählen und die Verwaltung roter Kennzeichen und Ausfuhrkennzeichen.

In der *Anzeigen- und Terminverwaltung* wird die Versicherungsanzeige erstellt und bearbeitet; daneben besteht die Möglichkeit, Wiedervorlagetermine zu verwalten.

Mögliche *Ausgaben* sind das Drucken der Fahrzeugpapiere, die Weiterleitung der Daten an Versicherungen und Finanzämter sowie das Erstellen von Tagesjournalen zur Kontrolle aller Geschäftsvorfälle.

5.2.11 Anwendungen in Beratungsunternehmen

5.2.11.1 Unternehmensberater

Es werden zwei Arten von Unterstützungssystemen verwendet. Die erste Klasse besteht aus Standardanwendungen, d. h., der Berater benutzt beim Kunden Notebooks mit Text- und Grafikverarbeitungsprogrammen. Daneben werden Projektmanagementprogramme, Kommunikationssoftware und Datenbanken eingesetzt. Die zweite Klasse beinhaltet spezielle Consulting-Systeme, z. B. zur Unterstützung der Gemeinkostenwertanalyse, zum Entwurf von Prozeß-, Funktions- und Datenmodellen (vgl. Abschnitt 6.2) oder zur Simulation.

In jüngster Zeit wird vor allem die ganzheitliche Unterstützung aller Phasen des Beratungsprozesses diskutiert. Der Beratungsprozeß, speziell von DV-Beratungen, läßt sich in die folgenden Phasen einteilen:

– Analyse
– Modellierung
– Implementierung
– Projektsteuerung

Das Schwergewicht in der Beratung liegt allerdings nicht mehr auf der Auswahl von Systemen und Software, sondern vielmehr auf der Definition von betriebswirtschaftlich-fachlichen Systemanforderungen, z. B. der Verbesserung von Geschäftsprozessen im Zuge des Lean-Managements.

In der *Analysephase* sind z. B. sowohl auf der Ebene der Funktionen als auch der Informationsflüsse die Ist-Situation und der Soll-Zustand mit Hilfe von erweiterbaren Referenzmodellen darstellbar, um dann in einer Schwachstellen-analyse überflüssige Unternehmensfunktionen, IV-Unterstützungsmöglichkeiten, mangelnde Datenintegration usw. zu identifizieren. Auch Vorgangsketten werden computergestützt modelliert und z. B. bezüglich organisatorischer, DV-technischer oder systemtechnischer Brüche untersucht.

Anschließend erstellt man in der *Modellierungsphase*, eventuell auf der Basis branchenspezifischer Referenzmodelle und der in der Analysephase ermittelten Ist-Strukturen, u. a. Funktions- und Datenmodelle.

In der *Implementierungsphase* zielt die IV-Unterstützung vor allem auf die betriebswirtschaftliche Dokumentation des zu implementierenden Systems. Daneben können für alle Funktionen, die IV-technisch unterstützt werden sollen, Bildschirmmasken oder die Eigenschaften einer einzusetzenden Standardsoftware hinterlegt werden. Hier ist es möglich, innerhalb integrierter Consulting-Software immer wieder auf Ausschnitte der zuvor entwickelten Modelle zurückzugreifen, so daß sowohl eine Komplexitätsreduktion erzielbar ist als auch der Gesamtzusammenhang ersichtlich bleibt.

Bei der *Projektsteuerung* kann mit Hilfe integrierter Consulting-Software die individuelle Projektvorgehensweise erarbeitet werden. Die Unterstützung der genannten Phasen meldet Ergebnisse an den Programmkomplex Projektsteuerung, so daß Verzögerungen rechtzeitig erkannt werden können.

5.2.11.2 Steuerberater

Steuerberater stellen über öffentliche Datennetze wie T-Online eine Verbindung zu Steuerrechtsdatenbanken her. In Steuerkanzleien bietet es sich an, wegen des weitverbreiteten Spezialistentums mit der daraus folgenden Notwendigkeit, die Ergebnisse wieder zusammenzuführen, spezielle Workflow-Automation-Systeme einzusetzen. Bei diesen wird z. B. in einem Elektronischen Auftragsbuch ein Auftragsformular angelegt, in das die Mandantennummer, Auftragsnummer, Arbeitsbeginn, Hilfsmittel usw. eingetragen werden. Auch die Honorarabrechnung wird durch diese Erfassung weitgehend automatisiert. Noch weitergehende Serviceleistungen bietet die DATEV eG (IV-Dienstleister des steuerberatenden Berufes) Kanzleien über das DATEV-Verbundsystem an.

5.2.11.3 Rechtsanwälte und Richter

Rechtsanwälte und Richter greifen auf die Volltextdatenbank JURIS zurück und rufen dort Gerichtsurteile und sonstige juristische Informationen ab. Daneben existieren speziell für Anwälte und Notare Softwarepakete, die deren Gebührenabrechnung, Forderungsbearbeitung, Mahnverfahren, Zwangsvollstreckungen, Aktenverwaltung und Buchhaltung unterstützen. Zur Zeit wird zwischen Rechtsanwälten und Mahngericht eine Dienstleistung der Telekom, "Telesec", zur rechtsverbindlichen Übertragung von Mahnanträgen erprobt. Hierbei werden z. B. Telefaxe elektronisch unterschrieben, indem ein Chipkartenlesegerät an den PC angeschlossen wird. Es erfolgt dann eine PIN-Prüfung innerhalb der Chipkarte zur Benutzerauthentifizierung. Anschließend wird mit Hilfe eines Verschlüsselungsverfahrens das Dokument unterschrieben und vom PC aus gefaxt.

5.3 Literatur zu Kapitel 5

Beutelspacher 91 — Beutelspacher, A., Kersten, A. und Pfau, A., Chipkarten als Sicherheitswerkzeug, Berlin 1991.

Jamin 82 — Jamin, K., Schaetzing, E. und Spitschka, H., Organisation und Datenverarbeitung in Hotellerie und Gastronomie, 2. Aufl., München 1982.

Krause 90 — Krause, L. und Rotthäuser, K.-H., Das "computergestützte Bürgeramt", in: Kurbel, K. und Strunz, H. (Hrsg.), Handbuch der Wirtschaftsinformatik, Stuttgart 1990, S. 179 ff.

Mertens 94 — Mertens, P. (Hrsg.), Prognoserechnung, 5. Aufl., Würzburg-Wien 1994.

Mertens 95 — Mertens, P., Integrierte Informationsverarbeitung 1, Administrations- und Dispositionssysteme in der Industrie, 10. Aufl., Wiesbaden 1995.

Mertens/Griese 93 — Mertens, P. und Griese, J., Integrierte Informationsverarbeitung 2, Planungs- und Kontrollsysteme in der Industrie, 7. Aufl., Wiesbaden 1993.

Scheer 90 — Scheer, A.-W., Computer Integrated Manufacturing - der computergesteuerte Industriebetrieb, 4. Aufl., Berlin u. a. 1990.

Scherff 90 — Scherff, J., Aktuelle Systementwicklungen im Bank- und Versicherungsbereich, Handbuch der modernen Datenverarbeitung 27 (1990) 153, S. 3 ff.

Wiendahl 87 — Wiendahl, H.-P., Belastungsorientierte Fertigungssteuerung, München u. a. 1987.

6 Planung und Realisierung von Anwendungssystemen

Ziel der *Systementwicklung* ist es, den Fachabteilungen effektive AS bereitzustellen. Die Programmentwicklung muß dazu aus zwei Richtungen betrachtet werden:

Die zukünftigen Benutzer müssen ihre *fachlichen* und *organisatorischen* *Anforderungen* für die jeweilige Problemstellung spezifizieren. Das fertige AS soll diese widerspiegeln und einen sachgerechten Einsatz ermöglichen.

Die an der Systementwicklung beteiligten Mitarbeiter der IV-Abteilung müssen aus *DV-technischer Sicht* die AS konzipieren und realisieren.

Mit der Entwicklung von AS sind damit sowohl Systemanalytiker und Programmierer aus den IV-Abteilungen als auch Anwender aus den Fachabteilungen beschäftigt.

Oft wird im Rahmen der Softwareentwicklung auch der Begriff Software-Engineering verwendet. Darunter versteht man die Kenntnis und Verwendung von Prinzipien, Methoden und Werkzeugen zur Softwareerstellung und -wartung. Ebenso fallen die damit verbundenen Management-Aufgaben darunter. Betrachtet man die Tätigkeiten umfassend, dann werden alle Abschnitte des sogenannten Software-Lebenszyklus (Software-Life-Cycle) von der Anwendungsidee bis zum Ausmustern des eingesetzten Programms berücksichtigt.

6.1 Konzepte zur Entwicklung von Anwendungssystemen

Grundsätzlich gibt es mehrere Vorgehensweisen, um Anwendungssoftware zu entwickeln. Das Phasenkonzept geht davon aus, daß man ein Programm, basierend auf einer exakten *Problemabgrenzung und Aufgabenspezifikation*, strukturiert und schrittweise verfeinert, bis die einzelnen Befehle codiert werden. Diesem ingenieurmäßigen Vorgehen, bei dem eine lauffähige Software erst in einer späten Entwicklungsphase erzeugt wird, steht die schnellere Entwicklung eines ersten, einfachen *Prototyps* gegenüber, für den die genaue Spezifikation keine herausragende Rolle spielt. Erst nach Rückkopplung mit dem Anwendungsbereich entscheidet man, ob überhaupt und in welcher Form der Prototyp weiterverwendet wird.

6.1.1 Phasenkonzept zur Softwareentwicklung

Der Entwicklungsprozeß für ein AS wird in aufeinanderfolgende Spezifikationsschritte zerlegt, wenn man nach einem Phasenkonzept vorgeht. Die einzelnen Teilschritte werden jeweils mit einem abzuliefernden Ergebnis abgeschlossen, das den Input für die nächste Phase bildet. Dabei findet auch eine Qualitätsprüfung für die Teilergebnisse statt. Falls sich in einem nachgelagerten Schritt herausstellt, daß Aufgaben nicht zufriedenstellend gelöst werden können, muß man in die Phase zurückspringen, in der die Entscheidungen getroffen wurden, die zu diesem Problem führen. Die Fehlerbeseitigung kann dann aufwendig sein. In der Literatur findet man viele Phasenkonzepte, die sich hauptsächlich durch die Bezeichnung der Teilschritte und die Abgrenzung der Phaseninhalte unterscheiden. Beispielhaft wird ein sechsstufiges Vorgehen skizziert [Balzert 86, S. 15 ff.]:

1. Planungsphase
2. Definitionsphase
3. Entwurfsphase
4. Implementierungsphase
5. Abnahme- und Einführungsphase
6. Wartungsphase

Parallel zu diesen sechs Schritten findet eine permanente Dokumentation statt, in der die Ergebnisse der einzelnen Entwicklungsphasen festgehalten werden.

❐ In der *Planungsphase* beschreibt man - ausgehend von der Projektidee und den skizzierten Inhalten - die mit dem AS verfolgten Ziele. In einer ersten Voruntersuchung werden die technische Durchführbarkeit sowie die Wirtschaftlichkeit analysiert.

Die technische Durchführbarkeit bezieht sich z. B. auf die Abschätzung, welche bereits verfügbare Hardware und Software verwendbar ist, ob etwa ein Datenbanksystem eingesetzt werden kann oder die zu erstellende Software ausreichend schnell ablaufen wird. Hier sind auch die Programmierparadigmen (vgl. Abschnitt 2.1.6) für die Komponenten des Systems auszuwählen. Bei der Wirtschaftlichkeitsuntersuchung werden die Entwicklungskosten ermittelt (vgl. Abschnitt 6.4.2) sowie die Nutzeffekte abgeschätzt (vgl. Abschnitt 7.1.5.2).

❐ In der *Definitionsphase* spezifiziert man die Anforderungen an das zu schaffende Produkt primär aus Sicht der jeweiligen Fachabteilung. Dazu wird eine *Ist-Analyse* des Bereichs durchgeführt, in dem das neue AS eingesetzt werden soll. Auf Basis dieser Untersuchung und einer anschließenden *Schwachstellenanalyse* entwickelt man ein *Soll-Konzept* für die Software.

Die darin spezifizierten Anforderungen lassen sich danach einteilen, ob sie für das eigentliche *Softwareprodukt* oder für den *Erstellungsprozeß* der Software definiert werden. Die Anforderungen an das Softwareprodukt kann man nach *funktionalen Aspekten, Qualitätsaspekten* sowie *ökonomischen Aspekten* differenzieren.

Funktionale Aspekte beschreiben:

– den Funktionsumfang, der zu erfüllen ist (es wird z. B. für ein neues System zur Tourendisposition festgelegt, ob es nur die Rundreiserouten für die Fahrzeuge planen soll oder ob auch die Beförderungspapiere für die Fahrzeuge ausgedruckt werden)
– die Art und Weise, wie das AS die Funktionen erbringt (es müssen z. B. Informationen für ein Führungsinformationssystem zuerst von einem Großrechner auf eine PC-Datenbank geladen werden, damit sie sich dann auf dem leicht bedienbaren PC präsentieren lassen)
– die Datengrundlagen für die Funktionen
– Ein- und Ausgaben des Systems sowie deren Zusammenhänge

Die Qualitätsanforderungen betreffen Vorgaben für:

– die Gestaltung der Benutzungsschnittstelle
– die Erwartungen an das Antwortzeitverhalten
– die Zuverlässigkeit des Systems

Ökonomische Aspekte beziehen sich auf die späteren Betriebs- und Wartungskosten. Alle Ergebnisse werden möglichst genau in einem Pflichtenheft dokumentiert, um die Anforderungen an die Software für den praktischen Einsatz zu beschreiben.

Parallel dazu werden die Anforderungen an den Erstellungsprozeß festgelegt. Funktionale Gesichtspunkte sind hier z. B. die erforderliche Zusammenarbeit zwischen den einzelnen Fachabteilungen für Projektaufgaben, Tätigkeiten bei der Systemeinführung oder -umstellung sowie die Wartung nach der Inbetriebnahme. Qualitätsanforderungen des Entwicklungsprozesses beeinflussen die Dokumentation des Programms oder den Softwaretest. Ökonomische Aspekte betreffen die Entwicklungskosten, die Entwicklungsdauer sowie die Inanspruchnahme von Entwicklungsressourcen.

☐ Das Pflichtenheft bildet die Basis für die sich nun anschließende *Entwurfsphase*. Ziel ist es, das gesamte AS als eine Hierarchie weitgehend voneinander unabhängig entwickelbarer und wiederverwendbarer Teilsysteme (Module) zu beschreiben. Dabei geht man zunächst davon aus, daß die Rechenanlagen ausreichend leistungsstark sind, so daß ein *von der Technik unabhängiger Fachentwurf* entwickelt wird. Danach überführt man diesen in einen *DV-technischen Entwurf*.

Die Spezifikation der einzelnen Module und ihre Kombination zu einem Gesamtsystem sind abhängig vom gewählten Programmierparadigma (vgl. Abschnitt 2.1.6).

Die wesentliche Zielsetzung bei dem fachlichen Entwurf von AS ist es, die Funktionen sowie ihre Zusammenhänge und die zu verarbeitenden Daten herauszuschälen. Dabei ist zu untersuchen, wie die relevanten Daten in den einzelnen Funktionen erzeugt, verwendet, aktualisiert, gelöscht und ausgetauscht werden. Ergebnisse des fachlichen Entwurfs sind Daten- und Funktionsmodelle (vgl. Abschnitte 6.2.1 und 6.2.2). Diese zeigen die Daten und Funktionen, die notwendig sind, um die Prozesse des Unternehmens abzuwickeln. Ein Prozeß wird aus einer Folge von Funktionen zusammengesetzt, wobei ein Auslöser und ein Endpunkt des Prozesses existieren. Prozesse bilden damit betriebliche Vorgänge ab. Darüber hinaus sollte aus den Modellen hervorgehen, wie die Daten und Funktionen miteinander verknüpft werden.

Der DV-technische Entwurf baut auf den fachlichen Spezifikationen auf und berücksichtigt die Umgebungsbedingungen der Hardware sowie Systemsoftware. Die später gewählte Programmiersprache kann die festzulegenden Strukturen ebenfalls beeinflussen. Während das Datenmodell dabei z. B. direkt in ein relationales Datenbankmodell (vgl. Abschnitt 4.2.8.3) transformiert werden kann, läßt sich das Funktionsmodell nicht unmittelbar in Programmodule umsetzen, da z. B. mehrfach einsetzbare Module nur einmal spezifiziert werden sollen oder auch Module zu entwerfen sind, die nicht direkt fachliche Aufgaben erfüllen (z. B. Datenzugriff, Fehlerbehandlung).

Das Ergebnis des DV-technischen Entwurfs definiert:

– die Gesamtstruktur (Komponenten) des AS (in einem Bestellsystem z. B. eine Komponente zur Mengendisposition und eine zur Lieferantenauswahl)
– Programmodule, mit denen die betriebswirtschaftlichen Funktionen realisiert werden (für die Lieferantenauswahl gibt es z. B. ein Modul, das sämtliche relevanten Lieferanten selektiert, sowie zwei weitere, die einen Konditionen- und einen Qualitätsvergleich ausführen)
– die Reihenfolge, in der die einzelnen Module im Programm abzuarbeiten sind
– die logische Datenstruktur der Anwendung
– die physischen Daten- und Dateistrukturen
– erste Testfälle

❏ Die *Implementierungsphase* dient dazu, den Systementwurf bis auf die Ebene einzelner Befehle zu detaillieren und in die gewählte Programmiersprache umzusetzen. Bei einem phasenorientierten Vorgehen verwendet man hauptsächlich Sprachen der dritten und vierten Generation (vgl. Abschnitt 2.1.6). Mit einem *Feinkonzept* werden die

– Datenschemata (Datenstruktur-, Datei- oder Datenbankbeschreibungen; vgl. Abschnitte 6.2.1 und 4.2.8),
– Programmabläufe oder Funktionen (dargestellt durch Programmbausteine, etwa in Form von Struktogrammen; vgl. Abschnitt 6.2.4) sowie
– Benutzungsoberflächen

festgelegt, die anschließend zu codieren sind. Man versucht dabei, IV-gestützte Beschreibungsmittel einzusetzen, um anschließend mit sogenannten *Programmgeneratoren* möglichst ohne personellen Eingriff einen ablauffähigen Code in der gewählten Programmiersprache zu erhalten. Damit wird die Produktivität der Programmierer gesteigert.

Für die Gestaltung der Benutzungsoberfläche sind insbesondere die Forderungen der Ergonomie zu berücksichtigen. Neben der Hardware-Ergonomie ist die *Software-Ergonomie* relevant, die sich mit der Anpassung von Programmen an den Menschen befaßt. Die Software-Ergonomie analysiert z. B., welche Hilfen man von einem Textverarbeitungssystem verlangt, um einen unbekannten Befehl zu finden. Zur Dialoggestaltung gibt es auch die Norm ISO 9241, in der Kriterien wie z. B. die Aufgabenangemessenheit, die Selbsterklärungsfähigkeit oder die Übersichtlichkeit für Bildschirmdialoge definiert werden.

Auch der Systemtest ist Bestandteil der Implementierungsphase. Die Gesamtanwendung und darauf aufbauend einzelne Teilprogramme werden ausführlich überprüft. Da sich aufgrund der vielen Handlungsalternativen für umfangreiche Problemstellungen die Richtigkeit eines Programms nicht beweisen läßt, ist ein *systematisches Testen* notwendig. Die Testarbeit zielt darauf ab, zumindest für die verwendeten Beispielfälle mögliche Programmfehler aufzudecken (vgl. Abschnitt 6.7.1).

❑ In der *Abnahme- und Einführungsphase* wird geprüft, ob das Programm die Anforderungen des Pflichtenheftes erfüllt. Auftraggeber schreiben teilweise Entwurfsmethoden und Vorgehensweisen bei der Softwareentwicklung vor (etwa Testverfahren), so daß ähnlich wie bei komplexen Erzeugnissen (z. B. im Maschinenbau) nicht nur das fertige Softwareprodukt, sondern auch die protokollierten Produktionsschritte Gegenstand der Überprüfung sind. Anschließend wird die Software in Betrieb genommen. Eine wichtige Voraussetzung hierfür ist die frühzeitige Anwenderschulung.

❑ In der *Wartungsphase* werden schließlich notwendige Programmänderungen und -anpassungen durchgeführt. Man beseitigt Fehler, die trotz des Systemtests nicht erkannt wurden oder die erst nach längerer Nutzung des

Programms auftreten. Oft ändern sich auch die Benutzerwünsche, wodurch Anpassungsmaßnahmen erforderlich sind. Hinzu kommen z. B. gesetzliche Neuerungen, beispielsweise ein verändertes Steuerrecht, das in der Lohnabrechnung berücksichtigt werden muß. Darüber hinaus wird eine Wartung der Programme durch Änderungen der Systemumgebung (z. B. neue Rechner, Systemsoftware oder Netzkomponenten) notwendig. Untersuchungen haben gezeigt, daß die Wartungsphase, die über Jahre hinweg bis zum Ausmustern der Software andauert, mehr als 50 Prozent des Aufwandes aller Software-Life-Cycle-Phasen verursachen kann.

Phasenkonzepte haben zu verschiedenen Nachteilen geführt. So wird z. B. unterstellt, daß zu Beginn des Zyklus eine *vollständige* und *widerspruchsfreie Systemspezifikation* gelingt. Dabei begangene Fehler werden dann erst in späteren Phasen identifiziert. Dieses kann das Entwicklungsprojekt stark verzögern. Häufig funktioniert auch die Kommunikation zwischen der IV- und der Fachabteilung nicht zufriedenstellend, da z. B. nur während der Definitionsphase die späteren Anwender in den Entwicklungsprozeß eingeschaltet werden. Bei der Abnahme des Produktes stellt man dann manchmal fest, daß nicht sämtliche Benutzerwünsche erfüllt wurden oder sich die Anwenderanforderungen inzwischen schon wieder verändert haben. Daher sucht man nach alternativen Vorgehensweisen.

6.1.2 Prototyping zur Softwareentwicklung

Beim Prototyping werden zwei Ziele verfolgt: Zum einen soll möglichst frühzeitig eine ablauffähige Version des AS oder eines Teilsystems geschaffen werden, ohne vorab eine umfangreiche Problemanalyse durchzuführen und ein möglichst vollständiges Systemkonzept zu entwickeln. Zum anderen wird versucht, den späteren Anwender stärker an der Softwareentwicklung zu beteiligen. Diese Vorgehensweise dient dazu, die Kommunikationsschwierigkeiten zwischen den IV-Spezialisten und der Fachabteilung zu beheben. Das Problem entsteht, weil die IV-Mitarbeiter in der Regel nur über geringe Kenntnisse des Anwendungsgebietes und die Nutzer über wenig IV-Wissen verfügen.

In intensiver *Kooperation zwischen den Systementwicklern und Mitarbeitern des zukünftigen Einsatzgebietes* wird der Prototyp erarbeitet, dessen erste Version beispielsweise nur ausgewählte Systemfunktionen aus Benutzersicht simuliert. Basierend auf diesem ersten Lösungsansatz wird das Gesamtsystem schrittweise realisiert, wobei die enge Zusammenarbeit zwischen Fachabteilung und Softwareentwicklung bestehen bleibt. Der Benutzer kann anhand des vorliegenden Prototypen seine Wünsche äußern und Verbesserungsvorschläge einbringen. Diesen Prozeß nennt man auch *evolutionäre Softwareentwicklung*. Durch starke Partizipation der Fachabteilungen an diesem Prozeß erhofft man sich eine bessere Akzeptanz beim späteren Systemeinsatz sowie geringeren

Änderungsaufwand für zusätzliche Benutzeranforderungen. Nachteilig ist bei diesem Vorgehen, daß die Prototypen nicht ingenieurmäßigen Strukturierungsansprüchen genügen.

Es ist möglich, konventionelle Phasenkonzepte und Prototyping-Ansätze zu kombinieren, wobei das Prototyping zu Beginn der Entwurfsphase stattfindet. Mit dem Prototyp wird versucht, rasch Erkenntnisse über das zukünftige AS zu gewinnen, die dann, z. B. als Teil des Pflichtenhefts, in die eigentliche Systementwicklung einfließen können.

6.2 Ausgewählte Beschreibungsverfahren zur Entwicklung von Anwendungssystemen

Zur Entwicklung des Fachentwurfs sowie zur Spezifizierung der Programmmodule werden verschiedene Beschreibungsmittel verwendet. Nachfolgend werden solche behandelt, die eine gewisse Verbreitung gefunden haben. Neben Verfahren, die zwischen der Daten- und Funktionsmodellierung unterscheiden, wird die objektorientierte Modellierung vorgestellt. Mit letzterer wird versucht, Daten und die Funktionen, mit denen die Daten verarbeitet werden, in sogenannten Objekten zusammenzuführen (vgl. Abschnitt 4.2.8.4).

6.2.1 Datenmodellierung

Der Datenentwurf beginnt mit dem Beschreiben der notwendigen Daten. Dafür sind in einem *Abstraktionsvorgang aus der Unternehmensrealität die sachlogischen Datenobjekte (z. B. Kunden- und Auftragsdaten) und -beziehungen abzuleiten*. Die wesentlichen Aufgaben dieser Datenanalyse bestehen darin, Begriffe zu sammeln, die jeweils bestimmte unternehmensbezogene Sachverhalte repräsentieren, die Bedeutung dieser Begriffe zu klären und mittels einer formalen Beschreibungssprache abzubilden. Des weiteren sind zwischen diesen Datenobjekten bestehende Beziehungen zu bestimmen. Das dabei entstehende Datenmodell soll die betriebliche Realität möglichst korrekt widerspiegeln.

Dazu sind weitgehend interpretations- und redundanzfreie Vereinbarungen hinsichtlich der Semantik, d. h. der Bedeutung, der Begriffe zu finden. Beispielsweise ist zu klären, ob unter einem Artikel ein Endprodukt, ein in Endprodukte eingehendes Teil oder beides verstanden wird. Man bezeichnet diese Phase deshalb als *semantische Datenmodellierung*. Häufig findet man auch den Begriff der *konzeptionellen Datenmodellierung*. Für diese Aufgabe hat sich die *Entity-Relationship-Methode* als Quasi-Standard etabliert. Das konzeptionelle Datenmodell ist unabhängig davon, wie die Daten verwendet werden. Es läßt sich auch dann entwickeln, wenn die Funktionen im einzelnen noch nicht bekannt sind [vgl. Vetter 93], da beschrieben wird, welche Daten relevant sind, und nicht, wie mit ihnen gearbeitet wird.

Die Entity-Relationship-Methode ist durch eine klare Definition und übersichtliche grafische Darstellung gekennzeichnet. Mit dem *Entity-Relationship-Modell* (ERM) lassen sich statische Strukturen von Datenobjekten und ihre Beziehungen beschreiben oder festlegen. Die Grundelemente des ERM sind Entitäten (Objekte oder Entities), Entitätsmengen (Objekt- oder Entitytypen) mit ihren Eigenschaften (Attribute) sowie die Beziehungen (Relationships) und Beziehungstypen (Relationshiptypen) zwischen den einzelnen Objekttypen.

Objekte oder *Entities* sind reale oder abstrakte Informationen mit einer eigenständigen Bedeutung. Ein Entity kann z. B. ein Kunde, Lieferant oder Artikel, aber auch eine Abteilung eines Unternehmens sein. Im ERM ist zu unterscheiden, ob unter Entity nur einzelne Informationsobjekte, z. B. ein einzelner, konkreter Kunde, verstanden werden oder ob man alle Entities des gleichen Typs, d. h. die gesamte Klasse "Kunde", meint. Im letztgenannten Fall spricht man von *Entitytyp*. Ein Entity ist somit als einzelne konkrete Ausprägung eines Entitytyps zu verstehen.

Attribute sind Eigenschaften von Entitytypen. Ihre konkreten Ausprägungen, die *Attributwerte*, beschreiben die einzelnen Entities näher. So kann man den Entitytyp Mitarbeiter u. a. mit den Attributen Mitarbeiternummer, Anschrift, Name, Alter und Abteilung charakterisieren. Sämtliche Entities eines Entitytyps werden durch dieselben Attribute beschrieben. Eine Abgrenzung zwischen den einzelnen Ausprägungen eines Entitytyps ergibt sich durch die Werte, welche die Attribute in einem konkreten Anwendungsfall annehmen. Diese Werte müssen innerhalb eines Wertebereichs liegen, den man auch als Domäne bezeichnet.

Zwischen konkreten Entities können bestimmte *Beziehungen* bestehen (z. B. Kunde A bestellt Artikel X, Kunde B bestellt Artikel Y), die sich wiederum als abstrakte Beziehungen, d. h. als *Beziehungstypen* zwischen den Entitytypen, klassifizieren lassen. Grundsätzlich treten zwischen Entitytypen drei Beziehungstypen auf, die Abbildung 6.2.1/1 veranschaulicht.

Eine 1:1-Beziehung bringt zum Ausdruck, daß zu jedem Element der ersten Menge genau ein Element der zweiten Menge gehört und umgekehrt (z. B.: Jeder (einzelne) Angestellte eines Betriebes hat jeweils einen Arbeitsvertrag und umgekehrt). Bei einer 1:N-Beziehung läßt sich ein Entity der ersten Menge keinem, einem oder mehreren Entities der zweiten Menge zuordnen; jedem Element der zweiten Menge kann aber nur genau ein Element der ersten Menge zugeordnet werden (z. B.: Einer Warengruppe können kein, ein oder mehrere Artikel zugeordnet sein; ein Artikel ist genau einer Warengruppe zugeordnet). Bei der M:N-Beziehung steht jedes Element der ersten Menge mit keinem,

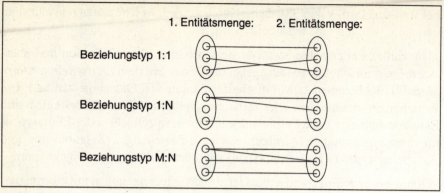

Abb. 6.2.1/1   Beziehungstypen im Entity-Relationship-Modell

einem oder mehreren Elementen der zweiten Menge in Beziehung und umgekehrt (z. B.: Ein bestimmter Kunde bestellt keinen, einen oder mehrere Artikel, und ein bestimmter Artikel wird von keinem, einem oder mehreren Kunden bestellt). In einem ERM können beliebig viele Entity- und Beziehungstypen enthalten sein. Beziehungstypen können, ebenso wie Entitytypen, mit Attributen näher charakterisiert werden. Im ERM werden Entitytypen durch Rechtecke und Beziehungstypen durch Rauten dargestellt. Die Symbole werden durch ungerichtete Kanten verbunden. An den Kanten des Diagramms wird die Komplexität des Beziehungstyps eingetragen. Abbildung 6.2.1/2 zeigt einfache Entity-Relationship-Modelle mit unterschiedlichen Objekt- und Beziehungstypen.

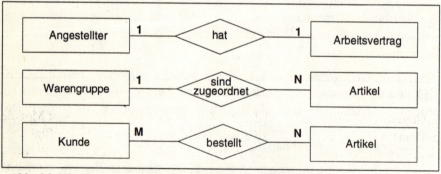

Abb. 6.2.1/2   Beispiele einfacher Entity-Relationship-Modelle

Für das ERM wurden zahlreiche Varianten und semantische Erweiterungen vorgeschlagen. Die meisten Vorschläge beziehen sich auf die Präzisierung der Komplexität von Beziehungstypen und auf die Darstellung spezieller Beziehungstypen [z. B. Sinz 88].

6.2.2 Funktionsmodellierung

Beim Funktionsentwurf stehen die im Unternehmen ausgeführten Funktionen im Mittelpunkt der Betrachtung. In einem Funktionsmodell werden die für ein AS relevanten Funktionen in einer Form gesammelt und strukturiert, die es einem Betrachter ermöglicht, das Gesamtsystem aus funktionaler Sicht transparent zu erfassen. Dazu sind sowohl die Inhalte der Funktionen als auch ihre Zusammenhänge abzubilden.

Beim Funktionsentwurf benutzt man überwiegend die Top-down-Vorgehensweise, d. h., ausgehend von der Aufgabenstellung wird das Problem sukzessive in seine Einzelteile aufgegliedert. Solch ein Prozeß ist vollständig, wenn alle betriebswirtschaftlichen Funktionen identifiziert und abgebildet sind. Diese Zerlegung kann bis auf die Ebene eines sogenannten *Pseudocodes* gehen, einer genauen Beschreibung einzelner Bearbeitungsschritte (z. B. der Abfolge zweier Bildschirmseiten). Abbildung 6.2.2/1 zeigt das Beispiel eines einfachen Hierarchiediagramms für eine Kostenrechnung, welche in die Module Kostenarten-, Kostenstellen- und Kostenträgerrechnung zerlegt wird. Für das Modul zur Kostenstellenrechnung ist ein verfeinerter Aufteilungsprozeß angedeutet.

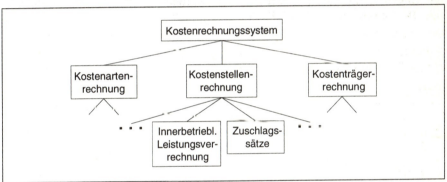

Abb. 6.2.2/1   Funktionsmodell eines Systems zur Kostenrechnung

Alternativ entwickelt man bei der Bottom-up-Vorgehensweise zuerst Module auf unterster Ebene, die dann zu einem Gesamtsystem zusammengefügt werden. Dieser Ansatz wird insbesondere benutzt, wenn Standardsoftware in einem integrierten AS-Konzept eingesetzt oder bereits bestehende Softwaremodule wiederverwendet werden sollen. Der Bottom-up-Ansatz erfordert zwar ein geringeres Abstraktionsvermögen, er kann jedoch nachteilig für einen sauberen strukturellen Aufbau des AS sein, was sich z. B. negativ auf die Redundanzfreiheit sowie ggf. die Wartung auswirken kann.

Datenflußpläne dienen zur grafischen Darstellung des Informationsflusses einer IV-Anwendung oder auch eines Funktionsmodells (vgl. das Übersichtsbild am Ende des Buches). Sie zeigen mit genormten Symbolen:

- welche Daten von einer *Verarbeitungsfunktion* eingelesen, verarbeitet und ausgegeben werden
- die dabei *verwendeten Datenträger*
- die *Informationsflußrichtung* zwischen den Verarbeitungsprogrammen und den Datenträgern
- den *Datentyp*

Abbildung 6.2.2/2 veranschaulicht den nachfolgend beschriebenen Sachverhalt in der Notation des Datenflußplans (zur Klassifikation der Datenbestände vgl. Abschnitt 4.2.1).

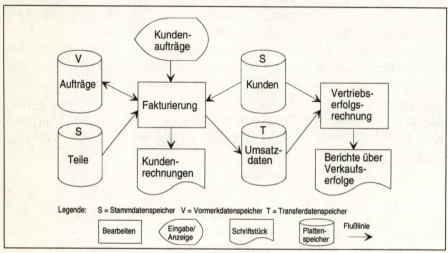

Abb. 6.2.2/2   Beispiel für einen Datenflußplan

Abgewickelte Kundenaufträge werden über Bildschirmeingabe dem Programm "Fakturierung" gemeldet. Um die zur Rechnungsschreibung erforderlichen Daten, z. B. Kundenname, Adresse, Artikelnummer, Artikelpreis und bestellte Menge, einzulesen, greift das Programm "Fakturierung" auf die Stammdaten "Kunden", "Teile" und auf die Vormerkdaten "Aufträge" zu, fertigt die Kundenrechnungen an und druckt diese aus. Die Umsatzdaten der verkauften Teile werden in einem Transferdatenspeicher abgelegt. Das Programm "Vertriebserfolgsrechnung" generiert Berichte über den Verkaufserfolg für das Management. Dazu werden die Informationen aus dem Transferdatenspeicher gelesen und mit den Kundenstammdaten verknüpft.

6.2.3   Objektorientierte Modellierung

Diese Vorgehensweise verwendet die Konzepte objektorientierter Programmierung (vgl. Abschnitt 2.1.6) und objektorientierter Datenbanken (vgl. Abschnitt 4.2.8.4) auch konsequent für den Entwicklungsprozeß. Dieses bedeutet, daß Daten und die Funktionalität ihrer Manipulation - hier Methoden genannt -

in eine abgeschlossene Programmeinheit, das Objekt, zusammengeführt werden. Objekte mit gleichen Eigenschaften, d. h. den gleichen Methoden und den gleichen Datenstrukturen, werden zu Klassen zusammengefaßt. Um Methoden und Datenstrukturen einer generellen Klasse (Oberklasse) automatisch auch speziellen Klassen (Unterklassen) zuzuordnen, werden sogenannte Vererbungsrelationen (Inheritance) definiert. Ein Programmablauf entsteht durch Austausch von Mitteilungen bzw. Nachrichten (Messages) zwischen den Objekten. Sie lösen beim empfangenden Objekt die Ausführung einer Methode aus, d. h., diese wird auf die Datenstruktur angewendet. Dazu muß der Sender lediglich wissen, welche Mitteilung er zu schicken hat, um das gewünschte Ergebnis zu erhalten. Kenntnisse darüber, wie das Objekt intern arbeitet, sind dagegen nicht erforderlich. Eine Nachricht wird also durch einen Nachrichtennamen und durch Angabe verschiedener Parameter (z. B. welche Methode anzuwenden ist) für das Bearbeiten im Empfängerobjekt beschrieben. Wenn es möglich ist, daß dieselbe Nachricht an unterschiedliche Empfängerobjekte gesendet werden kann und dort jeweils unterschiedliche Methoden auslöst, spricht man von Polymorphismus. Wird z. B. die Nachricht "Drucken" in einem Fakturierungsprogramm an die Objekte der Klassen "Tagesumsatz" und "Kundenrechnung" geschickt, so ist der Druckinhalt bei beiden Objekten unterschiedlich.

Auch bei der objektorientierten Softwareentwicklung lassen sich eine fachliche und eine DV-technische Konzeption unterscheiden. In der fachlichen Konzeption werden die Objektklassen sowie ihre Datenstrukturen und Methoden unabhängig von informationstechnischen Aspekten definiert. Dieses entspricht dem Festlegen von Daten- und Funktionsmodellen bei der traditionellen Vorgehensweise. Darüber hinaus sind Nachrichten zwischen den Objektklassen zu bestimmen. Bei der DV-technischen Konzeption werden (wie beim traditionellen Vorgehen) die Struktur des AS, die Verarbeitungslogik, die Benutzungsoberflächen sowie die Listen gestaltet.

Der Unterschied zwischen beiden Vorgehensweisen liegt darin, daß bei der objektorientierten Anwendungssystementwicklung die *Ergebnisse der fachlichen Konzeption weitgehend in die DV-technische Konzeption übernommen* werden. Die Objekte und ihre Strukturen bleiben erhalten. Sie werden nicht wie beim traditionellen Vorgehen in Elemente des DV-technischen Konzepts transformiert, sondern lediglich um Objekte für die DV-technischen Aspekte ergänzt.

Die objektorientierte Programmierung reduziert also den "Strukturbruch" zwischen der fachlichen und der DV-technischen Konzeption. Dieser Vorteil gegenüber dem traditionellen Vorgehen wird noch dadurch verstärkt, daß beide Schritte zur Anwendungssystementwicklung dieselben Modellierungskomponenten - Objekte, Methoden, Mitteilungen, Klassen und die Vererbung - verwenden.

Dadurch, daß man die Ergebnisse der fachlichen und der DV-technischen Konzeption gemeinsam speichert und nicht von einer Phase in die andere übertragen muß, lassen sich Änderungen im Konzept leichter durchführen. Will man z. B. das DV-Konzept modifizieren, so muß man hier nicht in die Phase der fachlichen Konzeption zurückgehen und die Umgestaltung dort durchführen. Beim objektorientierten Vorgehen sind nur einmalig die betroffenen Objekte zu ändern.

6.2.4   Konzeption des Programmablaufs

Der Lösungsweg eines Programms wird grafisch mit Struktogrammen beschrieben (standardisierte Kontrollflüsse, vgl. Abschnitt 2.1.6), unabhängig von der gewählten Programmiersprache. Ein Beispiel sind Nassi-Shneiderman-Diagramme. Elemente dieser Struktogrammtechnik sind sogenannte *Strukturblöcke*, die eine oder mehrere Anweisungen enthalten und/oder weitere Strukturblöcke umfassen. Jeder Strukturblock bezeichnet einen Programmbaustein mit eindeutiger Funktion und ist entweder komplett in einem anderen Strukturblock enthalten oder vollständig getrennt von diesem.

Die Ablauflogik eines Programms darf bei dieser Technik nur mit den drei elementaren Beschreibungsmitteln Sequenz, Selektion (Auswahl) und Wiederholung dargestellt werden. Strukturblöcke können dabei auch Unterprogramme bezeichnen, die dann in einem eigenen Struktogramm abgebildet werden.

Benutzt man bei der Programmentwicklung konsequent diese Ablaufstrukturen, so spricht man von Strukturierter Programmierung.

Abbildung 6.2.4/1 zeigt das Struktogramm zu einem Programm, das nach Eingabe einer Kundennummer (KN) und des Jahresumsatzes (JU) einen Rabattbetrag berechnet und ausdruckt. Liegt der Jahresumsatz des Kunden über

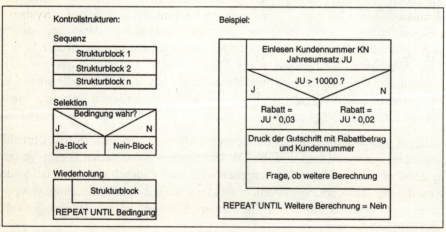

Abb. 6.2.4/1   Beispiel für ein Struktogramm

10.000 DM, so beträgt der Rabattsatz 3 %, in den übrigen Fällen 2 %. Nach Abschluß der Berechnung fragt das Programm den Anwender, ob ein weiterer Durchlauf erwünscht ist.

6.3 IV-Architekturmodelle

Als grundlegendes Hilfsmittel zur Anwendungssystementwicklung lassen sich Integrationsmodelle einsetzen. Sie werden auf höherem Abstraktionsniveau als der Fachentwurf, jedoch mit der gleichen Beschreibungsform entwickelt. Diese Elemente der IV-Architektur können damit als Ausgangspunkt für die nachfolgenden Entwicklungsschritte von AS dienen.

Mit Integrationsmodellen will man Lücken und redundante Bausteine (Programme oder Daten) in der Informationsstruktur eines Unternehmens erkennen. Integrationsmodelle lassen sich nach mehreren Kriterien gliedern, beispielsweise orientiert an der *Typologie integrierter IV* (vgl. Abschnitt 3.2). So unterscheidet man etwa in *Unternehmensdaten- und Unternehmensfunktionsmodelle*, je nachdem, ob die Daten- oder Funktionsintegration im Vordergrund steht. Man verwendet damit die bereits aus der Daten- und Funktionsmodellierung bekannten Sichtweisen und geht zuweilen von der vereinfachten Begriffsformel aus:

"Unternehmensmodell = Unternehmensdatenmodell + Unternehmensfunktionsmodell"

Die datenbezogene Integration, also die Nutzung gemeinsamer Datenbestände durch verschiedene betriebliche Funktionsbereiche und AS, erfordert den *Entwurf konzeptioneller Datenstrukturen auf Unternehmensebene*. Diese unternehmensweiten Datenstrukturen bilden das *Unternehmensdatenmodell*. Ziel des Unternehmensdatenmodells ist es meistens, die Zusammenhänge zwischen den fachlichen Aufgaben in einem Unternehmen und den erforderlichen Daten zu verdeutlichen. Damit werden jene Daten identifiziert, die für verschiedene Aufgaben gemeinsam zu verwenden sind. Zugleich schafft man damit die Voraussetzungen für eine datenorientierte Integration verschiedener Systemkomponenten.

Mit dem Unternehmensfunktionsmodell wird ein Überblick gegeben, welche Funktionen im Unternehmen auszuführen sind und wie sie sich strukturieren lassen. Anhand dieses Modells kann man abgleichen, welche Aufgabenbereiche im Unternehmen bereits mit AS unterstützt werden und wo zusätzlicher Bedarf für den IV-Einsatz besteht. Das Unternehmensfunktionsmodell beschreibt, in welchem Kontext die im Unternehmensdatenmodell spezifizierten Daten verwendet werden.

Manchmal wird zwischen Funktions-, Prozeß- und Vorgangsmodellierung unterschieden. Funktionsmodellierung beschränkt sich dann auf die Zerlegung größerer Aufgabenblöcke (z. B. Auftragsbearbeitung in Auftragserfassung, Auftragsprüfung, Auftragsbestätigung) und das Beschreiben der Ein- und Ausgaben. In Prozeß- oder Vorgangsmodellen werden darüber hinaus Regeln angegeben, nach denen die Funktionsblöcke aufgerufen ("getriggert") werden. Zum Beispiel wird eine neue Maschinenbelegung in der Werkstattsteuerung (vgl. Abschnitt 5.1.5.7) veranlaßt, wenn das Auftragserfassungsprogramm (vgl. Abschnitt 5.1.2.3) die Stornierung eines größeren Kundenauftrags bearbeitet hat. Da zwischen den Modellierungstypen fließende Übergänge bestehen und man in der Fachliteratur die Begriffe unterschiedlich abgrenzt, benutzen wir die Prozeß- und Vorgangsmodellierung vereinfachend als Synonyme.

Außerdem findet man den Begriff der Geschäftsprozeßmodellierung. Darunter soll hier eine Prozeßmodellierung verstanden werden, bei der die Kernprozesse des Unternehmens im Mittelpunkt stehen, d. h. diejenigen Prozesse, mit denen z. B. zur Wertschöpfung maßgeblich beigetragen wird. Zusätzlich lassen sich organisatorische Zuordnungen von Prozeßelementen in einzelnen Stellen oder Abteilungen berücksichtigen. Man kann mit dem Geschäftsprozeßmodell in einem ersten Schritt analysieren, ob die Abläufe der einzelnen Funktionen sowie ihre organisatorische Zuordnung richtig gestaltet sind und wie sich diese Geschäftsprozesse mit neuen AS umgestalten lassen. Im zweiten Schritt wird man sich dann der konkreten AS-Entwicklung zuwenden.

Eine weitere Systematik ergibt sich, wenn man die *Abbildungshilfen* bzw. *Beschreibungsmittel* des Integrationsmodells heranzieht. Man kann danach unterscheiden, ob grafische, verbale oder tabellarische Darstellungen überwiegen. Die Wahl der Beschreibungsmittel hängt stark vom Integrationsgegenstand ab. So eignet sich für Unternehmensdatenmodelle z. B. die Entity-Relationship-Methode (vgl. Abschnitt 6.2.1), hingegen kommen für funktionsorientierte Modelle eher Hierarchiegraphen (vgl. Abschnitt 6.2.2) in Verbindung mit tabellarischen Übersichten in Betracht. Datenflußdiagramme erleichtern es, die Reihenfolge von Prozeßschritten und den zeitlichen Ablauf zu demonstrieren [Mertens 95, S. 19], da sie die Informationsflüsse beschreiben. Sie ergänzen funktionsorientierte Modelle und unterstützen auch die Prozeßmodellierung. Abbildung 6.3/1 zeigt die Sichtweisen der verschiedenen Beschreibungsmittel vereinfacht am Beispiel der Angebots- und Auftragsbearbeitung (vgl. Abschnitt 5.1.2). In diesem Buch, in dem die Funktions- und Prozeßorientierung deutlich dominiert, wurden die Datenflußdiagramme bevorzugt. Am Ende des Buches finden Sie einen Datenflußplan als Beispiel für ein stark vereinfachtes Unternehmensfunktionsmodell. Die zugehörigen Beschreibungen bringt Abschnitt 5.1.

Eine stark verdichtete Sicht auf die Anordnung von Vorgängen und Programmkomplexen nennt man *Anwendungsarchitektur*, ein ebenso verdichtetes Abbild der Hardware-Bausteine *Informationstechnikarchitektur*. Beide zusammen bilden die *Informationsarchitektur*. Die Abbildungen 5.1.5.8/2 und 5.2.9.2.3/1

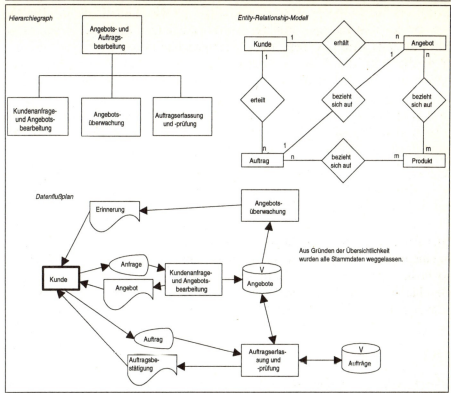

Abb. 6.3/1   Sichtweisen verschiedener Beschreibungsmittel

vermitteln einen Eindruck von der Darstellung einer solchen Informationsarchitektur.

6.4 Projektplanung, -steuerung und -kontrolle zur Entwicklung von Anwendungssystemen

Da es sich bei Softwareprojekten im allgemeinen um größere Aufgabenstellungen handelt, müssen die Schritte zum Entwickeln eines AS geplant, gesteuert und kontrolliert werden. Dieses ist die Aufgabe des Projektmanagements. Zuständig dafür sind *Projektleiter* oder *-koordinatoren*.

Das Projektmanagement bei einem phasenorientierten Vorgehen unterscheidet zwischen eher fachorientierten Aufgaben und solchen, die für die technische Systementwicklung relevant sind.

❑ Die eigentliche *Projektplanung* besteht aus folgenden Aktivitäten:

    – Die am Projekt beteiligten *Stellen und Instanzen* sind zu identifizieren.

    – Die *Softwareentwicklungsumgebung* ist auszuwählen.

– Aktivitätsfolgen zum Entwickeln des AS müssen definiert werden. Es ist zu untersuchen, wie sich die Aufgabeninhalte in Teilaufgaben zerlegen lassen.

– Die Teilaufgaben sind aufeinander abzustimmen. Zur Koordination muß das Projektmanagement Maßnahmen festlegen und Mitarbeiter nominieren, welche die notwendigen Aufgaben übernehmen.

– Die Entscheidungsbefugnisse der betroffenen Mitarbeiter müssen geklärt werden.

– Es sind Termine vorzugeben, an denen man das Softwareentwicklungsprojekt bezüglich der erzielten Zwischen- und Endergebnisse sowie der Einhaltung der Zeit- und Kostenplanung überprüft.

❐ Eine der wichtigsten Aufgaben der *Projektsteuerung*, sowohl unter fachlichen Aspekten als auch unter dem Gesichtspunkt der Mitarbeitermotivation, ist die *Führung des Personals*. Dabei ist das Koordinieren von Fach- und IV-Interessen besonders schwierig.

❐ Die *Projektkontrolle* überprüft, ob die in der Planung vorgegebenen Aufgaben sachgemäß abgewickelt wurden und der Ressourceneinsatz den Planungen entsprochen hat.

6.4.1 Gestaltung von Entwicklungsprojekten

Wichtiges Planungsmittel für Softwareentwicklungsprojekte ist ein sogenannter *Projekt-Strukturplan*, der für die einzelnen Phasen des Vorhabens abgeleitet wird. Darin definiert man *Aufgabenpakete*, deren Bewältigung notwendig ist, um den spezifizierten Leistungsumfang des AS zu erbringen. Die Arbeiten werden dazu in hierarchisch geordnete Teilaufgaben zerlegt. Im Phasenkonzept gehen erste Aufgaben bereits aus der Planungsphase hervor. Deren Verfeinerung geschieht in der Definitionsphase. Die Aufgabenpakete werden einzeln überwacht, wobei der Abschluß eines Projektabschnittes, zu dem entsprechende Kontrollen stattfinden, als *Meilenstein* bezeichnet wird. Für die geplanten Aufgabenpakete müssen der notwendige Arbeitseinsatz sowie die benötigten Rechner-Ressourcen festgelegt werden.

Für die einzelnen Phasen sind *Projektteams* zu bilden. Es ist zu berücksichtigen, daß für die verschiedenen Aufgabeninhalte zeitlich befristet unterschiedliche Spezialisten benötigt werden. Als Mittler zwischen den IV- und Fachabteilungs-Interessen werden oftmals *IV-Koordinatoren* (vgl. Abschnitt 7.4) eingesetzt.

Als Hilfe zur Zeit- und Terminplanung dienen *Balkendiagramme* (Gantt-Diagramme) oder die *Netzplantechnik*. Schließlich sind auch die Kosten des Projektes zu schätzen (vgl. Abschnitt 6.4.2). Zur Überwachung der Entwicklungsprojekte finden Projektbesprechungen statt. Dazu werden Statusberichte erstellt, mit denen man die Einhaltung der Termine, den Ressourcenverbrauch sowie die Kosten überprüft.

Aus den bei der Projektüberwachung erkannten Mängeln und den einzelnen Projektphasen selbst ergeben sich die notwendigen Steuerungstätigkeiten.

6.4.2 Aufwandschätzung für Entwicklungsprojekte

Die *Aufwandschätzung* wird für die Termin- und Kostenplanung benötigt.

Der Aufwand wird für alle relevanten Ressourcen separat geschätzt. Besonders differenziert plant man das benötigte Personal. Die erforderlichen Rechnerkapazitäten werden auf dieser Basis häufig nur grob vorhergesagt. Diese Vorgehensweise ist damit zu begründen, daß die Personalkosten bei der Softwareentwicklung den größten Anteil bilden und man ausreichende Rechner-Ressourcen für die Entwicklung voraussetzt.

Einfluß auf den Projektaufwand haben die Größe des Systems (Quantität), die Qualitätsanforderungen an die zu entwickelnde Lösung, die einzuhaltende Projektdauer sowie die Produktivität der Mitarbeiter, die z. B. durch die eingesetzte Softwareentwicklungsumgebung beeinflußt wird.

Schätzverfahren basieren üblicherweise darauf, daß man durch einen Analogieschluß das zu schätzende Projekt oder Teilaufgaben davon mit bereits abgeschlossenen Projekten vergleicht. Die Qualität solcher Verfahren wird maßgeblich durch die Erfahrung des mit einer Aufgabe betrauten Experten bestimmt. Folgende Ausführungen bieten einen beispielhaften Methodenüberblick [Noth/Kretzschmar 86]:

❒ Bei der *Analogiemethode* vergleicht man das zu schätzende Projekt mit bereits abgeschlossenen Entwicklungen aufgrund einiger weniger Faktoren. Ziel ist es, Entwicklungsprojekte mit ähnlichen Voraussetzungen (Faktoren) zu finden, mit deren Hilfe man den wahrscheinlich notwendigen Aufwand abschätzt.

❒ Bei der *Gewichtungsmethode* werden sowohl subjektive Faktoren (Qualität, Erfahrung der Mitarbeiter usw.) als auch objektive Kriterien (Zahl der Dateizugriffe, Bildschirmmasken etc.) in einer Gleichung verknüpft, mit der man den Projektaufwand berechnet. Die Gleichung wird durch eine statistische Analyse (zum Beispiel eine Regressionsanalyse) bereits durchgeführter Projekte abgeleitet.

❒ Das *Function-Point-Verfahren* benutzt eine Kurve, die den Zusammenhang zwischen dem Entwicklungsaufwand, den ein AS verursacht, und dessen Einstufung auf einer Punkteskala in sogenannte Function-Points beschreibt. Jedem Vorhaben werden Function-Points zugeordnet. Sie entstehen, indem man die Funktionen des neuen Systems (sogenannte Geschäftsvorfälle)

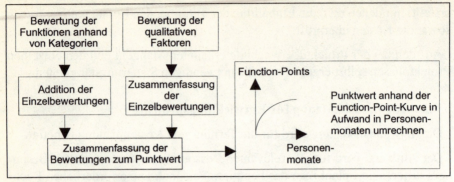

Abb. 6.4.2/1　Ablauf des Function-Point-Verfahrens

anhand von Kategorien (z. B. Zahl der zu bearbeitenden Datenbestände) bewertet und auch für qualitative Faktoren (z. B. Komplexität der Verarbeitungslogik, Integration mit weiteren AS) Punktwerte bestimmt. Für abgeschlossene Vorhaben werden die ermittelte Punktesumme und der Ist-Aufwand in ein Koordinatensystem eingetragen. Durch eine Regressionsrechnung läßt sich nun die Punktwert-/Aufwandskurve bestimmen. Mit Hilfe dieser Kurve kann man den Aufwand in Personenmonaten für neue Projekte prognostizieren. Dazu werden die Geschäftsvorfälle sowie die qualitativen Faktoren des neuen Vorhabens beurteilt und in Function-Points umgerechnet. Anschließend ist aus der Kurve der entsprechende Wert in Monaten abzulesen.

6.5　Ausgewählte Aufgaben bei der Entwicklung von Anwendungssystemen

Der Inhalt vieler Aufgaben der Systementwicklung ist abhängig vom Anwendungsbereich sowie den spezifischen Entwicklungsbedingungen (z. B. Ausstattung der Software-Entwicklungsabteilung). Nachfolgend wird daher nur ein Überblick für besonders wichtige Aufgaben gegeben, die in der Regel für sämtliche Entwicklungsprojekte durchgeführt werden müssen.

6.5.1　Analyse des Anwendungsbereichs

Die *Analyse des Anwendungsbereichs* befaßt sich mit den Anforderungen, die ein AS erfüllen soll und die als Voraussetzungen für den Systementwurf dienen. Häufig wird dafür auch der Begriff des *Requirements-Engineering* gebraucht. Folgt man einem Phasenkonzept, so sind die notwendigen Aufgaben der Planungsphase zuzuordnen. Auch bei einem Prototyping-orientierten Vorgehen stellt die Analyse des Anwendungsbereichs einen Ausgangspunkt dar.

Kernaktivitäten bilden das Ermitteln, Analysieren, Beschreiben und Validieren der notwendigen Anforderungen. Je nach Komplexität der Aufgabenstellung kann man die Tätigkeiten in mehreren Zyklen durchlaufen, um das Pflichtenheft zu erarbeiten. Dabei werden die Anforderungen an das System und den Entwicklungsprozeß mehr oder weniger formal spezifiziert.

Die Hauptschwierigkeit beim *Beschreiben* von Anforderungen liegt oft darin, daß das Verständnis zwischen den späteren Benutzern in den Fachabteilungen und den IV-orientierten Systementwicklern divergiert. Der Fachabteilungsmitarbeiter ist gewohnt, in seiner anwendungsbezogenen Fachwelt zu denken, wohingegen das Personal der IV-Abteilung eher technisch orientiert ist. Daher muß eine für beide Seiten verständliche Ausdrucksform gefunden werden.

Die Anforderungen an das neue System lassen sich durch eine *Analyse des Ist-Zustandes* und der dabei identifizierten Schwachstellen sowie aus den allgemeinen Zielsetzungen des Unternehmens (vgl. Abschnitt 7.1.2) herausarbeiten. Das Ergebnis wird in einem *Soll-Konzept* dokumentiert. Der Umfang und die notwendigen Arbeitsschritte sind auch von dem bereits anzutreffenden Unterstützungsgrad durch die IV abhängig.

Bei der Ist-Aufnahme wird im ersten Schritt der Erhebungsbereich festgelegt, in dem die Analyse durchgeführt werden soll. (Beispiel: Sind zum Verbessern eines Lagerhaltungssystems nur die Materialbewegungen zu untersuchen, oder muß auch die Inventur berücksichtigt werden?) Dazu ist eine *Systemabgrenzung* vorzunehmen. Im zweiten Schritt wird dann der Ist-Zustand im Erhebungsbereich bestimmt, wobei zuerst grobe Zusammenhänge und dann vertiefende Details erfaßt werden (Top-down-Vorgehensweise; vgl. Abschnitt 6.2.2).

Zur Ist-Aufnahme gibt es verschiedene Methoden. Beispiele dafür sind:

– das Interview (strukturiert oder unstrukturiert), mit dem Mitarbeiter des zu analysierenden Bereichs befragt werden
– ein Workshop, mit dem man die Anforderungen der potentiellen Nutzer eines AS erhebt
– ein Fragebogen, der dazu dient, Informationen zu vorher festgelegten Themengebieten zu gewinnen
– Beobachtungen von Mitarbeitern bei ihren Tätigkeiten
– eine Dokumentenanalyse (z. B. Studium der in einem Geschäftsprozeß benötigten Formulare), um Vorgänge teilweise nachzuvollziehen
– eine Selbstaufschreibung, mit der die Mitarbeiter beispielsweise ihre Arbeitsabläufe sowie die eingesetzten Hilfsmittel protokollieren

In der anschließenden Schwachstellenanalyse werden die Probleme der vorhandenen Lösung herausgearbeitet und beurteilt. Es folgen Untersuchungen, auf welche Art und Weise sich die identifizierten Schwachstellen überwinden lassen. Die gewonnenen und dokumentierten Ergebnisse (z. B. in Berichtsform) bilden die Grundlage für ein Soll-Konzept.

6.5.2   Kriterien zur Auswahl von Programmiersprachen und Entwicklungsumgebungen

Für ein selbst zu entwickelndes AS ist festzulegen, welche Programmiersprache gewählt werden soll, um das System zu erstellen, und welches Entwicklungswerkzeug verwendet wird, um den Erstellungsprozeß zu unterstützen.

Erste Restriktionen können sich aufgrund der gewählten Hardware-Plattform, der benötigten Datenverwaltung (z. B. Datenbank) sowie der sonstigen Abhängigkeiten ergeben. Hinzu kommt, daß es in vielen Unternehmen generelle Regelungen gibt, in welcher Programmiersprache AS erstellt werden. Häufig findet man heute z. B. die Sprache COBOL für Großrechner-Systeme und C oder C++ für PC-Lösungen (vgl. Abschnitt 2.1.6).

Folgende weitere Faktoren können die Programmiersprachenauswahl beeinflussen:

– Schwerpunkt der Anwendung: Steht die Bearbeitung von betriebswirtschaftlichen Massendaten im Vordergrund, wählt man z. B. COBOL. Werden Aufgaben der technischen IV gelöst oder sind mathematische Problemstellungen zu behandeln, wird oft FORTRAN eingesetzt.
– Voraussichtliche Nutzungshäufigkeit: Ein "Wegwerfprogramm" zur einmaligen Nutzung wird man z. B. mit einer Sprache der vierten Generation schreiben, einen täglich oft benutzten Programmteil in einer sehr laufzeiteffizienten Sprache.
– Kenntnisse bzw. Ausbildung der Programmierer.

Computergestützte Entwicklungsumgebungen sollen grundsätzlich dazu beitragen, die Produktivität der Softwareentwickler zu steigern. Außerdem erwartet man, daß Systeme, die mit Unterstützung dieser Software-Tools entwickelt wurden, die definierten Anforderungen besser erfüllen.

Mit Werkzeugen für das sogenannte *Computer Aided Software Engineering* (CASE) werden darüber hinaus Hilfsmittel bereitgestellt, um die Softwareproduktion technisch und organisatorisch besser zu beherrschen. Solche Werkzeuge sind z. B. Beschreibungssprachen für Funktionen, Daten und Kontrollstrukturen (vgl. Abschnitt 6.2). Die eigentliche Programmierung wird mit Compilern, Interpretern, Linkern, Editoren, Maskengeneratoren, Codegeneratoren, Testhilfen usw. unterstützt. Zur wirtschaftlichen Abwicklung der Software-Projekte bieten CASE-Werkzeuge Methoden des Projektmanagements an. Geht man nach Phasenkonzepten vor (vgl. Abschnitt 6.1.1), so helfen CASE-Tools mit ihren Dokumentationssystemen, den Verwaltungsaufwand bei einer großen Systementwicklung besser zu beherrschen.

Die Hilfsmittel können danach unterschieden werden, ob sie sich in allen Phasen der Systementwicklung oder nur in einigen bzw. in genau einer einsetzen lassen. Gängige, umfassende Tools unterstützen sowohl die Top-down-Vorgehensweise zum Funktionsentwurf als auch die Spezifikation der zugehörigen Daten nach der Bottom-up-Vorgehensweise. Aufgrund dieser Zweiteilung in Funktions- und Datenorientierung müssen spezielle Tools verwendet werden, wenn objektorientiert gearbeitet wird (vgl. Abschnitt 6.2.3).

Um den Softwareentwicklungsprozeß zu standardisieren, setzen Unternehmen oft nur eine Entwicklungsumgebung oder wenige verschiedene Tools ein.

6.6 Auswahl und Einführung von Standardsoftware

Die Entscheidung, ob für die Aufgabenstellung Standardsoftware eingesetzt werden kann oder ob man *Individualsoftware* verwenden muß, läßt sich im allgemeinen nach der Analyse des Anwendungsbereichs und der IV-technischen Umgebung treffen. In manchen Unternehmen gibt es auch die Regelung, für bestimmte Aufgaben grundsätzlich nur Standardsoftware zu verwenden (vgl. Abschnitt 7.1.6).

Voraussetzung für den Einsatz von Standardsoftware ist, daß die Anforderungen des Unternehmens mit den Leistungsmerkmalen der am Markt angebotenen Standardsoftware weitgehend übereinstimmen. Das Unternehmen muß auch in der Lage sein, auf Teilfunktionen zu verzichten oder diese selbst hinzuzufügen, wenn sie von der Standardsoftware nicht unterstützt werden. Ebenso ist zu berücksichtigen, daß möglicherweise *organisatorische Änderungen* notwendig sind. Erfolgen keine Änderungen, so spricht man von einer *schlüsselfertigen Lösung*.

Nachfolgend werden Argumente für und gegen den Bezug von Standardsoftware angeführt. Vorteile der Standardsoftware sind gleichzeitig Nachteile einer Individuallösung und umgekehrt.

❐ Vorteile beim Einsatz von Standardsoftware:

- Meistens sind die Ausgaben zum Erwerb und Anpassen von Standardsoftware geringer als die Kosten für das Erstellen einer Individuallösung. Es können aber unternehmensindividuelle Softwaremodifikationen hohe Kosten verursachen, insbesondere wenn man berücksichtigt, daß diese Änderungen auch jedesmal beim Versionswechsel der Standardsoftware neu übertragen werden müssen.
- Da die Standardpakete sofort verfügbar sind, ist die Einführungsdauer in der Regel viel kürzer als bei Individualsoftware, die man erst noch erstellen muß.
- Standardsoftware ist oft ausgereift, so daß weniger Fehler als bei Individualsoftware auftreten.

- Mit der Standardsoftware kann möglicherweise betriebswirtschaftliches und organisatorisches Know-how, das im Unternehmen nicht verfügbar ist, erworben werden. Ein Beispiel wäre ein neues Produktionsplanungs- und -steuerungssystem, welches eine bessere Kapazitätsplanung für die Fertigung erlaubt und es dem Vertrieb ermöglicht, die Kunden schneller über geplante Liefertermine zu informieren.
- Weit verbreitete Standardsoftware erleichtert die zwischenbetriebliche Integration, wenn sie allgemein anerkannte Standards verwendet.
- Häufig ist auch die Schulung, die ein Softwarehersteller für die Anwendung anbietet, professioneller als eine Anwenderschulung, die von Abteilungen im eigenen Haus durchgeführt wird.
- Die eigenen IV-Ressourcen werden geschont, um sie für besonders wichtige Aufgabenstellungen einzusetzen (vgl. Abschnitt 7.1).

❐ Als Nachteile lassen sich anführen:

- Es bestehen häufig Diskrepanzen zwischen den funktionalen und organisatorischen betrieblichen Anforderungen und dem Programmaufbau.
- Die Hardware wird zusätzlich belastet, da die Software nicht an die spezielle Rechnerumgebung des Unternehmens angepaßt ist.
- Es wird nur wenig eigenes IV-Know-how im Unternehmen aufgebaut.
- Das Unternehmen begibt sich eventuell in eine ungewollte Abhängigkeit von dem Softwarelieferanten.

Damit die Diskrepanzen zwischen den betrieblichen Anforderungen und dem Standardprogramm-Funktionsumfang nicht zu groß werden, bieten die Softwarehersteller Lösungen an, bei denen Unternehmen aus verschiedenen Alternativen für einzelne Funktionen oder Module wählen können. Diese Auswahl kann bis zu einem gewissen Grad die Möglichkeit einschließen, auch Bildschirmmasken und Datenstrukturen individuell zu gestalten. Dazu werden Programme eingesetzt, mit denen man die endgültige Anwendersoftware aus Einzelmodulen zusammenbaut. Dieses Vorgehen nennt man *Customizing* von Standardsoftware.

Größere Standardsoftwareprojekte laufen vergleichbar der Softwareentwicklung in Phasen ab (vgl. Abb. 6.6/1). Nach der Auswahl einer Standardsoftware sind bei umfassenden AS für die zu unterstützenden Funktionen und Geschäftsprozesse die relevanten Module auszuwählen. Sobald die Software installiert ist, werden die Module an die Eigenschaften der Funktionen und Prozesse angepaßt. Dazu sind aus einem evtl. vorhandenen Vorrat die geeigneten Methoden auszuwählen und einzustellen (z. B. wird das Bestellpunktverfahren in einem Materialdispositionsmodul gewählt und für A- und B-Teile angewendet). Nach dem Start des AS-Betriebs können weitere Tuningmaßnahmen erforderlich sein, um die technische Performance der Software (z. B. das

Antwortzeitverhalten) und die fachlichen Ergebnisse der eingesetzten Methoden zu verbessern [Jäger 93].

Abb. 6.6/1   Phasen zur Einführung von Standardsoftware

6.7   Qualitätssicherung

Generell muß die *Qualitätssicherung* prüfen, ob alle bereitgestellten Leistungen den Benutzeransprüchen gerecht werden. Ein Qualitätskriterium ist beispielsweise auch das *Antwortzeitverhalten* eines Zentralrechners. Nachfolgend wird aber nur die Softwarequalität weiter behandelt.

Welche wirtschaftlichen Auswirkungen Qualitätsmängel haben können, zeigt das Beispiel des Flugbuchungssystems SABRE von American Airlines. (Andere Buchungssysteme werden in Abschnitt 5.2.6.2 dargestellt.) Im Jahr 1987 hat das Unternehmen einen Umsatz von ca. 50 Millionen US-Dollar nicht realisiert, da nach der Änderung eines Softwaremoduls im Reservierungssystem monatelang Flugzeuge bereits als ausgebucht angezeigt wurden, obwohl noch Plätze verfügbar waren.

Die Qualitätssicherung bei der Entwicklung von Software soll dazu beitragen, daß sowohl das Softwareprodukt als auch der Entwicklungsprozeß bestimmte Eigenschaften erfüllen. Für die Produktqualität sind Merkmale, wie z. B. die *Bedienungsfreundlichkeit* des Programms für den Anwender, ein *angemessener Funktionsumfang sowie geeignete Verfahren zur Problemlösung*, die *Wartbarkeit* des AS oder die *Mindestausstattung* der Hardware für den Softwareeinsatz, von Bedeutung. Dieses sind zumeist subjektive Faktoren.

Hinweise, welche Maßnahmen zu ergreifen sind, um die Qualität auch innerhalb des Entwicklungsprozesses adäquat zu berücksichtigen, gibt die *ISO-Norm 9000*, in der ein spezieller Leitfaden zur Softwareentwicklung existiert [Griese 93]. Darin werden Anforderungen an die organisatorische Einordnung von Qualitätssicherungssystemen definiert, entwicklungsphasenabhängige Qualitätsziele und Maßnahmen zur Zielerreichung festgelegt sowie phasenübergreifende, qualitätsbezogene Tätigkeiten in einem Qualitätssicherungsplan spezifiziert. Unternehmen, die den Entwicklungsprozeß normenkonform gestalten, können ihr Qualitätssicherungssystem von unabhängigen Gutachtern (z. B. dem

TÜV) zertifizieren lassen, um so gegenüber ihren Kunden nachzuweisen, daß die mit der Norm festgelegten Qualitätsrichtlinien erfüllt werden.

6.7.1 Verfahren zur Qualitätssicherung

Ein zentrales Verfahren im Rahmen der Qualitätssicherung ist das Testen. Tests werden durch folgende Elemente charakterisiert [Schmitz 90]:

– die Objekte oder Aufgaben (z. B. Programme, Module), die getestet werden sollen
– die Entwicklungsphasen, während derer die einzelnen Testaufgaben durchgeführt werden
– die Mitarbeiter (Gruppen), von denen die Tests vorgenommen werden
– die Testarten und Einzelaktivitäten, die durchzuführen sind
– die Techniken, die bei den Tests Anwendung finden

Bei den Testarten kann man nach drei Kriterien differenzieren:

1. Man unterscheidet danach, ob die Anwendung auf Basis von bekannten Testfällen (Eingaben und Ausgaben bekannt) nur mit Hilfe des Vergleichs der vom System erzeugten mit den gewünschten Ausgaben überprüft wird (*Black-Box-Test*) oder ob man darüber hinaus auch nachvollzieht, *wie* das Programm abläuft (*White-Box-Test*).

2. Wird das Testobjekt analysiert, ohne daß man Beispieldaten verwendet, so handelt es sich um einen *statischen Test* (z. B. Schreibtischtest). Beim *dynamischen Testen* hingegen wird mit Testdaten die korrekte Ausführung des Programms kontrolliert.

3. Nach dem Vorgehen, mit dem man die zu testenden Objekte bestimmt, wird zwischen einem *repräsentativen Test*, für den genau festgelegte Testobjekte ausgewählt werden, einer *zufälligen Testobjektauswahl* und dem *schwachstellenorientierten Testen, bei dem man besonders fehleranfällige Bereiche überprüft, unterschieden.*

6.7.2 Probleme der Qualitätssicherung

Die Qualitätssicherung der Software ist mit verschiedenen Schwierigkeiten verbunden:

– Es lassen sich aus einzelnen Qualitätsmerkmalen nur schwer direkte Schlußfolgerungen auf die gesamte Software ziehen.
– Zwischen einzelnen Faktoren bestehen Abhängigkeiten. Verbessert sich ein Merkmal, so kann sich ein anderes bei komplementärer Beziehung eventuell verschlechtern (z. B. verbessert man die Selbsterklärungsfähigkeit eines

Dialogsystems durch zusätzliche Bildschirmausgaben, erhöht dadurch aber den Zeitbedarf).

– Viele Merkmale sind nicht eindeutig meßbar, z. B. wenn sie von der subjektiven Einschätzung der Benutzer abhängen.

Die Qualität eines AS stellt sich erst nach umfangreichem Gebrauch in der Praxis heraus, da in der Testphase nicht alle in der Wirklichkeit auftretenden Sonderfälle vorhergesehen werden können. Erkannte Mängel sind dann mit der Wartung der Software zu beseitigen.

6.8   Literatur zu Kapitel 6

Balzert 86   Balzert, H., Die Entwicklung von Softwaresystemen - Prinzipien, Methoden, Sprachen, Werkzeuge, 2. Aufl., Mannheim u. a. 1986.

Griese 93   Griese, J., Der Beitrag von ISO 9000 zur Software-Qualitätssicherung, WIRTSCHAFTSINFORMATIK 35 (1993) 6, S. 575 ff.

Jäger 93   Jäger, E., Pietsch, M. und Mertens, P., Die Auswahl zwischen alternativen Implementierungen von Geschäftsprozessen in einem Standardsoftwarepaket am Beispiel eines Kfz-Zulieferers, WIRTSCHAFTSINFORMATIK 35 (1993) 5, S. 424 ff.

Mertens 95   Mertens, P., Integrierte Informationsverarbeitung 1, Administrations- und Dispositionssysteme in der Industrie, 10. Aufl., Wiesbaden 1995.

Mertens/   Mertens, P. und Knolmayer, G., Organisation der Informationsverarbei-
Knolmayer 95   tung, 2. Aufl., Wiesbaden 1995.

Noth/   Noth, T. und Kretzschmar, M., Aufwandschätzung von DV-Projekten, 2.
Kretzschmar 86   Aufl., Berlin u. a. 1986.

Schmitz 90   Schmitz, P., Softwarequalitätssicherung, in: Kurbel, K. und Strunz, H. (Hrsg.), Handbuch der Wirtschaftsinformatik, Stuttgart 1990, S. 309 ff.

Sinz 88   Sinz, E.J., Das Strukturierte Entity-Relationship-Modell (SER-Modell), Angewandte Informatik 5 (1988) 4, S. 191 ff.

Vetter 93   Vetter, M., Strategie der Anwendungssoftwareentwicklung, 3. Aufl., Stuttgart 1993.

7 Management der Informationsverarbeitung

Aus Sicht des Gesamtunternehmens wird unter dem Management der betrieblichen IV die wirtschaftliche Versorgung aller Stellen mit den Informationen verstanden, die zum Erreichen der Unternehmensziele benötigt werden. Die damit verbundenen Aufgaben bezeichnet man auch als *Informationsmanagement*. Es trägt u. a. dazu bei, eine bestimmte Position des Betriebes im Vergleich zu den Konkurrenten zu besetzen.

Im Bereich der betrieblichen IV beziehen sich die notwendigen Führungsaufgaben auf:

- die zur Informationsversorgung notwendigen Tätigkeiten (z. B. den Rechenzentrumsbetrieb, vgl. Abschnitt 7.3)
- das für die IV notwendige Personal
- die zur IV eingesetzte Hardware, Software und Datenfernübertragung (Kommunikationseinrichtungen) sowie deren Weiterentwicklung
- die Planung, Neuentwicklung sowie Wartung der AS
- die organisatorische Gestaltung der für die betriebliche Informationsversorgung zuständigen Stellen

Außerdem sind insbesondere im "*Gesetz zur Fortentwicklung der Datenverarbeitung und des Datenschutzes*" (Bundesdatenschutzgesetz) Regelungen verankert, die Betriebe bei der Nutzung der Informationsressourcen und beim Einsatz der IV einhalten müssen (vgl. Abschnitt 7.5.1).

7.1 Strategische Planung der Informationsverarbeitung

7.1.1 Aufgaben

Die strategische Planung der IV soll die langfristigen Maßnahmen zum Gestalten der betrieblichen Informationsversorgung festlegen. Dazu sind eine Reihe von Aufgaben zu erfüllen, die man auch als Planungsschritte verstehen kann. Diese werden hier nur aufgezählt, eine detaillierte Darstellung verschiedener Teilaspekte enthalten die nachfolgenden Abschnitte:

1. Aus den Zielsetzungen des Gesamtunternehmens sind spezielle Ziele abzuleiten, die mit der betrieblichen IV erreicht werden sollen.
2. Die Anforderungen der betrieblichen Stellen an die IV werden erhoben.
3. Es wird untersucht, in welchem Ausmaß die gegenwärtige Versorgung durch die betriebliche IV dazu beiträgt, vorhandene Informationsbedarfe zu

befriedigen, oder inwieweit Defizite bestehen, die dadurch ausgeglichen werden können, daß man das Leistungsangebot der IV-Abteilung verändert. Außerdem lassen sich Geschäftsprozesse teilweise erst durch einen IV-Einsatz umgestalten oder mit geänderten AS unterstützen.

4. Unter Berücksichtigung der IV-Zielsetzungen werden die betrieblichen AS langfristig geplant. Es ist darzustellen, wie zukünftig die Informationsversorgung erfolgen soll und welche *IV-Ressourcen* (Hardware, Software sowie Kommunikationsnetze) dafür bereitgestellt werden müssen (vgl. Abschnitt 7.1.5). Für Einzelaufgaben muß man auch entscheiden, ob die IV-Abteilung Lösungen für das gesamte Unternehmen anbietet oder nur Richtlinien vorgibt, die Fachabteilungen bei selbständig beschafften oder entwickelten AS (z. B. PC-Standardsoftware) berücksichtigen müssen.

5. Auf Basis des langfristigen *IV-Konzeptes* wird die Anwendungsarchitektur des Unternehmens entwickelt (vgl. Abschnitt 6.3). Anhand der langfristigen AS-Planung werden die zu unterstützenden Funktionen festgelegt. Auf dieser Grundlage sind das unternehmensweite Datenmodell zu entwerfen sowie das Funktionsmodell detaillierter auszugestalten und ggf. ein Geschäftsprozeßmodell aufzubauen (vgl. Abschnitt 6.3). In letzteres paßt man dann die einzelnen Anwendungsprogramme für bestimmte betriebliche Teilaufgaben ein.

6. Aus den bis dahin erarbeiteten Plänen können durch Vergleich mit der Ist-Situation mögliche *IV-Projekte* abgeleitet werden. Dabei kann es sich z. B. um Vorhaben zum Erstellen oder Beschaffen sowie Einführen bestimmter AS handeln. Dazu ist festzulegen, in welchem Umfang Standardsoftware eingesetzt werden soll.

7. Die Projekte werden mit verschiedenen Beurteilungsverfahren (vgl. Abschnitt 7.1.5) analysiert und in eine Realisierungsreihenfolge gebracht.

8. Neben AS sind die Beschaffung und der Einsatz unternehmensweiter Informationstechnikinfrastruktur, wie z. B. der Großrechner-Systeme oder der Netzwerke (vgl. Abschnitt 2.5), zu planen. Bei dezentralen oder verteilten Systemen ist zu klären, ob die IV- oder die Fachabteilungen für ihren Betrieb verantwortlich sind.

9. Die gesamte betriebliche IV muß darüber hinaus in einem Kontrollprozeß auf ihre Wirksamkeit und Wirtschaftlichkeit überprüft werden. Beispielsweise setzt man dazu Kennzahlen oder Kennzahlensysteme ein [SVD 81]. Dabei werden Leistungskennzahlen (Rechnerkapazität, Verfügbarkeit der Zentralrechner usw.) und Kostenkennzahlen (z. B. Verhältnis der IV-Kosten zum Unternehmensumsatz) verwendet.

7.1.2 Grundlagen der IV-Strategie

Die generelle Abhängigkeit eines Unternehmens von der IV machen die AS, die für die Unternehmensaufgaben notwendig sind, deutlich. So ist in Unternehmen, die eine informationsorientierte Dienstleistung erbringen, wie z. B. Banken, der *IV-Durchdringungsgrad* im allgemeinen viel höher als in einem Unternehmen, das Rohstoffe produziert, wie etwa ein Kieswerk. Letzteres wird AS überwiegend für administrative und dispositive Aufgaben einsetzen.

Produktionsbetriebe benutzen verstärkt IV-Systeme, um die Fertigung zu automatisieren. Außerdem wollen sie mit dem IV-Einsatz ihre Fähigkeiten verbessern, bei einer Auftragsfertigung auf Kundenwünsche bis zum spätest möglichen Zeitpunkt eingehen zu können. Derartige Anforderungen lassen sich nur mit Hilfe der IV erfüllen und führen zu einer erhöhten AS-Durchdringung.

Wie wichtig die IV für einzelne Branchen ist, zeigen Untersuchungen aus dem Jahr 1987. Dort wird dargestellt, wie lange Unternehmen bei einem Totalausfall der IV noch "überlebensfähig" wären, bevor sie schließen müßten, weil beispielsweise auf benötigte Daten nicht mehr zugegriffen werden kann. Als Resultat erhielt man eine durchschnittliche Zeitdauer von zwei Tagen für Banken und fünf Tagen für Industriebetriebe [FAZ 87, S. 14].

Die Rahmenbedingungen der IV-Strategie werden von der Unternehmensstrategie vorgegeben. Diese beschreibt die langfristigen Maßnahmen zum Erreichen der gesteckten Ziele, die sich meistens durch eine Gewinnerwartung oder das Erhöhen des Unternehmenswertes für die Anteilseigner (Shareholder-Value) kennzeichnen lassen. Das Unternehmen kann drei grundsätzliche Zielrichtungen einschlagen, die sich auch durch die betriebliche IV unterstützen lassen. Folgende Beispiele sollen das veranschaulichen:

1. Innerhalb der Branche wird versucht, eine Kostenführerschaft anzustreben. Dies bedeutet, daß man sämtliche *Kostensenkungspotentiale* nutzt. Ein Fertigungsbetrieb investiert z. B. in CAM (vgl. Abschnitt 5.1.5.8), um teure Arbeitskräfte durch automatisierte Fertigungsverfahren zu substituieren. Ebenso wäre es möglich, im Vertriebsbereich Angebotssysteme (vgl. Abschnitt 5.1.2.1) einzusetzen, um dafür zu sorgen, daß der zuständige Sachbearbeiter in der gleichen Zeit mehr Angebote als bisher vorlegen kann.
2. Das Unternehmen verfolgt eine Differenzierungsstrategie. Darunter versteht man, daß es seinen Kunden eine Leistung anbieten will, mit der es sich von dem Angebot der Konkurrenz wesentlich unterscheidet. Davon erhofft man sich im allgemeinen, daß die Absatzmenge gesteigert werden kann oder es möglich ist, einen höheren Preis als die Konkurrenz zu verlangen. Für diese Strategie sei folgendes Beispiel vorgestellt:

PRAKTISCHES BEISPIEL

Die Mercedes-Benz AG bestimmt und bewertet Fahrzeugalternativen für Interessenten in der Nutzfahrzeugsparte mit einem PC-gestützten Beratungssystem. Auf Basis der Kundendaten werden z. B. das Fahrgestell ausgewählt, Aufbauten konfiguriert, Motoren und Getriebe vorgeschlagen. Außerdem lassen sich für den zusammengestellten Lkw Wirtschaft-

lichkeitsberechnungen durchführen. Der Kunde erhält so, verglichen mit anderen Angebo-
ten, eine maßgeschneiderte Lösung und zusätzliche Planungsunterlagen [Bunk 93].

3. Bei der Konzentrationsstrategie beschränkt sich das Unternehmen auf ein
    begrenztes Wettbewerbsfeld. In diesem Bereich verfolgt es eine Kostenführerschafts- oder Differenzierungsstrategie. Als Beispiel dafür wählen wir
    die Kundenberatung eines Versicherungsunternehmens: Privatkunden, die
    mit ihrem jährlichen Einkommen die 100.000-DM-Grenze überschreiten,
    möchte die Versicherung zu einem Schwerpunkt ihrer Akquisitionspolitik
    machen. Daher wird für diese Kunden eine umfassende Geldanlageberatung angeboten, die von einem Computerprogramm unterstützt wird. Das
    AS untersucht alternative Anlagemöglichkeiten und bezieht auch eine
    Risikoabsicherung durch Versicherungsverträge mit in die Analyse ein.
    Unter anderem vergleicht es die Renditen für die verschiedenen Anlageformen. Die Ergebnisse werden in optisch ansprechender Form als Berichte
    aufbereitet und ausgedruckt. Die Versicherung konnte feststellen, daß es bei
    Kunden, deren Beratung durch das AS unterstützt wurde, häufiger zu einem
    Vertragsabschluß kam als bei solchen, bei denen die Kundenberatung ohne
    das AS stattfand.

7.1.3 Einfluß der Informationsverarbeitung auf die Unternehmensstrategie

Mit der Unternehmensstrategie wird vorgegeben, ob man neue, innovative AS
in einer Branche einführt oder ob der Vorsprung, den Konkurrenten bei der
Technologienutzung haben, mit ähnlichen AS egalisiert werden soll.

Darüber hinaus eröffnen die eingesetzten IV-Technologien auch umgekehrt
wieder neue Möglichkeiten für die Unternehmensstrategie. Dadurch können die
Anwendungen der betrieblichen IV Einfluß auf die Wettbewerbskräfte haben,
denen das Unternehmen im Verhältnis zu seiner Umwelt ausgesetzt ist:

1. Die *Verhandlungsposition gegenüber Kunden* kann durch eine IV-Anwendung verbessert werden.

PRAKTISCHES BEISPIEL

*Das private Pakettransportunternehmen Federal Express bietet größeren Kunden kostenlos
PC-Software an, mit denen sie für ihre Sendungen internationale Frachtbriefe sowie
Adreßetiketten samt Strichcode erzeugen können. Nachdem der Kunde die Empfängerdaten
einmal in der zugehörigen Datenbank gespeichert hat, lassen sich bei wiederholtem Versand
an den Empfänger die notwendigen Daten für die Versandpapiere direkt aus dem System
übernehmen. Außerdem wird der erzeugte Strichcode von dem Kurier beim Abholen der
Sendung mit einem Taschencomputer gelesen. Um die Pakete während des Transports zu
verfolgen, wird der Strichcode auch an verschiedenen Kontrollstellen jeweils wieder eingelesen. Damit kann sich der Kunde über den Federal-Express-Zentralrechner jederzeit über
den Standort seiner Sendung informieren. Mit der einfachen Sendungsabwicklung sowie der
Sendungsverfolgung bietet Federal Express zusätzliche Leistungen an und konnte damit in
diesem Marktsegment die Position gegenüber seinen Kunden verbessern, da diese nach dem*

Einsatz kostenloser Software kaum noch von Federal Express auf einen anderen Transport-dienstleister wechseln.

2. Ein AS kann Einfluß auf die *Verhandlungsposition gegenüber Lieferanten* haben (z. B. günstigere Lieferkonditionen). Automobilhersteller benutzen beispielsweise zwischenbetrieblich integrierte Systeme, um Bestellungen von ihren Lieferanten abzurufen. Oftmals sind die Kommunikationspro-zesse sehr individuell gestaltet, so daß die zumeist kleineren Lieferanten getätigte Investitionen nicht mehr nutzen können, wenn sie die Kunden wechseln. Damit entsteht eine zusätzliche Bindung an die Geschäftsbezie-hung.

3. Die IV kann dazu beitragen, *Barrieren aufzubauen*, damit potentielle Kon-kurrenten nicht auf den eigenen Märkten tätig werden. Solche IV-gestützten Marktbarrieren lassen sich dadurch aufbauen, daß ein Wettbewerber hohe Kosten eingehen muß, wenn er in einen Markt eintreten will. Hoher Auf-wand für die IV ist meistens dann notwendig, wenn zwischenbetriebliche Systeme mit den Kunden eingerichtet werden müssen. Ebenfalls sind Markteintrittsbarrieren vorhanden, wenn andere Unternehmen bereits Ter-minals bei den Abnehmern installiert haben und damit den Bestellvorgang abwickeln (vgl. hierzu das Federal-Express-Beispiel). Im Zweifel wird der Kunde deshalb seinen Lieferanten nicht wechseln, da er dann z. B. die Rechner austauschen müßte, was mit hohem Aufwand, etwa für neue Mitarbeiterschulungen, verbunden wäre.

4. Die IV kann benutzt werden, um die Gefahr zu reduzieren, daß Kunden nicht mehr das eigene Produkt (oder die Dienstleistung) nachfragen, son-dern das eines Konkurrenten kaufen (*Substitut*).

PRAKTISCHES BEISPIEL

BMW baut in die Fahrzeuge sogenannte Check-Control-Systeme ein, die über einen kleinen Mikrocomputer gesteuert werden. Die Geräte ermitteln in Abhängigkeit vom Fahrzeugver-schleiß, z. B. durch die zurückgelegten Kilometer sowie die Fahrweise (gemessen etwa über die Motordrehzahl), den Zeitpunkt, an dem eine Wartung erfolgen soll. Dieser wird über Leuchtdioden im Armaturenbrett angezeigt. Die lästigen Warnlampen können nur abgestellt werden, wenn man mit dem Fahrzeug eine BMW-Vertragswerkstätte aufsucht, die ein spezielles Gerät benutzt, um die Dioden zu löschen. Mit diesem System ist es BMW gelungen, die Kunden vermehrt an die eigenen Vertragswerkstätten zu binden.

Gleichzeitig ist dieses ein Beispiel dafür, daß man Informationstechnik nicht nur in betrieblichen Anwendungen, sondern auch in den Produkten selbst einsetzen kann.

Die IV kann maßgeblich dazu beitragen, daß sich Geschäftsprozesse verän-dern. So eröffnet z. B. die Nutzung des Internet Banken und Versicherungen einen neuen Absatzkanal mit alternativer Kundenansprache. Gleichzeitig ist dies aber auch ein Beispiel dafür, wie sowohl aus IV-technischer als auch aus geschäftlicher Sicht neue Risiken entstehen können. Die weitere technologische Entwicklung in diesem Bereich läßt sich schwer abschätzen, und auch über das zukünftige Kundenverhalten, bezogen auf das Internet, liegen unsichere Informationen vor.

7.1.4 Identifizieren von IV-Einsatzmöglichkeiten

Die konventionelle Vorgehensweise setzt bei den betrieblichen Informationsbedarfen an. Durch einen Soll-Ist-Vergleich lassen sich Defizite aufzeigen, die durch den Einsatz neuer Systeme überwunden werden können. Aufgrund der vielfältigen Probleme, die beim Ersatz lange verwendeter AS auftreten können, wird in jüngerer Zeit verstärkt geprüft, ob sich nicht dadurch, daß man vorhandene Systeme umgestaltet (Software-Reengineering), erkannte Schwachstellen beseitigen lassen. In den meisten Unternehmen regen die Fachabteilungen *neue oder verbesserte AS* an und stellen Anträge, solche zu entwickeln. In Einzelfällen können die Fachabteilungen die Software im Rahmen vorgegebener Richtlinien selbst beschaffen (z. B. PC-Standardsoftware) oder auch allein erstellen (etwa in einer Sprache der vierten Generation, vgl. Abschnitt 2.1.6). Einfluß darauf, daß Ideen für neue AS entstehen, kann auch die IV-Ausstattung der Konkurrenten haben. Ist sie in den als kritisch erkannten Bereichen deutlich höher als die eigene, so zeigt dieses einen Nachholbedarf an. Beispielsammlungen über den Einsatz der IV in anderen Unternehmen, auch solchen aus anderen Branchen, können ebenfalls zu eigenen Ideen für zukünftige AS führen.

Vielfach erweisen sich IV-Systeme dann als besonders erfolgreich, wenn man die Stärken vorhandener Anwendungen nutzt und weiter ausbaut. Ebenso sollte man die Schnittstellen von betrieblichen Teilsystemen oder Anwendungen prüfen. Oft sind diese Übergänge nicht ausreichend aufeinander abgestimmt, so daß Effizienzverluste entstehen (z. B. durch eine Doppelerfassung von Daten).

Sollen Hinweise auf potentielle AS gewonnen werden, die zu einer verbesserten Kundenbeziehung und -bindung beitragen, so kann man beispielsweise sämtliche Phasen der Geschäftsabwicklung mit einem Kunden, einer Kundengruppe usw. daraufhin überprüfen, wie dem Abnehmer Vorteile entstehen, wenn man selbst hier neue/veränderte AS einsetzt. Man betrachtet dabei den gesamten Lieferzyklus, der auch als *Customer-Resource-Life-Cycle* bezeichnet wird. Er beginnt damit, daß der Kunde ermittelt, welchen Bedarf er an einem Produkt hat. Daran schließen sich die Lieferantenauswahl, die eigentliche Bestellabwicklung und später eventuell Instandhaltungsmaßnahmen für gelieferte Produkte an.

7.1.5 Beurteilen von IV-Einsatzmöglichkeiten

Die identifizierten Anwendungen müssen beurteilt werden, um eine Auswahl für die IV-Projekte vorzunehmen. Dazu sind

1. der Einfluß auf das *Erreichen der Unternehmensziele*,
2. die Wirkungen auf die fachbezogenen Aufgaben,
3. die technische Realisierbarkeit und die Abstimmung mit der IV-Architektur (vgl. Abschnitt 6.3) sowie
4. die *Wirtschaftlichkeit* des IV-Projektes

zu überprüfen. Es wird hinterfragt, wie die Vorschläge zu der generellen Planung für die betriebliche IV passen. In den dazu entwickelten Rahmenbedingungen ist grob die zukünftige Entwicklungsrichtung festgelegt. Es wird z. B. die Strategie zur Zentralisierung/Dezentralisierung der IV für einzelne Aufgabenbereiche vorgegeben. Darüber hinaus bestimmt man, welche Basishardware, Betriebssysteme sowie systemnahe Software langfristig eingesetzt werden und wie das generelle Vernetzungskonzept des Unternehmens aussehen soll. Es können in einem solchen *Generalbebauungsplan* auch Richtlinien enthalten sein, wann Standardsoftware benutzt wird oder Individualsoftware zu entwickeln ist.

7.1.5.1 IV-Projektportfolios

Ein Verfahren, das häufig zur Beurteilung von IV-Projekten verwendet wird, ist die *Portfolio-Analyse*. Einzelne IV-Lösungen positioniert man in einer Matrix. Diese Positionierung erfolgt durch eine subjektive Bewertung, z. B. durch Mitglieder der Fach- und IV-Abteilungen. Es lassen sich sowohl Portfolios einsetzen, die unternehmensziel- oder fachbezogene Beurteilungen erlauben, als auch solche, die technische und realisierungsbezogene Einschätzungen unterstützen. Abbildung 7.1.5.1/1 zeigt ein Beispiel.

Darin werden bei dem unternehmenszielbezogenen Portfolio als Achsen die mögliche Differenzierung im Wettbewerb und das Kostensenkungspotential verwendet. Die technisch orientierte Einschätzung wird mit einem Portfolio beschrieben, dessen Achsen das existierende IV-Know-how im jeweiligen Bereich und die notwendige Integration in bestehende AS (höherer Integrationsgrad bedeutet größere Schwierigkeiten bei der Implementierung) repräsentieren. Auf Basis der Beurteilungen kann man nun versuchen, IV-Projekte zu wählen, die einerseits einen guten Beitrag zu den Unternehmenszielen leisten und andererseits eine Risikostreuung bei der technischen Realisierung ermöglichen. In unserem Beispiel hätte das IV-Projekt zur Kundendienstunterstützung positive Wirkungen auf die Unternehmensziele. Bei diesem AS wären technische Risiken primär aufgrund eines hohen Integrationsgrades zu erwarten. Das Realisierungsrisiko ist für ein Projekt-Portfolio dann akzeptabel,

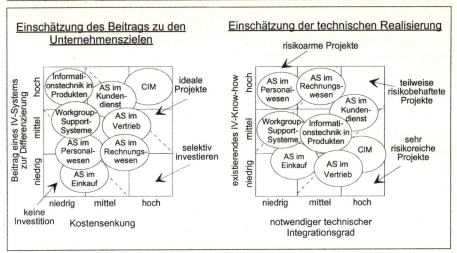

Abb. 7.1.5.1/1   Portfolio-Analysen zur Beurteilung von IV-Projekten

wenn in der technologieorientierten Matrix die Projekte gut, d. h. auf mehrere Matrixfelder, verteilt sind.

7.1.5.2   Analysen zur Wirtschaftlichkeit der IV

Wirtschaftlichkeitsuntersuchungen, die zumeist dem IV-Controlling zuge-rechnet werden, dienen während der Planung von IV-Lösungen als Entschei-dungshilfen, ob eine Anwendungsidee realisiert werden soll. Bei laufendem IV-Betrieb läßt sich überprüfen, ob die IV-Systeme die geplanten Wirkungen aufweisen, und die Investitionsentscheidungen können kontrolliert werden.

Für Planungszwecke müssen erste Wirtschaftlichkeitsuntersuchungen schon in sehr frühen Phasen eines IV-Projektes einsetzen. Für einzelne AS detailliert man sie dann parallel zum Realisierungsprozeß. Bei der Wirtschaftlichkeits-betrachtung ist neben den *direkt monetär bewertbaren Wirkungen* auch der *strategische Charakter* eines AS zu berücksichtigen, der vielleicht in einer verbesserten Wettbewerbsposition, verbunden mit einer veränderten Umsatz-entwicklung, zum Ausdruck kommt. Die Wirtschaftlichkeit im engeren Sinn ist definiert als: Wirtschaftlichkeit = Ertrag / Aufwand.

Mit der Nutzenbetrachtung müssen quantitative und qualitative Faktoren erfaßt werden, die sich verändern. Ziel ist es, möglichst viele Faktoren quanti-tativ zu bestimmen. Neben monetären Ergebnissen lassen sich z. B. Zeitein-heiten, etwa für den Vergleich von Tätigkeiten mit und ohne IV, und ähnliche Größen verwenden. Diese indirekten Maße müssen in einem Folgeschritt in Geldeinheiten umgerechnet werden. Die qualitativen Wirkungen kann man z. B. in eine *Argumentenliste* (vgl. Abb. 7.1.6/1) aufnehmen.

Ein Beurteilungskriterium der Wirtschaftlichkeit sind die Ergebnisse *dynamischer Investitionsrechnungen*. Deren Berechnungsgrundlage bilden die bewerteten Nutzeffekte und Kosten in den einzelnen Planungsperioden.

Für IV-Systeme müssen mehrere Perioden berücksichtigt werden, da sich im allgemeinen sowohl die Kosten als auch die Nutzeffekte im Zeitablauf ändern. So sind zu Beginn die Entwicklungskosten höher (z. B. für Programmierung oder für die Einführung von Standardsoftware), während in den späteren Perioden die Wartung der Systeme überwiegt. Man muß zusätzlich zwischen einmalig anfallenden Kosten zur Planung, Systembeschaffung und Einsatzvorbereitung sowie laufenden Kosten, die im normalen Systembetrieb anfallen, trennen. Der entstehende Nutzen unterliegt oft starken Schwankungen über die Lebensphasen eines IV-Projektes hinweg. Bei einem Dialogsystem benötigen z. B. die Benutzer am Anfang eine Anlernphase. Rationalisierungseffekte treten oft erst beim routinemäßigen Betrieb nach dieser Lernphase auf.

Das Abschätzen der Nutzeffekte, insbesondere bei integrierten Systemen, ist üblicherweise schwieriger als die Kostenbestimmung. Das liegt daran, daß die Nutzeffekte auch an anderen Stellen oder Funktionen als dem Einsatzort des Systems auftreten können. Als Beispiel sei eine IV-Anwendung zur Wareneingangskontrolle (vgl. Abschnitt 5.1.3.3) angeführt, die eine Stichprobenprüfung unterstützt. Da dieses System auf ausgefeilten statistischen Verfahren beruht, kann damit eine größere Zahl qualitativ minderwertiger Lieferungen erkannt werden, als es bei einer Stichprobenprüfung mit individuellen Entscheidungen von Qualitätsprüfern möglich wäre. Als Folge davon treten auch in der Fertigung weniger Mängel auf. Dies führt zu sinkenden Kosten für Nachbesserungen und Ausschuß in der Produktion. Das im Wareneingang verwendete Prüfsystem bringt somit Einsparungen im Produktionsbereich. Werden darüber hinaus auch Fehler erkannt, die sonst vielleicht erst vom Kunden festgestellt und reklamiert worden wären, so sind die damit realisierbaren Einsparungen noch wesentlich größer.

Um die Nutzeffekte möglichst genau zu erfassen, wird man versuchen, viele der nur schwer quantifizierbaren Größen zu bewerten. Häufig lassen sich mit Hilfe von *Ursache-Wirkungs-Ketten* entsprechende Abschätzungen vornehmen. Beispielsweise führen verkürzte Lagerzeiten durch ein IV-System zu reduzierten Lagerbeständen. Daraus ergeben sich weniger Kapitalbindung, geringere Bestandsrisiken und ein kleinerer Lagerraumbedarf. Ebenso können kürzeren Auftragsdurchlaufzeiten, die zu einer verbesserten Marktposition des Unternehmens führen, unter gewissen Annahmen Umsatzzuwächse und damit zusätzliche Deckungsbeiträge zugeordnet werden.

Die Nutzeffekte lassen sich somit nach dem Entstehungsort unterscheiden in direkte und indirekte sowie nach ihrer monetären Bewertbarkeit in direkt quantifizierbare, schwer quantifizierbare und nicht quantifizierbare (rein qualitative) Wirkungen. Die Wirtschaftlichkeitsuntersuchung läuft damit in drei Schritten ab:

1. Die Rahmengrößen für die IV-Anwendung werden erhoben sowie mögliche Effekte erfaßt.
2. Die Effekte sind zu bewerten.
3. Durch Differenzbildung aus den Nutzeffekten (brutto) und den Kosten werden die *Nettonutzeffekte* ermittelt.

Da viele der benutzten Daten mit Unsicherheiten behaftet sind, verwendet man oft nicht nur Einzelwerte, sondern schätzt optimistische, wahrscheinliche und pessimistische Größen oder benutzt Bandbreiten in den Berechnungen.

Abbildung 7.1.5.2/1 zeigt ein stark vereinfachtes Beispiel einer solchen Rechnung für den Einsatz eines CAD-Systems. Der Kapitalwert dient als Beurteilungskriterium. Durchlaufzeit- und Qualitätsverbesserungen bei der Zeichnungserstellung sollen dabei auch zu größerem Markterfolg und so zu

Finanzielle Konsequenzen \ Jahr	0	1	2	3	4
Aufwand durch das CAD-System					
Investitionssumme	- 120.000.-				
Wartung/laufende Kosten		- 15.000.-	- 15.000.-	- 15.000.-	- 15.000.-
Direkte Wirkungen					
Personalkosteneinsparung durch schnellere Zeichnungserstellung		30.000.-	65.000.-	65.000.-	65.000.-
Indirekte Wirkungen in anderen Bereichen					
Reduzierte Kapitalkosten durch stärkere Verwendung von Normteilen		5.000.-	10.000.-	15.000.-	15.000.-
Weniger Kosten in der Arbeitsvorbereitung		10.000.-	15.000.-	20.000.-	20.000.-
Erhöhung des Deckungsbeitrages		5.000.-	15.000.-	20.000.-	15.000.-
Nettonutzeffekt (NN $_j$)	- 120.000.-	35.000.-	90.000.-	105.000.-	100.000.-
Kalkulationszinssatz	8 %				
Kapitalwert	146.423.-				

Formel für den Kapitalwert:

$$KW = \sum_{j=0}^{n} \frac{NN_j}{(1+z)^j}$$

KW: Kapitalwert in DM
z: Kalkulationszinssatz
NN_j: Nettonutzeffekte in DM/Jahr
j: Jahr
n: Länge des Betrachtungszeitraums in Jahren

Abb. 7.1.5.2/1 Beurteilung des CAD-Einsatzes

Deckungsbeitragserhöhungen führen. Um Auswirkungen der folgenden Perioden in die Rechnung einfließen zu lassen, hat man die nächsten fünf Jahre betrachtet und deren Ergebnisse mit einem Zinssatz von 8 % diskontiert.

Zur endgültigen Auswahl der IV-Projekte müssen die gewählten Anwendungen mit den vorhandenen Ressourcen zur Realisierung oder Implementierung abgeglichen werden. Dazu sind das verfügbare Budget, das vorhandene Personal sowie die für die Programmerstellung einsetzbare Rechnerleistung zu beachten.

Neben der Wirtschaftlichkeitsbetrachtung für einzelne IV-Systeme umfaßt das IV-Controlling auch die differenzierte Planung und Kontrolle der notwendigen Ressourcen für den laufenden Betrieb, wie z. B. Personal oder Hardware. Ebenfalls werden die von der IV-Abteilung zu erbringende Leistung sowohl unter quantitativen als auch qualitativen Aspekten (z. B. Antwortzeiten für Dialoganwendungen, Umfang der neuen Programme, Programmiererproduktivität) geplant und die erbrachte Leistung bewertet [Kargl 96]. Um die Anwendungsentwicklung und den Anwendungsbetrieb zu beurteilen, werden beispielsweise Kennzahlensysteme eingesetzt. Insgesamt soll das IV-Controlling dazu beitragen, daß die mit der IV verbundenen Aufgaben bezüglich ihrer Produktivität, Wirtschaftlichkeit sowie Wirksamkeit geplant, gesteuert und kontrolliert werden können.

7.1.6 Eigenerstellung oder Fremdbezug von IV-Leistungen

Nachdem die für ein Unternehmen relevanten Inhalte der betrieblichen IV bestimmt sind, stellt sich die Frage, ob die notwendigen Leistungen selbst erbracht oder fremdbezogen werden sollen. Solche Entscheidungen können für die gesamte IV, die Nutzung eines Service-Rechenzentrums, die gesamte Erstellung der AS und die Eigenfertigung bzw. den Fremdbezug von einzelnen Programmen getroffen werden.

Die Entscheidung, bisher eigenerstellte IV-Leistungen fremdzubeziehen, nennt man auch *Outsourcing*. Die Leistungen fremder Unternehmen werden genutzt, da in manchen Bereichen (z. B. Netzwerken) sehr spezielles Know-how erforderlich ist und auch durch den Einsatz von eigenen Spezialisten des Unternehmens die Leistung nur teurer oder schlechter erbracht werden könnte als bei der Inanspruchnahme eines Geschäftspartners von außen. Die Klöckner-Humboldt-Deutz AG hat beispielsweise ihre gesamte Informationsverarbeitung einschließlich des Personals dem externen Dienstleister EDS übergeben. Eine Fremdvergabe kann aber auch mit Nachteilen verbunden sein, wie dem Verlust von eigenem Know-how im IV-Bereich oder einer Abhängigkeit vom gewählten Outsourcing-Partner. Argumente für und gegen den Fremdbezug sind in der nachfolgenden Tabelle (vgl. Abb. 7.1.6/1) aufgelistet (vgl. auch Abschnitt 6.6).

die Eigenerstellung	Argumente für	den Fremdbezug
○ vorhandenes unternehmerisches und IV-Know-how läßt sich zur Leistungs-erstellung nutzen ○ bei IV-Aufgaben mit strategischer Bedeutung können Barrieren gegenüber Konkurrenten aufgebaut werden ○ keine irreversiblen Abhängigkeiten von anderen Unternehmen ○ hohe Anwendernähe kann zu guter Ak-zeptanz in den Fachbereichen beitragen ○ keine Kosten zur Koordination unternehmensfremder Leistungen		○ Konzentration auf das Kerngeschäft des Unternehmens ○ Zugang zu intern fehlendem Know-how ○ raschere Verfügbarkeit von Kapazitäten ○ gleichmäßigere Personalauslastung, z. B. bei Aufgaben mit geringer Häufig-keit ○ Kostenreduktion im laufenden Betrieb

Abb. 7.1.6/1   Ausgewählte Argumente für die Eigenerstellung und
den Fremdbezug (nach [Mertens/Knolmayer 95, S. 33])

Die Entscheidung zwischen Eigenerstellung oder Fremdvergabe einer IV-Lei-stung wird durch deren strategische Bedeutung und durch die Leistungsfähig-keit des Unternehmens für die betrachteten Aufgaben bestimmt. Unternehmen, die generell Probleme mit der Qualität ihres IV-Leistungsangebots und dem eingesetzten Stand der Technik haben, werden eher eine Auslagerung vorneh-men als solche, die eine Führungsposition im IV-Bereich besitzen. Stan-dardisierte IV-Leistungen, die nicht speziell auf das Unternehmen abzustimmen sind, eignen sich zum Outsourcing. IV-Leistungen, die dagegen strategische Bedeutung für ein Unternehmen haben, sind weniger zum Auslagern geeignet.

7.2   Organisation der betrieblichen Informationsverarbeitung

Eine weitere Aufgabe, die zum Management der betrieblichen IV gehört, ist die *organisatorische Gestaltung der betrieblichen Informationsversorgung*. Dazu muß man einerseits beachten, wie die einzelnen Funktionen sowie ver-antwortlichen Personen und deren organisatorische Einheiten (z. B. Abteilun-gen) in die betriebliche Organisationsstruktur integriert sind (*Aufbau-* oder *Strukturorganisation*). Andererseits ist festzulegen, wie die Prozesse innerhalb der IV ablaufen sollen (*Prozeß-* oder *Ablauforganisation*). Bei der Aufbauorga-nisation interessieren zwei Fragen:

1. Wo ist die IV im Unternehmen angesiedelt, und wem ist sie unterstellt?
2. Wie ist die IV selbst gegliedert?

Unter anderem haben die folgenden Faktoren Einfluß auf die beiden Ent-scheidungen:

– die Größe bzw. der Reifegrad der IV im Unternehmen
– die Art und der Umfang der zu bewältigenden IV-Aufgaben (Standard-anwendungen oder Spezialverfahren)

- die historische Entwicklung der betrieblichen IV
- die Organisationsstruktur des Gesamtunternehmens
- die Anzahl und Art der von der IV versorgten Benutzer (z. B. getrennt nach technischem/betriebswirtschaftlichem Bereich)
- die räumliche Verteilung des Unternehmens (ein Standort/mehrere Standorte)

7.2.1 Einordnung im Gesamtunternehmen

Grundsätzlich läßt sich die betriebliche IV auf zwei verschiedene Weisen in ein Unternehmen einordnen:

- als Stabsstelle der Geschäftsleitung
- als Funktionsbereich

Abbildung 7.2.1/1 zeigt dazu Alternativen auf.

Die Einordnung als *Stabsstelle* betont den *Service-Charakter der IV* in einem Unternehmen. Im Beispiel ist sie direkt der Geschäftsleitung unterstellt (①).

Immer dann, wenn die IV besonders große Bedeutung für das Gesamtunternehmen hat, kommt eine Eingliederung unter die Geschäftsleitung als *Funktionsbereich* in Betracht (②). Allerdings tritt der dienende Charakter der betrieblichen IV dabei zurück [Mertens/Knolmayer 95, S. 48 ff.].

Die Unterstellung unter einen Funktionsbereich ist oftmals historisch entstanden. Zu Zeiten, in denen primär die Buchhaltung von der Datenverarbeitung abgewickelt wurde, unterstellte man häufig die IV dem Finanz- und Rechnungswesen (③).

Darüber hinaus kann bei einer Matrixorganisation die IV als Querschnittsfunktion gestaltet sein, d. h., sie ist in allen Funktionsbereichen angesiedelt [Mertens/Knolmayer 95, S. 50].

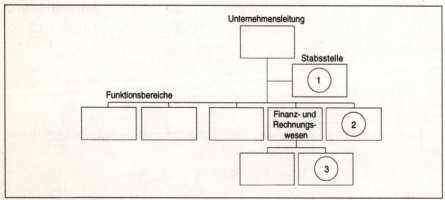

Abb. 7.2.1/1   Möglichkeiten der Einordnung von IV-Abteilungen

Bei Unternehmen, die eine ausgeprägte dezentrale IV besitzen, finden sich neben der zentralen IV-Abteilung, die primär Koordinationsaufgaben übernimmt, auch *dezentrale Gruppen*, die in Funktions- oder Geschäftsbereichen für die aufgabenspezifischen IV-Leistungen verantwortlich zeichnen.

Einige Unternehmen gliedern die IV oder Teile davon aus ihrem Unternehmen in juristisch selbständige Gesellschaften aus, nehmen das Angebot von IV-Dienstleistungsunternehmen in Anspruch oder verkaufen teilweise ihre IV-Abteilungen an diese Unternehmen. Für eine Verselbständigung der IV-Abteilung sprechen z. B. die einfacheren Möglichkeiten, eigengefertigte Software an Dritte zu verkaufen, auf dem IV-Dienstleistungsmarkt ein Kontrollinstrument durch einen Leistungs- und Preisvergleich zu haben, im ausgegliederten Unternehmen eine unabhängigere Gehalts- und Stellenpolitik zu betreiben sowie die Arbeitszeit flexibler zu regeln, als es in den starren Strukturen der Muttergesellschaft möglich sein mag. Letzteres kann für Projekte zur Softwareerstellung eine wichtige Hilfe sein.

7.2.2 Organisation der IV-Abteilung

Die verschiedenen Aufgaben der betrieblichen IV und die damit verbundene Arbeitsteilung bedingen die Organisation der IV-Abteilung. Aufgaben sind beispielsweise die Planung und Steuerung des Einsatzes von Hardware, Software und Kommunikationskomponenten, die Softwareentwicklung und -wartung, der Rechenzentrumsbetrieb oder der Benutzerservice.

Oft wird auch die Gestaltung der allgemeinen Ablauforganisation (nicht automatisierte Funktionen) den IV-Abteilungen zugeordnet. Hinzu kommen der *Datenschutz* und die Kontrolle der IV. Eine Gliederung der IV-Abteilung könnte damit nach derartigen Aufgaben oder Funktionen vorgenommen werden. Wie detailliert ein Unternehmen seine IV unterteilt, hängt z. B. von der Größe ab. Ein Großbetrieb verfügt vielleicht über sämtliche Funktionen, ein mittelständisches Unternehmen dagegen nur über den Rechenzentrumsbetrieb sowie die Softwareentwicklung und -wartung. Abbildung 7.2.2/1 zeigt eine beispielhafte Organisationsstruktur für eine IV-Abteilung. In der betrieblichen Praxis finden sich vielfältige Alternativen.

Die einzelnen Funktionen selbst können nach verschiedenen Kriterien gegliedert sein [Heilmann 90]. Im Bereich Anwendungssystementwicklung kann beispielsweise nach der IV-fachlichen (z. B. AS in den Sektoren Personal, Rechnungswesen, Materialwirtschaft, Produktion) oder nach der IV-technischen Entwicklung (Systemprogrammierung, Datenbank, Anwendungsprogrammierung) differenziert werden. Dieses wird u. a. davon beeinflußt, wie die Kooperation zwischen den Stellen der IV und den Fachabteilungen bei der

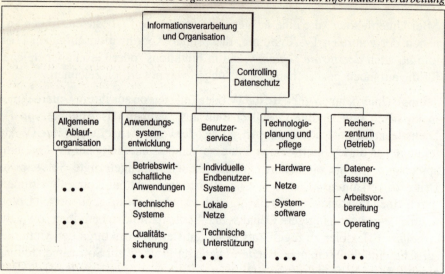

Abb. 7.2.2/1   Organisation einer IV-Abteilung (Beispiel)

Anwendungsentwicklung organisiert ist. Abbildung 7.2.2/2 zeigt hierzu fünf Gestaltungsformen.

Außerdem kommt es durch den PC-Einsatz in den Fachabteilungen neben einer erhöhten IV-Durchdringung dazu, daß Fachabteilungsmitarbeiter kleine/individuelle AS in verstärktem Maße selbst entwickeln. Sie verwenden dabei z. B. Tabellenkalkulationsprogramme oder PC-Datenbanken. Dies kann zu erhöhter Effektivität und Flexibilität der Fachbereiche führen. Bei dieser sogenannten *Individuellen Datenverarbeitung* ist zu beachten, daß sowohl die Komplexität als auch der Entwicklungsaufwand bei den von Fachabteilungen

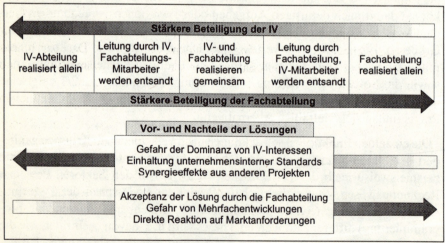

Abb. 7.2.2/2   Beteiligungsmodelle für Software-Entwicklungsprojekte
             (nach [Mertens/Knolmayer 95, S. 82])

in Angriff genommenen Problemen begrenzt sind (bzw. bleiben müssen), das benutzte Datenvolumen im allgemeinen niedrig ist, häufig Insellösungen entstehen und vielfach Datenschutz- und Datensicherungsaspekte vernachlässigt werden. Trotz der einfachen Programme kann die Individuelle Datenverarbeitung aber nur dann wirkungsvoll praktiziert werden, wenn die Benutzer ausreichende Hilfestellung erhalten. Dazu haben Unternehmen sogenannte *Benutzer-Service-Zentren* eingerichtet, die den Benutzer bei seinen DV-Aufgaben unterstützen sowie bei der Auswahl geeigneter Hardware und Software eingeschaltet werden [Mertens/Knolmayer 95, S. 63 ff.]. Übernehmen diese Stellen auch die Koordination dezentraler Entwicklungsarbeiten, dann läßt sich verhindern, daß ähnliche Aufgabenstellungen mehrfach bearbeitet werden.

7.3 Aufbau und Arbeitsweise des betrieblichen Rechenzentrums

Hauptaufgabe des betrieblichen Rechenzentrums (bei großen Unternehmen auch mehrerer Rechenzentren) ist das *zentrale Bereitstellen von Rechnerleistungen.* Dazu werden in größeren Unternehmen zumeist Großrechner verwendet, an die über Datenleitungen und Bildschirmarbeitsplätze mehrere tausend Teilnehmer angeschlossen sein können. Hinzu kommen als Dienstleistungsaufgaben z. B. das Verwalten der Datenträger, des Speicherplatzes und der Softwarebibliotheken.

Neben dem Bereitstellen von Computerleistungen obliegen dem Rechenzentrum meistens auch der Betrieb und das *Management eines unternehmensweiten Datennetzes* sowie die Verwaltung der Schnittstellen zu den öffentlichen Netzen. Bei Rechnerfernnetzen in Großunternehmen mit verteilten Standorten bauen die Mitarbeiter der Rechenzentren beispielsweise lokale Netzwerke für einzelne Fachbereiche auf und pflegen sie (vgl. Abschnitte 2.3.3 und 2.3.4). Das Rechenzentrum trägt auch dazu bei, daß sich unternehmensweit einheitliche Technologielösungen (Standards) durchsetzen, auf deren Basis sich betriebliche Teilbereiche einfacher aufeinander abstimmen lassen. Darüber hinaus übernimmt diese Stelle die Beschaffung der zentralen Hardware, System- und Netzwerksoftware.

Bei der Ausstattung eines Rechenzentrums sind Zusatzeinrichtungen zu berücksichtigen, die im wesentlichen der Sicherheit im weitesten Sinne dienen (Klimaanlage, Brandschutzeinrichtungen, Unterbrechungsfreie Stromversorgung (USV), Zugangsschleusen). Darüber hinaus ist zu gewährleisten, daß Programme und Daten nicht unerlaubt benutzt, mißbraucht, entwendet oder zerstört werden. Neben dem Hardwareschutz der Geräte werden als üblicher Softwareschutz Paßwörter verwendet.

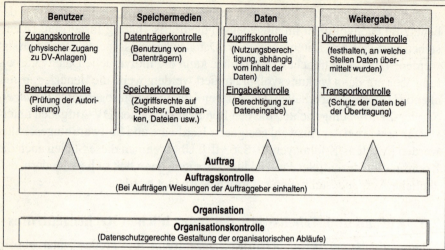

Abb. 7.3/1   Maßnahmen zur Datensicherung

Das Bundesdatenschutzgesetz (vgl. Abschnitt 7.5.1) verlangt bei der automatisierten Verarbeitung personenbezogener Daten organisatorische und technische Maßnahmen zur Datensicherung. Diese sind in Abbildung 7.3/1 angeführt.

Um sich vor einem Rechenzentrumsausfall zu schützen, besitzen einige Unternehmen sogenannte *Notfall-Rechenzentren* oder sind überbetrieblichen Notfall-Rechenzentren angeschlossen.

7.4 Berufsbilder

Nach der Art der Tätigkeiten, die von dem Beschäftigten ausgeführt werden, läßt sich eine IV-orientierte Klassifikation vornehmen [Dostal 88, S. 3 ff.]. Es wird dazu unterschieden zwischen:

– Kernberufen
– Mischberufen
– Randberufen

Zu den *Kernberufen* werden im allgemeinen solche gerechnet, bei denen die computerbezogenen Arbeiten dominant sind. Die meisten Personen, die dieser Gruppe angehören, sind in der betrieblichen IV-Abteilung, bei "DV-Service"-Unternehmen sowie bei Hardware- und Softwareanbietern beschäftigt. IV-Bezug tritt sowohl bei den ausgeübten Tätigkeiten als auch bei den dazu notwendigen Qualifikationen auf.

Man kann grob in drei Bereiche trennen, die durch verschiedene Tätigkeitsschwerpunkte charakterisiert sind:

– Softwareentwicklung und -wartung
– Betrieb der IV-Systeme

– Organisation, Planung und Steuerung der IV

In der Softwareentwicklung und -wartung lassen sich z. B. folgende Berufe finden:

1. *Systemanalytiker* oder *IV-Organisatoren* untersuchen den Ist-Zustand bestehender Systeme und ermitteln, welche neuen Anforderungen oder geänderten Abläufe in IV-Anwendungen implementiert werden sollen. Sie erarbeiten häufig Lösungsvorschläge oder Soll-Konzepte.
2. Der *Leiter der Programmierung* trägt die personelle und fachliche Verantwortung für alle Programmieraufgaben.
3. *Anwendungsprogrammierer* erstellen auf Basis vorgegebener Spezifikationen IV-Anwendungen oder Module für einzelne AS. Oftmals unterscheidet man nach der Qualifikation und Erfahrung der Mitarbeiter in *Junior- und Seniorprogrammierer.*
4. Der *Webmaster* hat die Aufgabe, die Informationen zur Außendarstellung einer Organisation benutzergerecht aufzubereiten, um sie dann als multimediale Seiten im World Wide Web zu präsentieren.

Zum Betrieb der IV-Systeme rechnet man Berufe wie:

1. Der *Rechenzentrumsleiter* ist verantwortlich dafür, daß die notwendige zentrale Rechnerleistung im Unternehmen verfügbar ist und zentrale DV-Anwendungen sachgerecht bereitgestellt und abgewickelt werden. Ihm obliegen u. a. die Computerplanung und -auswahl, die Organisation der Abläufe sowie die Personalverantwortung für den Rechenzentrumsbetrieb.
2. *Systemprogrammierer* entwickeln und pflegen zentrale System-, Datenverwaltungs- und DFÜ-Programme, die als Basis für die Ausführung von Anwendungsprogrammen benötigt werden.
3. *Datenbankadministratoren* entwerfen und implementieren die Strukturen der Daten, die in zentralen Datenbanken abgelegt werden. Teilweise übernehmen sie auch Aufgaben zum Schutz und zur Sicherung dieser Daten.
4. *Operateure* bedienen und überwachen die Hardware zentraler Rechnersysteme, Netzwerke oder Teile davon.
5. *Mitarbeiter von Benutzer-Service-Zentren* beraten die Fachabteilungen bei der Auswahl und dem Einsatz von PCs und Workstations sowie der zugehörigen Standardsoftware (vgl. Abschnitt 7.2.2).
6. *Systemverwalter* übernehmen die vorbeugende Instandhaltung oder Wartung der Rechenanlagen und beseitigen Hardwarestörungen.

Als ausgewählte Berufsbilder zur Organisation, Planung und Steuerung der IV lassen sich nennen:

1. Der *Informationsmanager* (*Chief Information Officer, CIO*) ist für die strategische Planung, Vorbereitung und Durchführung von Aufgaben der

IV sowohl innerhalb des Unternehmens als auch im überbetrieblichen Bereich verantwortlich (vgl. Abschnitt 7.1).

2. *IV-Revisoren* sorgen für Sicherheit und Richtigkeit/Ordnungsmäßigkeit von IV-Anwendungen.

Außerdem findet man in diesem Bereich Berufe, die mit der Automation von Teilbereichen betraut sind (z. B. *CIM-Organisator*).

Bei den *Mischberufen* sind die IV-bezogenen und die davon unabhängigen Tätigkeiten (und Kenntnisse) etwa gleichgewichtig verteilt.

In Abteilungen, in denen die IV-Unterstützung eine große Rolle spielt, wie etwa Produktionsplanung und -steuerung (PPS-Systeme), Controlling (z. B. Soll-Ist-Vergleiche, Sonderrechnungen), Vertrieb (z. B. Angebotssysteme), beschäftigt man gerne einen sogenannten *IV-Koordinator*. Er soll sowohl die Sprache der Anwender als auch die der IV-Spezialisten sprechen und maßgeblich an der Weiterentwicklung der IV-Durchdringung von Geschäftsprozessen in ihrem Bereich mitarbeiten.

Randberufe sind dagegen dadurch gekennzeichnet, daß der Kontakt zur IV nur eine periphere Rolle spielt. Personen dieser Gruppe nutzen vielleicht die Textverarbeitung oder erhalten Informationen, die mit Hilfe der IV bereitgestellt werden. Daher muß auch hier mittlerweile ein Basiswissen an IV-Kenntnissen vorliegen. So sollte z. B. bekannt sein, für welche Aufgaben sich die IV eignet und wie bzw. wo sich durch ihren Einsatz betriebliche Vorgänge effizienter abwickeln lassen.

7.5 Rechtliche Aspekte der Informationsverarbeitung

Beim Einsatz der IV müssen verschiedene rechtliche Regelungen berücksichtigt werden. Sie beziehen sich u. a. auf [Schneider 90]:

– den *Schutz personenbezogener Daten* durch das Bundesdatenschutzgesetz
– *Mitbestimmungsrechte* der Arbeitnehmer bei der Einführung neuer IV-Systeme
– die *Computerkriminalität* (mit dem Ziel, eine unzulässige persönliche Bereicherung einzelner Personen unter Verwendung des Computers oder eine Zerstörung von fremden DV-Anlagen bzw. Rechenzentrums-Einrichtungen oder Programmen zu verhindern)
– den *Urheberrechtsschutz* für Computerprogramme
– die *Vertragsgestaltung*, z. B. beim Abschluß von Kauf- oder Wartungsverträgen für Computerhardware
– die *Produkthaftung*, mit der ein Softwarehersteller für Schäden, die durch fehlerhafte Programme entstehen, haftbar gemacht werden kann

Nachfolgend werden ausgewählte Bereiche kurz behandelt.

7.5.1 Datenschutz

Das Bundesverfassungsgericht hat in seinem Urteil zum Volkszählungsgesetz angeführt, daß das Recht des Einzelnen zur *informationellen Selbstbestimmung* (Schutz gegen Verwendung, Speicherung und Weitergabe der persönlichen Daten) nur im Allgemeininteresse und auf klarer gesetzlicher Basis eingeschränkt werden darf. Als besonders schutzwürdig erachtet man politische und religiöse Anschauungen, gesundheitliche Verhältnisse und ähnliche sensitive Angaben.

Um diesen Schutz zu gewährleisten, enthält das Bundesdatenschutzgesetz Grundregeln zum Umgang mit personenbezogenen Daten [Bundesgesetzblatt 90, S. 2954 ff.]. Personenbezogene Daten sind Einzelangaben über persönliche oder sachliche Verhältnisse natürlicher Personen. Der Gestaltungsbereich umfaßt die Erhebung, Verarbeitung und Nutzung dieser Daten. Bei den Vorschriften wird zwischen öffentlichen Stellen (des Bundes und der Länder) sowie nicht-öffentlichen Stellen differenziert. Letztere dürfen die Daten nur für geschäftliche Zwecke nutzen. Im Gesetz wird festgelegt, unter welchen Voraussetzungen es erlaubt ist, personenbezogene Daten zu speichern, bzw. welche Vorkehrungen zu treffen sind, um den unerlaubten Zugriff auf die Daten zu verhindern (dazu sollen u. a. die Maßnahmen zur Datensicherung beitragen; vgl. Abschnitt 7.3). So sind die Bereiche Datenschutz und Datensicherung eng miteinander verbunden. Bei der Sicherung der Daten sind die in Abbildung 7.3/1 genannten Maßnahmen zu treffen, um den gesetzlichen Vorschriften zu entsprechen.

Die Verarbeitung der *personenbezogenen Daten* und deren Nutzung sind nur dann zulässig, wenn das Bundesdatenschutzgesetz oder eine andere rechtliche Vorschrift dieses erlaubt oder anordnet bzw. wenn der Betroffene eingewilligt hat. Außerdem bestimmt das Gesetz Straf- sowie Bußgeldvorschriften für den Fall des Verstoßes und regelt den Einsatz von Datenschutzbeauftragten.

Für Personen, die durch eine nach diesem Gesetz oder anderen Vorschriften unzulässige, automatisierte Datenverarbeitung Schaden erlitten haben, besteht Anspruch auf Schadensersatz. Ist eine öffentliche Stelle dafür verantwortlich, so ist sie dem Betroffenen, unabhängig von einem Verschulden, zum Ersatz des Schadens verpflichtet. Ist es im Fall einer nicht-öffentlichen Stelle strittig, ob der Schaden die Folge eines von der speichernden Stelle zu vertretenden Umstandes ist, so liegt die Beweislast bei der speichernden Stelle.

Ein *Unternehmen* muß z. B. einen *Datenschutzbeauftragten* benennen, wenn mindestens fünf Arbeitnehmer ständig personenbezogene Daten automatisiert verarbeiten. Der Datenschutzbeauftragte, der direkt der Geschäftsleitung unterstellt ist, hat zu gewährleisten, daß die gesetzlichen Vorschriften eingehalten werden. Dazu ist er z. B. bei neuen IV-Projekten, in denen personenbezogene

Daten vorkommen, rechtzeitig einzuschalten. Er ist bezüglich seiner Aufgabenerfüllung nicht weisungsgebunden und darf durch seine Tätigkeit keine Nachteile erfahren.

Neben dem betrieblichen Datenschutzbeauftragten gibt es auch einen *Daten-
schutzbeauftragten des Bundes*, der vom Bundestag für eine Amtszeit von fünf
Jahren gewählt wird. Er soll bei den öffentlichen Stellen die Einhaltung der
Vorschriften des Bundesdatenschutzgesetzes sowie anderer Vorschriften des
Datenschutzes kontrollieren.

Bei erstmaliger Speicherung personenbezogener Daten durch nicht-öffentli-
che Betriebe muß das Unternehmen die Betroffenen über die Art der gespeicherten Daten informieren. Wenn die Informationen zusätzlich anderen Stellen
übermittelt werden, hat außerdem darüber eine Benachrichtigung zu erfolgen.
Ausnahmeregelungen bestehen beispielsweise für Daten, welche die öffentliche Sicherheit und Ordnung betreffen, oder wenn der Betroffene von der
Informationsspeicherung bereits auf andere Art und Weise Kenntnis erlangt
haben kann. Keine Auskunft muß gegeben werden, wenn nur Eintragungen, wie
sie z. B. das Telefonbuch enthält (zusätzlich auch Geburtsjahr), gespeichert
werden und kein Grund zu der Annahme besteht, daß dieses schutzwürdige
Belange des Betroffenen beeinträchtigt.

Öffentliche Stellen haben allein auf Anfrage des Bürgers hin Auskunft zu
erteilen. Diese erstreckt sich auf die zur Person gespeicherten Daten und den
Zweck der Speicherung. Die Speicherung, Veränderung oder Nutzung der
Daten ist nur zulässig, soweit es zur Aufgabenerfüllung der speichernden Stelle
notwendig ist und die Daten auch für diesen Zweck erhoben worden sind.

Falsche Daten müssen von den speichernden Instanzen berichtigt werden.
Eine Löschung ist notwendig, wenn schon das Erfassen und Speichern unzu-
lässig waren; sie muß erfolgen, wenn die Daten zur Aufgabenerfüllung oder
zum Geschäftszweck nicht mehr erforderlich sind. Darüber hinaus sind die
Daten zu sperren, wenn ein Streit zwischen dem Betroffenen und der speichernden Stelle über die Richtigkeit dieser Informationen vorliegt.

Besondere, über die allgemeinen Grundsätze hinausgehende Regelungen
bestehen für Unternehmen, die geschäftsmäßig mit Informationen handeln
(Auskunfteien oder Anbieter von externen Datenbanken; vgl. Abschnitt 4.2.9).
Sie müssen bei einer Aufsichtsbehörde die Tätigkeitsaufnahme sowie den
Zweck der Datenübermittlung anmelden.

7.5.2   Mitbestimmung

Bei der Einführung oder Änderung von IV-Systemen sind die Arbeitnehmer,
üblicherweise durch den Betriebsrat, einzuschalten. Dieses läßt sich aus den

allgemeinen, im Betriebsverfassungsgesetz geregelten *Beteiligungsrechten* ableiten und ergibt sich insbesondere aus der *Rechtsprechung des Bundesarbeitsgerichts*.

Um die Beteiligung zu gewährleisten, ist es wichtig, daß dem Betriebsrat frühzeitig, d. h. schon während der Analysephase, Informationen über geplante IV-Maßnahmen zugänglich gemacht werden, aus denen die Auswirkungen der Veränderungen auf die Mitarbeiter ersichtlich sind.

Spezielle *Informations- und Beratungsrechte* der Arbeitnehmervertreter sind dann zu berücksichtigen, wenn etwa der Datenschutz von Mitarbeitern, Maßnahmen zur Arbeitsgestaltung (z. B. neue Arbeitsmethoden, Fertigungsverfahren) oder die Personalplanung betroffen sind. Bei der Veränderung von Arbeitsplätzen oder Arbeitsabläufen, die Mitarbeiter in besonderer Weise belasten, kann es neben der Unterrichtung auch zu einem *Mitspracherecht* der Arbeitnehmervertreter kommen.

Im Gegensatz zur Mitsprache können bei der *Mitbestimmung* technische Systeme nur dann eingeführt werden, wenn sich die Arbeitgeber- und Arbeitnehmervertreter über deren Einsatzweise einig sind. Das Recht auf Mitbestimmung haben die Arbeitnehmer, wenn IV-Systeme eingeführt werden, die geeignet sind, das Verhalten oder die Leistung der Mitarbeiter oder von Arbeitsgruppen zu überwachen. Dies gilt unabhängig davon, ob der Arbeitgeber die mit dem AS (z. B. Textverarbeitung, Datenkassen, CAD-Systeme) verfügbaren Kontrollfunktionen wirklich nutzt.

Zusätzlich können individuelle *Betriebsvereinbarungen* weitere Regelungen enthalten, die dem Betriebsrat ein erweitertes Mitspracherecht bei der Einführung und Ausgestaltung von Bildschirmarbeitsplätzen einräumen.

7.5.3 Weitere gesetzliche Bestimmungen

Der Urheberrechtsschutz soll den Ersteller einer Software vor unberechtigter Verwendung, Weitergabe oder Weiterentwicklung des Programms (z. B. Raubkopien) schützen. Die Programme sind dann geschützt, wenn sie von einem Autor stammen und Ergebnis seiner eigenen geistigen Schöpfung sind. Damit wird fast sämtliche Software in das Urheberrechtsgesetz einbezogen.

Wird Standardsoftware erworben oder entwickelt ein Softwarehaus individuell für einen Kunden ein Programm, so schließt man entsprechende Verträge ab. Im Fall des Softwareerwerbs liegen üblicherweise *Kaufverträge* vor, mit denen der Verkäufer mindestens eine sechsmonatige Gewährleistung für die von ihm zugesicherten Produkteigenschaften übernimmt.

Werden für eine Individualprogrammierung *Werkverträge* abgeschlossen, so nimmt der Kunde üblicherweise mit einem Übergabeprotokoll die jeweilige

Leistung ab. Externe Beratungsaufträge, z. B. zur IV-Organisation, regelt man häufig in *Dienstleistungsverträgen.* Darin ist nur das Entgelt für die Tätigkeit festgelegt, das abgelieferte Ergebnis muß dann vom Kunden nicht abgenommen werden.

7.6 Literatur zu Kapitel 7

Bundesgesetz-blatt 90 — Gesetz zur Fortentwicklung der Datenverarbeitung und des Datenschutzes vom 20. Dezember 1990, Bundesgesetzblatt, Jahrgang 1990, Teil 1, S. 2954 ff.

Bunk 92 — Bunk, B., Produkte differenzieren - Beratung bündeln, absatzwirtschaft o.Jg. (1992) 7, S. 58 ff.

Dostal 88 — Dostal, W., Berufe in der Informationstechnik, Handbuch der modernen Datenverarbeitung 25 (1988) 43, S. 3 ff.

FAZ 87 — O.V., Bei Computerausfällen droht der Bankrott, Frankfurter Allgemeine Zeitung, 26.10.1987, S. 11.

Heilmann 90 — Heilmann, H., Organisation und Management der Informationsverarbeitung, in: Kurbel, K. und Strunz, H. (Hrsg.), Handbuch der Wirtschaftsinformatik, Stuttgart 1990, S. 638 ff.

Kargl 96 — Kargl, H., Controlling im DV-Bereich, 3. Aufl., München u. a. 1996.

Mertens/Knolmayer 95 — Mertens, P. und Knolmayer, G., Organisation der Informationsverarbeitung, 2. Aufl., Wiesbaden 1995.

Schneider 90 — Schneider, J., Praxis des EDV-Rechts, Köln 1990.

SVD 81 — Schweizerische Vereinigung für DV (Hrsg.), Praxisbezogenes Instrumentarium zur Beurteilung der EDV-Wirtschaftlichkeit, 2. Aufl., Bern u. a. 1981.

Überblicks- und Vertiefungsliteratur

Grundlagen

Bauknecht, K. und Zehnder, C.A., Grundzüge der Datenverarbeitung, 4. Aufl., Stuttgart 1989.

Biethahn, J., Einführung in die EDV für Wirtschaftswissenschaftler, 8. Aufl., München u.a. 1996.

Goldammer, G., Informatik für Wirtschaft und Verwaltung, Wiesbaden 1994.

Grob, H.L. und Reepmeyer, J.A., Einführung in die EDV, 4. Aufl., München 1996.

Ferstl, O.K. und Sinz, E.J., Grundlagen der Wirtschaftsinformatik, 2. Aufl., München u.a. 1994.

Hansen, H., Wirtschaftsinformatik I, 6. Aufl., Stuttgart 1992.

Heinrich, L.J., Wirtschaftsinformatik, Einführung und Grundlegung, München u.a. 1993.

Heinrich, L.J. und Roithmayr, F., Wirtschaftsinformatik-Lexikon, 5. Aufl., München u.a. 1995.

Kurbel, K. und Strunz, H. (Hrsg.), Handbuch der Wirtschaftsinformatik, Stuttgart 1990.

Mertens, P. u.a. (Hrsg.), Lexikon der Wirtschaftsinformatik, 2. Aufl., Berlin u.a. 1990.

Scheer, A.-W., EDV-orientierte Betriebswirtschaftslehre, 4. Aufl., Berlin u.a. 1990.

Schmitz, P. und Seibt, D., Einführung in die anwendungsorientierte Informatik, 3. Aufl., München 1985.

Schönsleben, P., Praktische Betriebsinformatik, Berlin u.a. 1994.

Schwarze, J., Einführung in die Wirtschaftsinformatik, 3. Aufl., Herne u.a. 1994.

Stahlknecht, P., Einführung in die Wirtschaftsinformatik, 7. Aufl., Berlin u.a. 1995.

Thome, R., Wirtschaftliche Informationsverarbeitung, München 1990.

Zu Kapitel 2: Rechenanlagen und ihre technische Integration

Heinrich, L.J., Lehner, F. und Roithmayr, F., Informations- und Kommunikationstechnik, 3. Aufl., München 1993.

Heinrich, L.J. und Roithmayr, F., Wirtschaftsinformatik-Lexikon, 5. Aufl., München u.a. 1995.

Kauffels, F.-J., Personalcomputer und lokale Netzwerke, 6. Aufl., München 1992.

Kauffels, F.-J., Rechnernetzwerksystemarchitekturen und Datenkommunikation, 3. Aufl., Mannheim u.a. 1991.

König, W. und Borkowsky, J., Der PC als Werkzeug, Stuttgart 1991.

Kurbel, K., Programmierstil in Pascal, Cobol, Fortran, Basic, PL/1, Berlin u.a. 1985.

Proebster, W.E., Peripherie von Informationssystemen, Berlin u.a. 1987.

Regenspurg, G., Hochleistungsrechner - Architekturprinzipien, Hamburg 1987.

Tanenbaum, A.S., Operating Systems, Design and Implementation, Englewood Cliffs 1987.

Zu Kapitel 3: Ziele, Formen und Hilfsmittel der integrierten Informationsverarbeitung

Mertens, P., Integrierte Informationsverarbeitung 1, Administrations- und Dispositionssysteme in der Industrie, 10. Aufl., Wiesbaden 1995.

Mertens, P. und Griese, J., Integrierte Informationsverarbeitung 2, Planungs- und Kontrollsysteme in der Industrie, 7. Aufl., Wiesbaden 1993.

Scheer, A.-W., Wirtschaftsinformatik, Referenzmodelle für industrielle Geschäftsprozesse, 6. Aufl., Berlin u.a. 1995.

Zu Kapitel 4:   Daten und ihre Integration

Mertens, P. und Griese, J., Integrierte Informationsverarbeitung 2, Planungs- und Kontrollsysteme in der Industrie, 7. Aufl., Wiesbaden 1993.

Picot, A. und Reichwald, R., Informationswirtschaft, in: Heinen, E. (Hrsg.), Industriebetriebslehre, 9. Aufl., Wiesbaden 1991.

Scheer, A.-W., EDV-orientierte Betriebswirtschaftslehre, 4. Aufl., Berlin u.a. 1990.

Schlageter, G. und Stucky, W., Datenbanksysteme, Konzepte und Modelle, 2. Aufl., Stuttgart 1983.

Vetter, M., Aufbau betrieblicher Informationssysteme, 7. Aufl., Stuttgart 1991.

Wedekind, H., Datenbanksysteme 1, 3. Aufl., München 1991.

Wedekind, H. und Härder, T., Datenbanksysteme 2, 2. Aufl., München 1988.

Zu Kapitel 5:   Integrierte Anwendungssysteme

Barth, H., Von Platzbuchungssystemen in Verkehrsbetrieben zu globalen Reisevertriebssystemen, in: Kurbel K. und Strunz H. (Hrsg.), Handbuch der Wirtschaftsinformatik, Stuttgart 1990.

Becker, J., CIM-Integrationsmodell, Berlin u.a. 1991.

Becker, J. und Rosemann, M., Logistik und CIM, Berlin u.a. 1993.

Beutelspacher, A., Kersten, A. und Pfau, A., Chipkarten als Sicherheitswerkzeug, Berlin 1991.

Biethahn, J. und Huch, B. (Hrsg.), Informationssysteme für das Controlling, Berlin u.a. 1994.

Geitner, U.W., Betriebsinformatik für Produktionsbetriebe, 6 Bände, München 1996.

Glaser, H., Geiger, W. und Rohde, V., PPS - Produktionsplanung und -steuerung, 2. Aufl., Wiesbaden 1992.

Hahn, D., PuK, Controllingkonzepte, 5. Aufl., Wiesbaden 1996.

Hahn, D. und Laßmann, G., Produktionswirtschaft, Band 1, 3. Aufl., Heidelberg 1996.

Horváth, P., Petsch, M. und Weihe, M., Standard-Anwendungssoftware für das Rechnungswesen, 2. Aufl., München 1986.

Ingerling, R., Das Credit-Scoring-System im Konsumentenkreditgeschäft, Berlin 1980.

Jamin, K., Schaetzing, E. und Spitschka, H., Organisation und Datenverarbeitung in Hotellerie und Gastronomie, 2. Aufl., München 1982.

Kernler, H.K., PPS der 3. Generation, 3. Aufl., Heidelberg 1995.

Krallmann, H. (Hrsg.), CIM - Expertenwissen für die Praxis, 2. Aufl., München u.a. 1994.

Krause, L. und Rotthäuser, K.-H., Das "computergestützte Bürgeramt", in: Kurbel, K. und Strunz, H. (Hrsg.), Handbuch der Wirtschaftsinformatik, Stuttgart 1990.

Kurbel, K., Produktionsplanung und -steuerung, 2. Aufl., München u.a. 1995.

Mertens, P., Integrierte Informationsverarbeitung 1, Administrations- und Dispositionssysteme in der Industrie, 10. Aufl., Wiesbaden 1995.

Mertens, P., Borkowski, V. und Geis, W., Betriebliche Expertensystem-Anwendungen, 3. Aufl., Berlin u.a. 1993.

Mertens, P. und Griese, J., Integrierte Informationsverarbeitung 2, Planungs- und Kontrollsysteme in der Industrie, 7. Aufl., Wiesbaden 1993.

Meyer-Wegener, K., Transaktionssysteme, Stuttgart 1988.

Pfohl, H.-C., Logistiksysteme, 5. Aufl., Berlin u.a. 1996.

Scheer, A.-W., Computer Integrated Manufacturing - der computergesteuerte Industriebetrieb, 4. Aufl., Berlin u.a. 1990.

Sinzig, W., Datenbankorientiertes Rechnungswesen, 3. Aufl., Berlin u.a. 1990.

Wiendahl, H.-P., Belastungsorientierte Fertigungssteuerung, München u.a. 1987.

Wildemann, H., Das Just-In-Time-Konzept, Produktion und Zulieferung auf Abruf, 4. Aufl., München 1992.

Zäpfel, G., Produktionswirtschaft, 3 Bände, Berlin u.a. 1982 und 1989.

Stichwortverzeichnis

Stark vereinfachtes Funktionsmodell eines Industriebetriebes

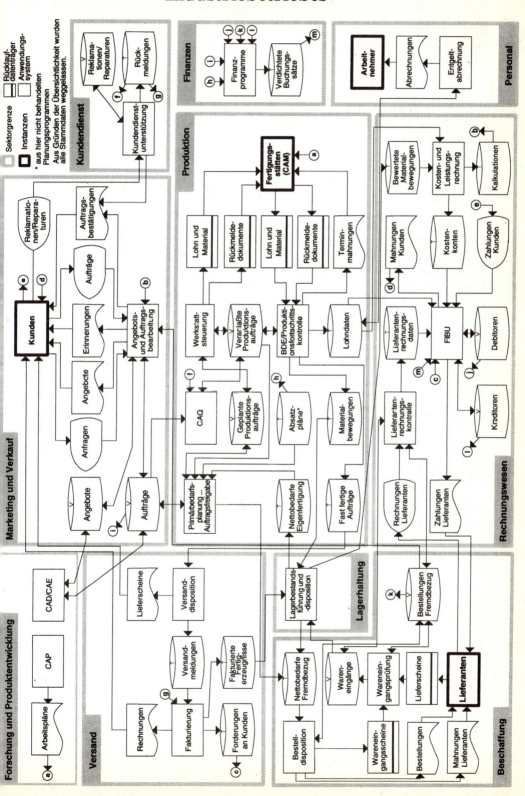

Druck- und Bindearbeiten: Legoprint, Italien